ヴィゴツキーからドゥルーズを読む

人間精神の生成論

佐藤公治・長橋聡

新曜社

目次

装幀＝新曜社デザイン室

はじめに――なぜ、ヴィゴツキーとドゥルーズなのか

1　ヴィゴツキーとドゥルーズの問題圏

本書で中心的に取り上げるのは、心理学者のレフ・ヴィゴツキー（Lev Semenovich Vygotsky）と、哲学者のジル・ドゥルーズ（Gilles Deleuze）の人間精神の生成をめぐる研究とその思想である。ここで二人の研究者を論じることに奇異を抱くかもしれない。二人はまったく接点がなく、生きた時代も異なっているからである。ヴィゴツキーは19世紀も終わりに近い１８９６年にロシアで生まれ、青年時代にロシア革命を経験している。彼は結核の病のために三十七歳という若さで、１９３４年にこの世を去っている。一方、ドゥルーズはヴィゴツキーよりも一回り若い哲学者である。１９２５年にフランスで生まれ、１９６９年から大学の教員として活躍していた頃は、学生の民主化運動にも関わっていた。晩年は呼吸器系の病のために人工肺を使っていたが、１９９５年に七十歳で自らの命を絶っている。

ここで、なぜ、ヴィゴツキーとドゥルーズなのだろうか？　本書でヴィゴツキーとドゥルーズを取り上げようとしている意図を簡単に述べてみたい。筆者らは主にヴィゴツキーの発達論を教室におけ

る相互的な学習や、幼児の遊び活動の場面を中心に論じてきた。その中で、ヴィゴツキーの発達論の中核にあるのは主体の意味生成の活動であるという考えを持つようになった。彼は、人間の精神とその発達は人と人との関わりや社会・文化的なものに支えられながら実現していると主張してきた。同時に、彼は個人の意味生成の過程も重視している。そこでは、社会と個人の間に境界を引くような発想は取らなかった。

それでは、個人はどのような形で意味生成の活動を展開しているのだろうか？　それをヴィゴツキーはどこまで明確に主張しているのだろうか？　このことに、筆者らは疑問を持つようになった。これはいわばヴィゴツキーの残された問題でもあり、ヴィゴツキー亡き後、残された者たちが取り組むべき課題でもある。そこで、発達研究者ではないが、人間精神の生成の問題を広く論じていたドゥルーズからヒントが得られるのではないかと考えるのである。

ドゥルーズの著作はいずれも難解を極めており、特に心理学を専門にする者にとっては容易に理解できるものではない。だが、彼の主著である『差異と反復』、『意味の論理学』、そして『襞』を筆者らはまさに一行一行読み合わせをするように読み進めていく中で、彼の思想の中心にあるのはまさに人間精神の生成という心理学の重大問題であることに気づいた。その後、筆者らはドゥルーズの他の著作や関連する他の研究者の考えなどにも当たりながら「ヴィゴツキー後」の補完と発展の道を探っていくことを試みたということである。これが本書の背景にある筆者らの問題意識である。

ここで、ヴィゴツキーとドゥルーズをどのように理解していくべきなのか、筆者らの考え方のポイントをまとめてみたい。ヴィゴツキーは心理学者として、人間の精神はいかにして発達していくかという問題に取り組んできた。心理学では伝統的に、精神的活動やその生成を個人の変数とする発想があった。心理学は個人を問題にすることが多いからそれは当然のことだろう。これに対して、ヴィゴツキーとドゥルーズは人間精神の生成と発達を個人という閉じた枠の中で考えるのではなく、個人を取り巻いている外部の存在とその影響の中に位置づけようとした。

ヴィゴツキーの研究の基本姿勢は、歴史・文化的接近、あるいは社会・文化的アプローチと言われるものである。人間の精神的営みや人間意識は自分を取り巻いている外的な環境や社会・文化との関わりの中でしか存在しえないというものである。そこでは、文化的諸変数が具体的な形となって機能している文化的道具の役割も重視されている。人間が有能な存在であることの多くは文化的道具に依存している。だが、ここで注意しておきたいのは、ヴィゴツキーが人間精神の生成的変化を単純に歴史や文化の諸変数に還元するような議論をしていないことである。例えば、『思考と言語』（1934）で扱われている言語について、言語は、はじめは人と人の間の社会的活動＝コミュニケーションの手段であったものが、個人の内部へと移し変えられ、個人の思考活動を支えるものとなって、構造や機能を変化させて個人の道具となっていった。そこには、社会・文化的なものが個人の内部へと移し変えられていく過程が論じられている。社会・文化という外にあるものと、個人の精神活動という内にあるものとは複雑に連関し合っている。

ヴィゴツキーが解き明かそうとしたことは、人間の意識の解明であり、意識がどのように生成されていくか、その具体的な生成過程の解明であった。彼はこの心理学の最大の難問を、思考するという活動とそこに密接不可分に関わっている言語活動との絡まりの様相を通して解き明かそうとした。まさに意識がどのように生成されていくかを明らかにしようとした。このことからも、ヴィゴツキーは間違いなく人間精神の生成を論じた心理学者である。

ドゥルーズも人間精神の生成の問題を哲学の視点から論じたが、彼が生成変化を考えていくうえで超えなければならなかったのは、哲学では広く行き渡っていた大陸合理論である。例えば、ルネ・デカルト（René Descartes）に代表されるような、人間には知性や認識が始めから備わっていると考える合理論では人間の精神の生成・変化とその条件を論じていく必要はなかった。しかも神によって人間に理性が与えられていると言ってしまう発想は、人間の手によって人間の精神を変えていく可能性を限りなく狭めるものだった。そこで、ドゥルーズがはじめに手掛けたのは、英国の哲学者、デイヴィッド・ヒューム（David Hume）の経験論を使って人間精神の生成活動を理論化することだった。ドゥルーズの「超越論的経験論」の考えである。『経験論と主体性』（1953）は、ヒュームの経験論を彼独自の視点から読み直したもので、外部世界との関わりの中で得られる経験こそが人間精神の生成の基礎にあるとした。ドゥルーズは人間の経験的活動を積極的に外部と関わっていきながら、その経験を独自に編み直し、システムとして作り上げていく過程として考えようとした。

ドゥルーズの最後の論文となった「内在――ひとつの生……」（1995）では、外部で起きている出来事を経験として取り込みながら、同時にこの経験を再構成し、自己の意識としてまとめていく「外部－内部の連関」が強調されていた。ここで言う「内在」とは内的意識世界だけを言ったものではなく、具体的な経験そのものに還元されることなく、具体的な経験内容を基礎にしながら経験を新しく意味づけ、解釈していくものであった。いわば従来までの経験論の発想を新しく超えていくという意味で「超越論的経験論」である。

ドゥルーズが静的な構造のシステムとしてではなく、絶えずシステム内部で関係を組み変えていく動的な構造としてシステムを考えた時、そこには生成を生み出していく主体の活動がある。あるいは主体がシステムを構成していく自由である。ここで言う主体性やその自由というのは、決して外部世界から切り離された形の内的なものではない。外部世界と関わり、接触しながらそこから自己の世界を構成していくという主体性と自由である。このように、生きた時代も国も違っているヴィゴツキーとドゥルーズだが、二人には人間精神の生成の問題を解いていくという共通の問題圏があった。

2　個別科学と一般科学のあるべき姿

ヴィゴツキーが本格的な心理学研究を開始した時に著した「心理学の危機の歴史的意味」（1927）では、人間精神の本質に迫るためには心理学はどのような理論と研究方法を取っていくべきかという問題を心理学、さらには哲学、生理学研究まで広く渉猟しながら論じている。この長大な論文で扱われている内容は多岐にわたっており、難解なものだが、ここで彼が主に指摘していることは、これまでの研究では、個別科学が対象にしている具体的な心理事象の問題について、その解明を十分にすることなく抽象的で一般科学の形で理論化してしまう傾向があったということである。本来は個別科学と一般科学とは相互の役割を分担しながら行われるべきで、まずは個別科学の研究成果を蓄積していくことを通して理論構築へ進むという研究展開を目指すべきであった。だが、現実には、研究の趨勢として過剰な一般化、抽象化された理論がまかり通ってしまい、人間精神の真の事象に迫るような一般科学としての理論にはならなかった。

具体的な個別科学と実証的な資料の積み重ねが十分に行われなかったことが招いてしまった問題を、ヴィゴツキーは幾分、難解な形で説明をしているが、ここではその代わりにオリヴァー・サックス（Oliver Sacks）が科学史上で起きたいくつかの出来事を興味深く書いているのを使って考えてみよう。

サックスはヴィゴツキーの研究仲間でもあったルリヤ（Aleksandr Romanovich Luriya）とは生涯にわたって深い親交を結んだ神経科学者であった。彼が「暗点――科学史における忘却と無視」というタイトルで書いたエッセイがある（『消された科学史』（1995）に収められている）。彼は脳科学や神経学の重要な研究としていくつかあったにもかかわらず注目されることなく忘れ去られた研究を取り上げている。その中で心理学にも関係しているものをみてみよう。事故などで四肢の一部を切断せざるを得なくなった人がしばしば持つものに「幻影肢」がある。「ファントム」とも言われているが、既に失った腕や足に痒みを感じたり、これまで存在していた自分の手足から感じるものを失ったという喪失による「疎外感」を抱くものである。「幻影肢」は今やよく知られているものだが、サックスの説明では1864年に神経学者のサイラス・ウィアー・ミッチェル（Silas Weir Mitchell）が「感覚的ゴースト」と名づけて報告書を出していた。だが、この報告書は忘れられ、五十年後に、心理学でも原始反射の一つであるバビンスキー反射で知られている神経学者のジョゼフ・バビンスキー（Joseph Babinski）がこの症状を戦争で四肢を失った人の神経病的トラウマとして1917年に独自に発表している。バビンスキーはミッチェルの報告書があることを知らないで研究をまとめていた。さらに、第二次世界大戦で負傷した兵士たちが受けた同じ症状について、１９４０年代にロシアのヴィゴツキー派の心理学者のアレクセイ・Ｎ・レオンチェフ（Alexei Nikolaevich Leont'ev）とアレクサンドル・ザポロジェッ（Alexander Vladimirovich Zaporozhets）が詳しい内容の研究をまとめている。この時も彼らはバビンスキーの研究を知らないでいた。そして、１９６０年にこのレオンチェフらの著書の英訳が出て、ようやく広く読者の目にふれられるようになった。これが『手の働きのリハビリテーション（*Rehabilitation of hand function*）』である。サックスはレオンチェフらを神経学者としているが、正確には心理学者である（もっとも、彼らの研究は心理学の分野だけでなく、生理学や神経学の研究成果を使っているので神経学者という表現になっているのだろう）。だが、レオンチェフとザポロジェッ自身もその後は「幻影肢」についての研究は行っていないし、言及もない。

このようにサックスが重要な問題として取り上げた報告書や研究書が目にふれることなく忘れ去られることが繰り返されたのはなぜなのかということだが、その理由としてサックスは二つのことをあげている。

一つは予想しなかったことや、些細なことには注目しないで済ませてしまうような傾向があったということである。サックスは我々にはお馴染みのゲシュタルト心理学のヴォルフガング・ケーラー（Wolfgang Köhler）が言っていることを取り上げている。ケーラーが１９１３年に書いた「気づかれなかった感覚と判断の誤りについて」という論文である。ここでケーラーは次のように言う。「科学のどの分野にもそれぞれ、すぐには使えなかったり、いまひとつそぐわないものをほとんど即座にしまい込んでしまう屋根裏部屋のようなものがある。…われわれはつねに、価値ある素材の山を未使用のまま野積みにしており、〔それが原因で〕科学の進歩を自ら妨げているのだ」（以上は、サックスからの引用、邦訳 p.169）。ケーラーが「判断の誤り」と言っているのは視覚的錯覚のことであり、人間の視覚が錯視などといった間違った判断などするわけがないと信じていた時には、この重要な現象を見失ってしまった。大事なのは今までの常識とは違う特異例に注目し、些細なことを大事にするということである。

もう一つは、現象をうまく説明できるような「収容場所」、つまり概念や説明のカテゴリーを用意しておく必要があるということである。新しい現象をうまく説明していく理論がなければ大事な発見も闇の中に葬られる。ヴィゴツキーは「心理学の危機の歴史的意味」で、これまでの心理学では一般化した理論で人間の精神や活動を説明してしまうような過ちを多く犯してしまったと言う。条件反射はイヌの唾液分泌の研究を超えて、心理学のあらゆる現象、夢も、思考も作業も、創造も反射で説明してしまった。精神分析も心理学の枠を超えて形而上学的な原理にまでなってしまった。トーテミズムのような宗教の発生や性欲にまつわるあらゆる現象を一つの理論で説明してしまった。心理学にはそういう歴史があった。

ドゥルーズは『差異と反復』（1968）で、学問や知識は一つの理論で個別の事象を全体としてまとめ上げて説明することで「一般性」を求めていくことを基本にしていると言う。「一般性」は、「どの項も他の項と交換可能であり、他の項に置換しうるという視点」（邦訳 p.19）を持っている。彼はそこでは、個々の特殊性は「類似している」ということで無視されてしまっていると言う。ドゥルーズは「一般性」に代わって、理論は「普遍性」を目指すべきだとする。「一般性」と「普遍性」とは同じものとして扱われてしまいがちだが、彼は「普遍性」は個々の特異性とその存在を前提にしてこれらの間でみられる共通性を表現するものとして、「一般性」のように一つにまとめてしまうこととは違うと言う。ドゥルーズが『差異と反復』で、人間の活動を含め、あらゆる事象で表れている「反復」も、同じことの繰り返しでは決してなく、絶えず新しいものが生まれてくる連続としてそれがあるとする。「反復」と「普遍性」は、類似物や等価物を想定しない考えである。学問はまずは個別の事象や特異性を基礎づけるべきであり、トータルな説明を目指していく時にも個別性を担保に入れた理念（イデア）を前提にしなければならない。このように、ヴィゴツキーとドゥルーズは共に過剰なまでの理論の一般化の危険性を指摘している。ドゥルーズの研究は、まさにヴィゴツキー、そしてサックスが言う個別科学と一般科学のあるべき関係を理想的なまでに追求しようとした。

それでは、個別の事象に注目しながらそれらをどのような関係として全体を論じていけばよいのだろうか。ヴィゴツキーは彼の最後の著書で、主著でもある『思考と言語』のはじめで、人間の精神をバラバラの要素に分解するような研究方法を取るべきでないと言う。「分析の単位（ユニット）」という考えである。

ドゥルーズは初期の『差異と反復』や『意味の論理学』（1969）、そして後期の一連の著書でも一貫して、人間の精神をシステムとして論じるべきだと言う。彼は、システムの中にある個々の構成要素は決して一つにまとめることなどできない個別の機能と役割を持っており、これらが相互に運動を繰り返していくとする。それはまた同時に、決して同じことの単純な反復ではなく、いつも新しいものが生まれてくる活動である。小さな個体性の動きとそれらが相互に触発し合うことで新しいものが生成されてくる。ドゥルーズは静的な構造のシステムとしてではなく、絶えずシステム内部で関係の組み変えを繰り返していく動的な構造としてシステムを考えていた。ここに人間精神の中にある生成と変化の可能性を論じていく理論的視座がある。

幸い、ヴィゴツキーは今日では心理学の世界では広く読まれて、注目されている研究者である。ドゥルーズについても研究者している人は多い。彼の著書の多くは日本語に翻訳されており、容易にアクセスすることができる。だが、ドゥルーズは哲学史の碩学ということもあって、この分野の知識がなければ理解が難しい研究者でもある。

ヴィゴツキーも、そしてドゥルーズも、彼らが取り上げている問題圏は実に広い。だから、彼らが述べていることを詳細に論じなければ彼らの思想を正しく述べることにはならない。だが、本書ではあえて二人が行った膨大な研究の中でも主要な問題に絞らざるを得ない。焦点を絞っていくことで論点がみえてくることもある。ここでは、人間精神の生成と発達の問題に関わらせながら、人間精神をどう考えていくべきかというヒントをドゥルーズの哲学から得ていきたい。ここにヴィゴツキーの視点からドゥルーズの思想を扱う意味がある。ドゥルーズの哲学は人間精神や意識の問題を生成という視点から論じている点では心理学がもっと注目してよい。ヴィゴツキーという主に心理学の世界で活躍した研究者と、ドゥルーズという哲学者とのいわば異業種交流によって、二人の研究者の思想とその重要性を明らかにしていける。それはとりもなおさず、人間の精神をどのように論じていくべきなのかという問いの答えを見つけていくことである。これが本書で目指そうとするものである。現実の中で展開している我々人間の精神活動やその発達変化をよりいっそう明らかにして、人間精神の生成の過程で起きていることに迫っていきたい。

3　本書の章構成

ここでは、各章の内容について、その概略を述べる。

第1章の「ヴィゴツキーとドゥルーズ、心の生成論」では、ヴィゴツキーとドゥルーズは共に人間が主体的に経験内容を新しく編成し、意味づけ直していく活動を重視していたことをみていく。ヴィゴツキーは人間精神の現実に迫っていくような心理学を構築していこうとした。ドゥルーズはこれまでの哲学研究では、人間精神の生成の問題に十分な説明を与えてこなかったとして、彼独自の生成の哲学を展開し、『差異と反復』の中で、いかにして新しい人間精神の生成を論じるか新たな理論的枠組みを提示している。ここでは、ヴィゴツキーとドゥルーズを関連づけながら論じていくことで、人間精神の生成過程で起きていること、そして生成の条件の問題を議論していく。

第2章「学びの本質――ヴィゴツキーとドゥルーズの学習論」では、ヴィゴツキーは学習と発達の過程を自己運動として論じていたことに注目しながら発達主体の能動的活動を重視していたことをみていく。そして、彼の重要な発達概念である「発達の最近接領域論」を従来までの解釈とは別な発想で考える。ヴィゴツキーの学習論とは思想的にも強く共鳴をしているドゥルーズの学習論について、ヴィゴツキーのそれと比較しながらみていく。特に、二人が共通に重視している模倣活動とその役割を論じていたことを取り上げる。

第3章の「遊びの世界の本質」では、幼児の遊びの世界を詳細に分析し、理論化したヴィゴツキーの研究に注目する。彼の遊びの研究とその理論は人間精神の生成にある本質を幼児の集団における共同遊びの過程から探っていったものであり、ヴィゴツキーが特にそこで重視しているのは行為を意味化していく過程であり、遊びという連続的な活動の中でストーリーとしての意味を生成していく過程である。

第4章「出来事と〈意味〉」では、遊びの中で起きていることを出来事として論じることで、出来事から意味が生成されてくるというこれまでのヴィゴツキー・遊び論とは違う新しい視点から読み直すことを試みる。出来事という意味の発生の原初的活動にあるものに注目しているのはドゥルーズであり、ここにヴィゴツキーとドゥルーズが共に人間精神としての意味世界の生成を論じることの可能性がある。

第5章の「言語と意味世界の生成」では、言語の意味生成についてヴィゴツキーの説明の不十分さを補完するものとしてドゥルーズの理論を取り上げる。ヴィゴツキーは『思考と言語』で、人間精神の具体的な姿である思考活動は、はじめは個人の外にあった言語を自分のものとしていくことで思考活動を担うものとなっていくとした。だが、ヴィゴツキーの言語論では、最も本質とも言える意味の生成については十分な考察が行われていない。彼は社会的な実在としての語の意味体系である語の語義をベースにしながらそれが内化されて個人の語の意味へと変形をしていくという説明を中核にしている。だが、どうして個人は意味の生成に向かうのかということでは、十分な説明をしていない。これに対して、ドゥルーズは「意味」の生成過程を正面から論じている。彼は「意味」を命題から分離して、「意味」そのものの存在があることから議論をはじめている。彼は経験という「出来事」から意味が生成してくると考えた。

第6章「人間精神の内と外の間にあるもの」では、ヴィゴツキーとドゥルーズが共に人間の精神とその生成を支えているものとして、外部世界との直接的な経験を考え、同時に、彼らは外部世界で体験したことが個人の内的世界へと入り、意味を生成していくきっかけになっていると論じていたことを取り上げる。

第7章「中間世界としての人間精神」では、人間の精神を一つの理論や概念で説明することが多かったことを反省的にみていく議論を取り上げる。ヴィゴツキーとドゥルーズが人間の精神を多元的な世界としたことをいくつかの具体的な例を通してみていく。

第8章の「生成という時間」では、人間精神とその発達の生成の問題を時間という視点からみていく。新しいものが生まれてくるということは、時間的な変化を問題にすることである。ヴィゴツキーは人間の発達変化の過程は決められた予定表のようには進まないと言った。また、ドゥルーズも人間の活動にはいつも新しいものを創り出していく過程があるともした。二人に共通する生成としての時間について議論するが、さらにアンリ・ベルクソン（Henri Bergson）の時間論についても取り上げる。

本書では、本文の内容を補足するために注を加え、それらを章末に載せている。本文中の外国人名の表記は、初出のみ括弧で原綴りを附す。本文中の文献の出版年と発表年は初出のみを記す。文献は巻末に一括して文献欄にまとめて載せる。

第1章　ヴィゴツキーとドゥルーズ、心の生成論

ヴィゴツキーが１９２０年代後半に心理学研究を本格的に始めた時、心理学の理論として主流だったのは、ロシアでは条件反射学、欧米では行動主義心理学であった。条件反射学はイワン・パブロフ（Ivan Petrovich Pavlov）の条件づけの考え方にもとづいたもので、行動主義心理学は英国のロック流の経験論哲学を背景に生まれた学習理論であった。これらはある状況に置かれた時に学習者が適切な反応を取るように実験者によって方向づけられた極端な経験論の考えであった。これに対して、ヴィゴツキーはこの種の学習論は学習者の主体性を無視したものであると批判し、新しい心理学を打ち立てようとした。そこでヴィゴツキーが追究したのは人間が自己の精神世界を主体的に形成し、意味づけていく可能性とその理論化であった。

他方、ヴィゴツキーから遅れること二十年後の１９４０年代に、ドゥルーズは哲学の分野では広く行き渡っていた「大陸合理論」を批判して新しい哲学研究を開始する。フランスという「大陸合理論」が主流であった地で、人間に知性や認識が始めから備わっているとする合理論では人間の精神の生成・変化を十分に説明できないと考えた。ドゥルーズは合理論を超えるものとして英国の哲学者・ヒュームの経験論に注目し、これを新しい発想の下で読み直し、人間精神の生成の理論化を試みた。

1　ヴィゴツキーの経験主義批判とドゥルーズの新しい経験論

（1）ヴィゴツキーの経験主義批判

ヴィゴツキーは「心理と意識と無意識」（1930）で、パブロフの条件反射学や行動主義心理学は人間の意識を生理学的な過程や客観的な行動で説明してしまったと批判する。彼は心理学の独自の問題として心理過程を論じるべきであり、この「心理過程は複合的な全体の内部に、行動の統一的過程の内部に存在する」（邦訳 p.65）とした。パブロフや行動主義心理学者たちは心の存在を認めながらも、心そのものを論じるだけでは主観的な議論の域を出るものではなく、客観的研究にはならないと考えた。そこで、客観的な行動や生理学的なもので説明しようとした。

だが、ヴィゴツキーは人間心理について、主観的側面を重視するか客観的側面を重視するのかといった二者択一の発想では人間をトータルにとらえることはできず、心理学ではこれら二つの側面が同時に関わっている全一的過程として扱うべきと言う（同上邦訳 pp.62-63）。

ヴィゴツキーの考えは条件反射学を強く批判した「行動の心理学の問題としての意識」（1925）と「反射学的研究と心理学的研究の方法論」（1926）の二つの論文に表れている。パブロフらは神経活動という単純で基礎的なもので複雑な人間心理という上位構造にあるものを説明できると主張し、特にウラジーミル・ベヒテレフ（Vladimir Mikhailovitch Bekhterev）は人間心理の主観的現象も反射学で説明できると言い切った。これに対してヴィゴツキーは、人間の行動を理解するためには思考と精神の全体を研究すべきであり、そのためには人の言語的反応を正しく用いるべきだとした。言語は表に出てこない時もあるが、これは人間の思考と密接に結びついた意識の表れであって、まぎれもなく客観的に存在する反応である。彼は、自己の心的状態を把握、表現しているのが言語反応であって、言葉を正しく心理学の研究に位置づけることでかつての意識心理学が陥った「内観」の隘路を抜け出すことが可能になると考えた。

ヴィゴツキーはこの二つの論文に続けて、学説史的研究と方法論的検討についての長大な論文「心理学の危機の歴史的意味」をまとめている。ここでもパブロフとベヒテレフの条件反射学に加えて行動主義心理学を強く批判している。条件反射学や行動主義心理学には行動の要素の連合によって学習や意識が形成されてくるという機械的な経験論が共通にあった。しかもそれらは経験と連合を強制的に与えるものだった。行動主義心理学はイギリス経験論にある人間の心は外部からの働きかけによって自由に作られるという発想から出発している。ここでは主体が経験を意味づけ直していくといった活動は考慮されていない。

ヴィゴツキーは意識という内的過程の存在を前提にした人間精神の研究を心理学研究の基本に位置づけなければならないと言い、意識は心的体験によって形成されてくるとした。つまり、外的対象との関わりで得たものは内的な過程の中で経験を意味づけるものとなっていくもので、それは決して外部から与えられる経験の直接的な連合によるものではない。ヴィゴツキーは「心的体験」(「ペレジヴァーニエ переживание」)を環境の中で出会った出来事を個人の内的世界の中に位置づけ直していく主体の活動であるとした。それは、経験の寄せ集めというニュアンスが強い「経験」(「オープウィ

ト опыт」）とは区別されるものである。「心的体験」はヴィゴツキーが研究の全生涯で重視していた重要な概念である。最近、「心的体験」を詳しく論じた論文集も出ている（Fleer et al., 2017）。

（2）ドゥルーズの超越論的経験論

ドゥルーズは１９４７年、二十二歳の時にヒューム経験論を独自な視点から読み直した『経験論と主体性』を書いている（同書の出版年は１９５３年）。彼の基本的な考えは１９６８年の『差異と反復』にも引き継がれている。彼が批判の対象にしたのはイマヌエル・カント（Immanuel Kant）の先験的超越論の考えである。ドゥルーズは『差異と反復』より少し前の『カントの批判哲学』（1963）で、カントが人間には理性的能力があらかじめ備わっているとしたことは間違いであって、人間は具体的な経験を通して認識を生成させていくと主張する。カントは人間の理性的判断の根拠に、経験とは独立した形で理性が先験的（ア・プリオリ）に定められているとしてしまった。抽象的な概念や知識を経験に当てはめる「表象」の再現前化の発想である。ドゥルーズにとって、カントではどうしてだめなのかというと、人間の精神として新しいものが生成されることが想定できないからである。

ドゥルーズは、人は経験したことを独自な形で編み直し、まとめ上げていく、つまり「経験そのものを超出」することで理性が作られていく「超越論的経験論（empirisme transcendantal）」を位置づける。彼の「超越論的経験論」を簡単に言うと、一つひとつの具体的な経験から意味を新しく「イデア（理念）」として作り上げていくことであり、経験にこの「イデア」生成の条件を見出そうというものである。

ドゥルーズはアンドレ・クレソン（André Cresson）との共著『ヒューム』（1952）の第二章「哲学」の第三節の冒頭で、ヒュームは経験を通して主体が意識を生成していくことを論じたが、これが自分の思想の根幹になっている主体の意識の能動的生成の発想を生んだと言う[1]。ヒューム経験論の独創性は関係を外在性としたところにある。認識や観念の起源は感覚にあって、精神によって感覚を操作していくことで認識が作られるというものである。ドゥルーズは『経験論と主体性』で、「関係の外在性」を「思考自体が外部との根底的な関係に入り込む世界」（邦訳 p.45）のこととしている。そして、ヒューム経験論ではこれまでの経験論という言葉から連想されがちな要素を機械的に集めて人間の精神が形成されてくる観念連合の考えとは違った発想が展開されていたと言う。人間はこれらの感覚・知覚として得られた経験を新しく関係づけ、組み直していくことで認識を生成していく。個々の経験を上から一つにまとめ上げてしまうのではなく、並列的につなげていく、まさに接続詞である「と」という形で関係づけていく。外から与えられたものにもとづきながらもそれらを独自に組み直し、解釈、改変することで認識を形成していくということである。

カントは『純粋理性批判』（1787）の第二版で、次のように述べていた。「私たちの認識がすべて経験とともに開始されるからといって、認識はそれゆえにことごとく経験から生じるというわけではない。それというのも・・・私達の経験認識すらも、印象をつうじて受けとるものと、私たち自身の認識能力が（感性的な印象によってたんに誘発されて）じぶん自身から提供するものとがひとつに合成されたものであろうということである」（同上邦訳 p.34）。そして、経験に依存せず、感官の印象に一切依存しない認識があること、これを「ア・プリオリ」なものと呼んで、経験的な認識とは区別していた。

私たちが個々のあれこれの経験から独立した認識を持たなければ認識の普遍性が与えられることはないというのである。経験的なものが混入していない認識を、彼は「純粋」なものと呼んだ。

ヒュームとカントの経験に対する位置づけ方の最大の違いがここに表れている。ヒュームの場合は経験として与えられたものから出発して想像の中で秩序、あるいはルールを形成していくと考えた。これに対して、カントは経験から独立して認識や理性は「ア・プリオリ」に設定されている。ヒュームは経験の中から秩序を作り出していく能力＝想像力を考えたが、カントの場合は秩序を作り出す想像力＝構想力は経験とは関係なく事前にあるとした。カントの「超越論的観念論」とか「超越論的主観性」というものである。

ドゥルーズにとっては、カントのように考えてしまうとそれはまさに既に自分が持っている認識や概念として表象化されたものを「当てはめる」＝「再現前化する」だけのことになってしまい、そこでは経験によって新しく認識が生成されてくることが不問にされてしまう。人間精神の生成を論じようとしたドゥルーズにとってカントは乗り越えるべき対象であった。だから、ドゥルーズの『カントの批判哲学』（1963）の訳者である國分功一郎（2008）が解説で、ドゥルーズにとってはカントこそ超えなければならない本当の「敵」だったと指摘する（p.210 以降）。

ドゥルーズはあらかじめ用意された「表象」＝概念やイメージを機械的に当てはめてしまう＝「再現前化」という認識作用は、個々の事象の差異を無視してしまうと言う。この発想では、異質なものを同じものとしてしまい、ただ同じことの繰り返しとして扱われてしまう。これが『差異と反復』における「表象＝再現前化」批判である。

2　ドゥルーズとヴィゴツキーのシステム論

ヴィゴツキー、そしてドゥルーズは人間精神の生成の本質として、主体が能動的に経験を意味づけ、編成し直していく自己運動的な活動を位置づけている。彼らの認識や意識の自己運動的生成の考えにはシステム論的発想がある。ここで二人のシステム論の考えをみていくが、ヴィゴツキーよりもドゥルーズの方がより精緻なシステム論を展開している。ドゥルーズの理論を使うことでヴィゴツキーの考えを補完することができる。

(1) ドゥルーズ――経験を再編成するシステム

ドゥルーズは『経験論と主体性』の第五章「経験論と主体性」で、人間はいかにして経験から理性や認識を生成していくのかという「問い」に一つの答えを出している。経験は認識のための素材であるが、経験を超え出て行かなければ（「超出」）素材の山が集まっているだけで、認識や理性にはならない。そこで必要なのが、素材として集められたものを一つのシステムへと生成していく能力であり、想像の力である。ドゥルーズは「諸知覚のコレクションは、それらの知覚が組織され、関係づけられるとき、システムへと生成する」（邦訳 p.153）と言う。システムとして生成していく想像の力は具体的には、次の三つである。一つは要素を全体的に合成し、時間的な連続性を作っていく力、第二は、感覚的印象から観念的印象を作っていくこと、そして、第三が異なるものの間を関係として設定していくことである。ここには認識のレベルだけでなく、情念や動機のレベル、あるいは動機と行為の連関といった関係づけの仕方が含まれている。これらの三つによって主体がシステムを構成していく。これがドゥルーズのシステム生成の考えである（邦訳 p.129）。

ドゥルーズはシステムの中に情念も入れたが、ここには意識をトータルな形で扱おうとする姿勢が表れている。ドゥルーズがシステムとしての精神を生成していく過程で情動の果たす役割を重視するのは、情動的なものが認識的活動を方向づけると考えるからである。ドゥルーズは精神や身体を単にそれがあるという「実体」とするのではなく、活動する中でその姿を表すという「様態」の考えを取っている。そこには人間を実践や表現活動としてみるバールーフ・デ・スピノザ（Baruch De Spinoza, B. D.）の思想の影響が色濃く表れている。ドゥルーズの『スピノザと表現の問題』（1968）と『スピノザ――実践の哲学』（1981）である。

ここでも、ドゥルーズとヴィゴツキーとの重なりを確認できる。ヴィゴツキーも情動は意識という複合的システムの中で作用するものであり、理性が情動を統制すると同時に、理性的なものと情動とを正しく結合させていくべきだと言う。スピノザの影響である。ヴィゴツキーのスピノザ的発想は彼の多数の著書で随所にみられる。

ドゥルーズがシステム論を詳しく述べているのは『差異と反復』の第二章「それ自身へ向かう反復」の中の「システムとは何か」と、第五章「感覚されうるものの非対称的総合」の「システムの進化」と「包み込みの中心」である。ドゥルーズは「ヒューム論」から『差異と反復』へと進むにつれて、システムをより力動的なものとしている。ドゥルーズは『差異と反復』では、異質なものが縁で触れ合うことで新しいものが生み出されてくるシステム的発想を取る。『差異と反復』の第二章にある「システムとは何か」では、システムを構成しているのは複数の異なった個性群であり、それを彼は「セリー」と呼んでいる。「セリー」は、要素の系列やシリーズといった意味で、一つの特徴を示す諸要素の集合のことである（芳川・堀 2008, p.80）。ドゥルーズは次のように言う。「諸セリーが連絡（コミュニカシオン）の状態に入ると、そのような連絡は、諸差異を他の諸差異に関係させるということ、あるいは、システムのなかで諸差異の諸差異を構成するということである」（『差異と反復』邦訳 p.185）。そして、次の段階では、システムの中で異質なものどうしが相互に関係性を作っていくようになる。[2]

第五章の「システムの進化」と「包み込みの中心」では、諸セリーは互いを関係づけ、他を自分の中に包み込み、また他に包み込まれていきながら絶えず新しいもの＝差異が生成されていくと言う。このようにシステムは絶えず自己運動と反復を繰り返していく。だが、この反復は決して同じことを繰り返さない。システムから創り出されてくるのは安定した同じもの、コピーの反復生産ではない。これをドゥルーズはコピーと対比させて「シミュラクル」（あるいは「シミュラークル」）と呼んでいる。ドゥルーズは反復をこの言葉から連想されるような機械的な繰り返しではなく、異なるもの、差異化されたものが出てくることであるとする。ドゥルーズは新しいものを生み出していく過程が反復であり、それを内包したシステムが人間精神の姿だと考える。人間は本来的に、個体化と差異へと向かうシステムを持っている。このシステムとは自己のことであり、人間精神とその生成の過程のことである。

鈴木泉（2008）は「ドゥルーズ」の中で、ドゥルーズの思想は明確なシステム論だとして、次のように述べている。「新たなもの・予見不可能なものとしての差異は一回限りの事象の生起・出来事ではない。差異を生み出すシステムがあり、そのシステムにおいて差異はさまざまな差異に関わり、それらの関わり自体が流れとしてのシステムを構成する。新たなもの・予見不可能なものとしての諸差異の創造的な自己運動は、それが運動であるかぎりにおいてシステムを生起の条件とするとともに、当のシステムを構成するのである。そのシステムは、創造的な自己運動であるから、閉じられたシステムではなく、つねに新たな差異を産出するような開かれたシステムを構成する」(p.637)。

(2) ヴィゴツキーの心的システム論

ヴィゴツキーが人間精神は多様なものが複雑に関連し合う中で起きていることを直接論じているのが、「心理システムについて」(1930) である。その他、「意識の問題」(1933)、「心理と意識と無意識」でも人間の意識をシステムとして論じている。

はじめに、ドゥルーズとヴィゴツキーのシステム論の発想の共通点を確認しておこう。ドゥルーズは『差異と反復』で、個としての特異性は単独では存在しないで絶えず他の差異どうし、つまり諸セリー間が相互に作用し合っていると言う。相互行為的システム論である。ドゥルーズの表現では、「巻き込み－巻き込まれている」関係である。他のものに巻き込まれるだけではなく、一方が他方を巻き込むことによって新しいものを生成してくる。ドゥルーズの「巻き込み－巻き込まれている」という両義的な関係は、彼の『襞』(1988) では、襞を喩えにして説明されている。人間精神の中では、襞を拡げながら同時に襞を折り返すという「二襞」がいつも起きている。「襞」とはいわば世界を把握し、理解する精神活動であり、その精神世界のことである。実は、このような人間精神と活動を両義的な関係としてみることは、何もドゥルーズがはじめではなく、既にベルクソンやモーリス・メルロ＝ポンティ（Maurice Merleau - Ponty）が述べていたことでもある。

ヴィゴツキーは、言葉のはじまりは他者という外部にある人とのコミュニケーションの手段としてあったものが、自己の内部で行われる思考活動の手段ともなっていくとした。ここには、外に向かう動きと内へ向かっていく活動が同時に展開されるという人の営みの現実が描かれているが、これはドゥルーズの「巻き込み－巻き込まれ」の思想の具体的な姿でもあった。ヴィゴツキーは言語の世界では、さまざまな形態と機能を持ったものが相互に働きかけ合っていると言う。ドゥルーズの言う「セリー」が連結し合うネットワークとして働いていることと一致する。それはヴィゴツキーが言葉と人間精神の生成の場で見出したことであった。ヴィゴツキーが目指そうとしたことも人間の差異の解明であり、言葉の差異の解明である。一人ひとりの言葉と思考の違いが社会的活動を動かし、そのことが一人ひとりの中に新しいものを創り出していく。

ヴィゴツキーは「心理システムについて」で、人間の高次精神機能は複合的なものが統一された形で構成されているとして、次のように言う。「発達過程、とくに行動の歴史的発達の過程において変化するのは…諸機能相互間の関係、結びつきが変化し、修正され、先行段階では見られなかった新しい組み合わせが生ずるというものである。それゆえ、ある段階から別の段階に移行する場合の本質的な相異は機能内変化ではなく、機能間の変化、機能間結合、機能間の構造の変化である」（邦訳p.11）。ヴィゴツキーは「諸機能を相互に結びつけるこのような、新たな可変的関係の発生を、私たちは心理システムと名づけることにする」（同上ページ）。としている。ヴィゴツキーの発達論の根幹にあるのは機能間の変化から発達が生成されてくることである。

ヴィゴツキーは人間精神の発達を歴史的・文化的な変化と、個人レベルでの成長変化の二つの側面から論じているが、いずれもこの変化はシステムの改変によって起きていることである。それは精神間機能から精神内機能への変化である。言葉の働きは仲間との間の意思疎通の手段として使われているもの（精神間機能）が、自分の思考をコントロールするためのもの（精神内機能）へと変わっていく。ヴィゴツキーは、子どもの個人レベルの発達でも同じように精神間から精神内への移行というシステムの改変が起きていることを、次の例を使って説明している。幼児期に子どもは母親から注意を向けるように指示されたものに目を向け、視線や注意を共有することで母親と子どもの間の意識の共有が起きているが、次第に母子間の分離が起きて、自己というものが立ち上がってくる。だから注意の機能も変化が起きて、子どもは自分で自分の注意を向け始め、自分の中に母親が指示したものを取り込んで、自分で母親役として振る舞うようになる。ヴィゴツキーは「子どもの中に精神間の機能と精神内の機能をまとめる諸機能の複合的なシステムが生じた」（邦訳p.18）と言う。

ヴィゴツキーにとって、思春期特有の問題もパーキンソン病も、そして統合失調症も、その背後にあるのは心理システムがみせる現象である。思春期は世界観と人格の形成というシステム統合の課題を抱えた時期であり、また統合失調症は思春期とは逆にシステムの崩壊として表れ、思春期に形成されたものが崩壊される現象である。問題は知的、情動的な変化というよりも、既存の諸結合の崩壊、システムの崩壊として考えるべきなのである。

ヴィゴツキーは初期から障害児の心理とその教育の問題に取り組み、彼の研究には理論を実践の問題とつなげる姿勢があった。彼は亡くなる少し前からモスクワの実験医学研究所の精神神経学クリニックで、ブリューマ・ゼイガルニク（Bluma Zeigarnik）と共に成人の精神医学的な病態研究に取り組んでいる。彼は失語症、統合失調症、アルツハイマー症、パーキンソン病、ピック病といった多様な精神症状の患者に特有の感情レベルと知性の問題についての臨床心理学的研究を行っている。彼の病態心理学的研究は臨床的な問題と同時に、情動と知性について理論的な問題を解明することでもあった。それがヴィゴツキーの最後の未完の仕事となった情動の研究である。彼が残していった未完の『情動の理論』（1931-33）は彼が障害児心理学や成人の精神病の臨床的研究を行っていた時期に書かれたものであり、情動と知性の関係についての彼の関心を背景にしたものである。なぜ、ヴィゴツキーが情動の理論に取り組んだのかというと、情動と知性の間の関係と、それらの組み合わせが人格＝「心理システム」であるとしたからである。

失語症についても、ヴィゴツキーはシステム論にもとづく説明を行っている。クルト・ゴルトシュタイン（Kurt Goldstein）らによって詳しく研究が行われたシュナイダーという第一次世界大戦で大脳の後頭部・視覚野に銃弾が当たり負傷した人の症例である。ゴルトシュタインらによれば、コップの水を飲む行為や自分の鼻を指でつまんで欲しいという指示に運動動作で正しく応えることができるのに、この動作を他人がするように言葉で伝えて欲しいと言うと、それができない。ゴルトシュタインらはこのことを、具体的運動と抽象的な言語表現の間の正しい対応関係が壊れてしまい、それぞれの運動系と認識系には問題はないが、脳の損傷によって複数の機能系を統合するという全体のシステムが機能しなくなったのだとする。「範疇的、カテゴリー的態度」が失われたという脳の全体論機能を重視する考えである。ヴィゴツキーは必ずしもこのような脳についての全体論的発想を取らずに、同僚であったルリヤと共に、機能間の連関というシステム論を強調する。彼は「心理システムについて」で次のように言う。「脳の精神過程の実体となるのは個々ばらばらの活動領域ではなく、脳の器官全体の複合システムである」（邦訳 p.33）。この考え方はルリヤに引き継がれ、脳の振る舞いについては、全体論でも、また局在論でもない「体系的力動的局在論」となっていく。

ヴィゴツキーは「心理システムについて」の結論として、次のように述べている。「私は引用した諸事実に基づいて、自分自身の基本的信念を表現しようと思った。すなわちそれは、すべての問題が機能内だけでの変化にあるのではなく、そこから生ずる結合の変化と無限に多様な運動形態にあり、一定の発達段階で新しい総合、新しい連結機能、それらの間の新しい結合形態が生じるという信念である。私たちは、システムとその運命に関心をもたねばならない。私には、システムとその運命、――これらの二つの言葉のなかに、私たちの差し迫った活動のアルファとオメガ（根源）があるように思われる」[3]（邦訳 p.37）。

ヴィゴツキーが意識を心理学として研究していくための方向と課題を論じた「心理と意識と無意識」でも、システム論的発想の重要性を言う。ここでも彼はすべての意識活動は協同で働き、諸活動間は結合し合っており、このように考えることがあらゆるシステム研究の中心にあると言う。ヴィゴツキーは人間精神や意識を研究していく時に無意識も全体のシステムを構成するものとして扱うべきだと言う。ジークムント・フロイト（Sigmund Freud）の言う無意識な過程は直接意識できるものではないし、今という現在的行為のような形で表れているものではないが、この現動的なものに影響を与えていく潜在的なものがシステムの中にあり、またシステムを構成している。その理由として、彼は人間の心理過程はさまざまなものの複合的かつ複雑な過程としてあり、その中には意識の部分だけではカバーできないものがある。だから心理学では心理学的意識と心理学的無意識とを語ることは十分に正しいことであって、「無意識的なものは潜在的意識的なものなのである」(邦訳 p.73)。ここで無意識は意識や現在的行為に関わる潜在的な役割を持っているとするヴィゴツキーの考えを確認できるし、ドゥルーズが現在という次元で展開されている行為や意識という現動的なものは、過去と未来という潜在的なものと密接な関わりを持つ中で起きているとしたことと同じ発想であった。

ヴィゴツキーとドゥルーズは、人間心理は複雑なものが決してどれか一つのものに収斂されないシステム的な連関の中で起きているとした。だが、二人の説明とその精緻化の仕方には相違もある。ヴィゴツキーは、人間精神の発生を精神間という社会的活動と精神内である個人の意識活動との連関としてシステムをとらえ、精神間から精神内への移行が生成の過程であるとした。これに対して、ドゥルーズの場合は、むしろ個人の意識世界の中で展開されるシステム連関に特化しながら個人の中で起きている動的活動としてシステムを論じている。彼の主著である『差異と反復』では、人間はいかにして新しいものを生成していくか、その詳細な過程を追究し、またその理論化を目指していった。人間精神の中にあるシステム論的構成のあり様をより具体的に論じているのはドゥルーズである。ヴィゴツキーのシステム論は、いわば社会発生的なものである。そこではドゥルーズのような個人の精神世界で起きていることは十分には論じられていない。ヴィゴツキーのシステム論を補完するものとしてドゥルーズのそれがある。

3　ヴィゴツキー・ドゥルーズのシステム論とジェイムズの「フィアット」

ここでは、ヴィゴツキーとドゥルーズのシステム論と密接なつながりがあるウィリアム・ジェイムズ（William James）の「フィアット（fiat）」の概念をみていく。この先達が出している「フィアット」に、ヴィゴツキー、そしてドゥルーズはシステム論や意識研究を論じる中で注目している。ヴィゴツキーとドゥルーズがジェイムズの「フィアット」の概念をどう受けとめていたのかをみていくことで、彼らが「システム」に込めた考えを確認することができる。

ジェイムズが「フィアット」について述べているのは『心理学原理（*The principles of psychology*）』（1890）の第二六章「意志」である。彼の言う「フィアット」とは、人がある動作や行動を取る時には、一つのあるべき目的に沿うように具体的な行動の仕方を主体が「フィアット」＝「命令する」というものである。このような自発的なまとまった動作・行動を「フィアット」としている。ジェイムズは細切れの経験をまとめ、一つの流れとしていくものが「人格」であると考えた。いわばドゥルーズやヴィゴツキーのシステムの発想に近いものを、ジェイムズはこの「人格」とその具体的な行為の形である「フィアット」に込めていた。ヴィゴツキーも経験の複合的、統合的な役割をするものとして「人格」を位置づけたのは前にみたとおりである。

（1）ドゥルーズとジェイムズの「フィアット」

ドゥルーズがジェイムズの「フィアット」に直接言及しているのは、『差異と反復』の第四章「差異の理念的総合」で取り上げている「命令と遊び＝賭」（邦訳 p.300）である。ドゥルーズは、人間の精神活動や行為として何をすべきなのかという「問い」に対する「答え」として、人が行為として取るべき形が凝縮された形で表れているのが「フィアット」だと言う。これをドゥルーズは独自の用語の「特異性」という言葉で言い換えている。「特異性」とは、出来事という形で人が取るべき「本質」を具体的な形で表したもので、それは個別・具体的ではあるが、個人の経験や個々の事象を超えた世界の「本質」を意味するものである。具体的な行為や出来事という形で表れているところがポイントで、抽象的な世界を具体的な形で議論できることや、それらをシステム的連関として表している。

ジェイムズの「フィアット」や、ドゥルーズの「特異性」とそれが意味することを、子どもの遊びを例にして考えてみよう。子どもは遊びの中で家族の活動を、「ままごと」遊びとして料理を作るといった具体的な出来事の形で表現している。それは個別、具体的な「特異な」形の表れであり、同時に人間の家庭における活動の「本質」が含まれている。つまり、そこにあるのはまさに「本質」を含んだ「特異性」である。出来事というのは「特異性」そのものであって、「特異性」は人間にとっての本質的な意味を表している。

ジェイムズも「フィアット」を人間の精神世界で人が取るべき具体的な行動として表れているとしたが、それはシステムとしての人間精神の中の上層にある人格とでも呼ぶべきもので、具体的な形で表現されている個々の行為のシステム的な連関である。これと同じ発想は、ドゥルーズの『襞』の第八章「二つの階」で確認できる。彼は、人間精神の上位にある魂や精神は、下位に位置する具体的な身体・運動レベルによって支えられているとする。この上位にあるものと下位にあるものとは連節しながら一つの人間精神を形づくっており、両者の間に境界はないというのがドゥルーズの主張である。ドゥルーズの『差異と反復』の第二章「それ自身へ向かう反復」では、下位に位置する身体運動による行為や物質的なものが精神や意識を形成していくための大きな契機になっているとも言う。ジャン＝クレ・マルタン（Jean-Clet Martin）は『ドゥルーズ』（2012）で、ドゥルーズは経験という差異を伴ったものどうしが表層で関係を結び合いながら横に広がりながら、形を形成していく様を織物になぞらえていたことを紹介している。

ドゥルーズが「差異の反復」によって生まれてくる一つのまとまり、「セリー」が人間の生であるとしたことと、ジェイムズが経験のつながりとその連続的推移を重視したこと、そして、人間の生とその精神世界の本質は出来事という個別具体の経験のつながりの連続であるとしたこととはきわめて類似している。もちろん、ドゥルーズとジェイムズの違いもある。ジェイムズは人間の生を作っているものに経験以外のものを持ち込むことなく「根本的経験論」の発想に固執してしまったために、経験内容のより抽象化した形での上位の認識の形成へと踏み込むことはしなかった。これに対して、ドゥルーズは『襞』にみるように、人間の精神世界は、経験という下位のものと、それらを理念化した上位にあるものとの二層の間の連続的な往還から成っていると考えた。ここに両者の違いがある。

（2）ヴィゴツキーとジェイムズの「フィアット」

ヴィゴツキーは『文化的・歴史的精神発達の理論』（1930-31）の第十章「自分自身の行動の制御」で、意志の制御を論じている中でジェイムズの「フィアット」を取り上げている。ジェイムズの「フィアット」は意志的行為の説明としては必要不可欠なもので、科学的な決定論、つまり合理的なものだけでは意志は基礎づけられないと言う（邦訳 p.337）。だからまさに、「こうあるべきだ」という「フィアット」が支配しているのであって、人間の意志的行動には、時には自分にとっては避けるべきことをあえて行わなければならないことがある。例えば、ハンガー・ストライキで飢えに耐えるというヴィゴツキーの言う「最大の抵抗路線」を取らせるのは自分の意志が動かしているものであり、それは「そうなれ、かくあるべし」という「フィアット」である。ここには明らかにジェイムズの意志論を敷衍した考えがある。ヴィゴツキーも意識を論じている中では主体の意志や目的性を位置づける。ヴィゴツキーは『文化的・歴史的精神発達の理論』でジェイムズにふれているが、そのほとんどは意志の問題や行動制御に関することである。彼は、人間主体の持っている意志的活動を重視しようとした点でジェイムズ心理学を正統に位置づけようとした。

ヴィゴツキーが「フィアット」について直接述べているのはこれだけだが、彼はジェイムズについては複数の著書で取り上げている。ヴィゴツキーが最初にジェイムズを論じているのは、『心理学の危機』の中の「心理学の危機の歴史的意味」の十一節「心理学における経験論」である。心理学の取るべき研究方法のあり方としてジェイムズを論じたものである。ヴィゴツキーは、心理学では科学的研究と称して自然科学的手法を取ることが標榜されていたと言う。パブロフ条件反射学であり、精神反射学、そして行動主義心理学であった。他方で、それとは相容れない観念論的な発想による心理学があった。そこで、ヴィゴツキーは一つの方法論に固執したり、自然科学的・唯物論的心理学か唯心論的心理学かといった二者択一的な発想ではなくて、これらを統合していくような道を目指すべきであるとした。その一つの姿勢をヴィゴツキーはジェイムズにみた。ジェイムズは表面的な自然科学的手法だけを使って科学的心理学と称するような心理学者とは違っていた。

さらに、ヴィゴツキーは「心理学の危機の歴史的意味」の結論部分である十六節で、ジェイムズの発言を詳しく紹介している。「ジェイムズ（ジェームズ）は次のように述べている。『心理学を自然科学と呼ぶ場合、一つの強固な基盤の上に立った心理学の類いであると考えることは出来ない。・・・心理学の根本的原理や研究データはより広い視点で関連づけなおされ、また読み直しをしなければならない』」（『心理学の危機』英語版　p.335）。同じように、ヴィゴツキーも真の意味の科学的心理学の構築を目指そうとした。

ヴィゴツキーとジェイムズとの関係を考えていく時に、さらに重要な問題は意識についてヴィゴツキーが論じている部分である。「意識の問題」で、ヴィゴツキーが意識を述べたものだが、ここでヴィゴツキーはジェイムズの意識論と自身の意識論との違いを論じている。二人の違いからヴィゴツキーの意識に対する考えを確認することができる。

ヴィゴツキーとドゥルーズは共に意識活動はシステム的に結合されたり、統合されると考えていた。これに対して、ジェイムズは「意識活動間の結合は活動そのものに基本的には変化を起こさせない。というのは、それらは互いに結合し合っているものではなく、ただ一つの人格に位置づいているからである」と言う（「意識の問題」英語版 p.130）。たしかに、ジェイムズも純粋経験を論じたところ（「純粋経験の世界における感情的事実の占める位置」1905）では、「経験が精神的なものにしていくのは個々の経験が互いに作用し合う仕方であり、その関係のシステムであり、その機能である」（『根本的経験論』1912 所収、邦訳 p.159）としている。だが、彼は、意識は諸経験が一つの連続的な系列となっていくことで作られていくように形成されたシステムであるともしている。その背景にある考えとして、意識を一本の流れる川のように連続としてとらえていることがある。

これに対して、ヴィゴツキーは「意識の諸活動間の結合が研究の問題であること」、そして「諸活動間の結合、これがシステム研究の中心にあることだ」（「意識の問題」邦訳 p.130）と言う。

ジェイムズの意識論と対比させてドゥルーズとヴィゴツキーのそれをみていくと、システム論的発想には明らかな違いがある。ジェイムズの場合は経験間の連続的な結合によって意識を考えており、そこでは諸経験間を統合して、さらにそれらの経験内容を変換して新しいものを生成していくといった発想はない。あくまでもジェイムズは意識そのものの姿を問題にしている。これに対してヴィゴツキー、そしてドゥルーズは諸経験間をシステム的に統合し、そこで経験を新しいものに組み直し、時にはそこからより抽象度の高い概念や理念が生成されていくことも想定していた。一次的結合から二次的結合、あるいは表層から深層への変換である。個人の経験から始まって、諸個人の関係、あるいは前個体（個人的経験）的なものとして経験を考えるという発想でもある。

その他、ヴィゴツキーがジェイムズ心理学に関して多くの紙面を割いているのは『情動の理論』で、ここではジェイムズの情動理論を批判的に論じている。詳しい内容はこの後の第6章で、ベルクソンの情動論とあわせてみていく。

4 人間精神の生成機序とその条件

人間の精神は基本的には個々の人間の内部にあり、自らの意志判断と決定を行うものである。いわば理性的な認識と行動を主体的に取ることを可能にしているのは、個々の人間が精神の中に必要なものを内在化させているからである。だが、人間精神が生成されていく過程には主体の外部環境における経験が大きく関わっている。ドゥルーズはデカルト、カントのような理性があらかじめ人間に備わっていると説明してしまう「先験主義」を批判する。そして、ヴィゴツキーも人間精神が社会・文化の中で形成されていくことを彼の発達理論の中心に据えた。

ヴィゴツキーとドゥルーズは共に独自の経験論を基礎にして、カント的な理性の「ア・プリオリ」主義を乗り越えようとした。だが、二人には人間精神が外部世界とどのように関わりながら形成されていくか、その生成の過程で起きていることについては微妙な違いがある。二人の考え方を比較しながら、人間精神の生成を論じていく基本姿勢について確認しよう。

(1) ヴィゴツキーの「精神の社会的起源」と人間の具体性

ヴィゴツキーが人間精神を論じていくうえで基本としたのは、人間を社会的な存在として、人間精神の発生を歴史・文化的な視点から論じることであった。言葉の起源にあるものは、人と人との間を結ぶコミュニケーションという社会的な活動を支えている話し言葉であり、それが次には自分の言葉、自分の精神活動を支える道具、内言として機能するようになるという考えである。「精神間カテゴリーから精神内カテゴリー」への移行と言われているもので、個人の精神にははじめから社会的関係があるというものである。ここにはマルクス主義の思想が入っており、またこの言語論と同様のことは、マルクス主義言語論として知られるミハイル・バフチン（Mikhail Bakhtin）たちの言語哲学にもみることができる。そして、ヴィゴツキーは精神間から精神内への移行は言葉だけでなく、あらゆる人間精神の起源と発達に共通にみられると言う。ヴィゴツキーの『文化的・歴史的精神発達の理論』における発言である。「子どもの文化的発達におけるすべての機能は、二度、二つの局面に登場する。最初は、社会的側面であり、後に精神的側面、すなわち、最初は、精神間的カテゴリーとして人々の間に、のちに精神内的カテゴリーとして子どもの内部に登場する。このことは、随意的注意にも、論理的記憶にも、概念形成にも、意志の発達にも、同じように当てはまる。…この外から内への移行は、過程そのものを変え、その構造および機能を変化させる。あらゆる高次の機能およびそれらの関係の基礎には発生的に、社会的関係、人々の現実的関係が存在する」（邦訳 p.182）。ヴィゴツキーは人間の心理学的本性は社会的諸関係の総体であること、そして、この社会的諸関係の総体は内面に移されて人格の機能や構造の形式として表れているとする。

ヴィゴツキーは、意識の具体的な表れである思考活動と言葉とが相互に関連し合っているとみるならば言語は客観的な分析の対象にすることができ、人間の精神や思考も科学的な研究とすることが可能になると考えた。言葉は社会的活動をその起源とする社会的なものであり、思考は個人の内的な活動である。ここに社会と個人の間にある円環的関係、統一的関係がある。彼の最後の著書となった『思考と言語』の最終章では意識の問題を論じているが、「思考とことばは、人間の意識の本性を理解する鍵である」（邦訳 p.433）と言う。言語は他人と、そして自分自身のための実際的な意識としてあるし、言葉は意識全体の中で中心的な役割を演じている。以下はヴィゴツキーが生前に書いた最後の文章である。「言葉は、意識のなかでは、フォイエルバッハの言う、一人の人間では絶対に不可能であり、二人で可能なものである。言葉は、人間の意識の歴史的本性の直接的表現である。意識は、太陽が水の小さな一滴にも反映されるように、言葉のなかで自己を表現する。言葉は、小宇宙が大宇宙に、生きた細胞が生体に、原子が宇宙に関係するのと同じ仕方で、意識に関係する。言葉は、意識の小宇宙である。意味づけられた言葉は、人間の意識の小宇宙である」（邦訳 pp.433-434）。

ヴィゴツキーは人間精神の生成のベクトルとして社会から個人へと向かう方向を描き、その行き着く先として個人の人格、意識世界を考えた。もちろん、ヴィゴツキーの描いた社会から個人へという図式も、単純に社会的なものが個人の内的世界に移されていくようなものと考えるべきではない。社会的なものは個人が自分の中に取り込み、自分のものとしていくこと、まさに自分の発達として実現させていくということである。

ヴィゴツキーは「人間の具体心理学」（1929）で、人間は個人として外部世界と絶えず関わりながら相即的に生きているが、同時に個人の内的世界として展開していると言う。だから、彼は人間というのは社会的諸関係の中で生きながら、そこで自己の考え方や価値観を持ち、いくつかの矛盾を抱えている具体的な人間の姿を描いていくことが心理学者の仕事であるとも言った。彼がこの論文の中であげている架空の例として、罪を犯した妻を前にして悩む判事の内的葛藤がある。判事としての社会的役割と夫としての自分との間で起きている葛藤であるが、この種の葛藤は社会的な関係の中で生きる人間の具体的な生の姿としてしばしば起きることである。ヴィゴツキーがここで主張したかったことは、人間は個人としてさまざまな生活を営みながらもさまざまな社会的な諸関係の網の目の中で生きており、時には個人の願望と矛盾するような社会的な役割も取らなければならないということである。

彼はこの具体的な生活の中で展開される人間の営みと意識世界を「ドラマ」と呼び、さまざまな出来事とそれらの相互に関連し合う動きの中で生じてくる「こと」と「さま」の具体の「姿」を、その発生の地点にまで戻りながらとらえようとした。だから、社会の中で生きる人間としての「矛盾」や「葛藤」、「衝突」も描かなければならないと考えた。ヴィゴツキーは具体的な人と人の間の関係の中で人格は形成される、諸機能の結合と相互関係が人格（人間）を作る、そして、人々の間の諸関係が人格に移され、自己意識となっていくと言った。ヴィゴツキーは、私たちの生活の中で直接、人と人が関わっていくことで作られる具体的な個人の行為と実践を研究の基本単位にしようとした。

（2）ドゥルーズ『差異と反復』にみられる個と普遍性

ドゥルーズの『差異と反復』は、人間精神の生成過程を追い求めたものである。この前半部分では、経験の中で遭遇する出来事が人間精神を形づくっていく単位であることを強調している。出来事は限りなく偶然性を伴うもので、しかも一回限りで二度と同じことが起きない世界である。ドゥルーズの言う「差異」を一言で言えば、私たちの日常の中ではいつも新しいものが生まれ、新しいことを経験していくことである。概念として同じものにまとめてしまうことができたとしても、それは同一のものではないのが現実で、そういうリアルな世界を私たちは基本として体験している。ドゥルーズが『差異と反復』で好んで用いている例に演劇がある。そこでは決して同じことが表現されることなく、いつも違ったものが立ち現れている。演劇ではあらかじめ書かれたとおりに寸分違わず演ずることは不可能である。仮にそのようなことが起きているのであれば、それは書かれたものの単純な再演でしかない。そこでは何も新しいものが生まれず、概念的な同一化を目指す「表象＝再現前化」でしかない。だからドゥルーズは次のように言う。「あらゆる表象＝再現前化の外側で、精神を揺り動かしうる運動を作品のなかで生産することが必要なのである。運動そのものを、仲介なしにひとつの作品に仕立て上げること、媒介的なもろもろの表象＝再現前化のかわりに、ダイレクトなもろもろのしるし〔記号〕を用いること、ダイレクトに精神を突き動かすいくつものバイブレーション、回転、旋回、索引、舞踏あるいは跳躍を創り出すこと、これが必要なのだ。これこそ――時代に先駆する――演劇人の、演出家の理念である」（邦訳 p.29）。ドゥルーズが「差異」という発想で強調するのは一つの概念や表象に収斂させてしまう一般化ではなく、個別・特殊なものが絶えず生成されてくる多様性と個別性の世界である。現実は、一つにまとめて同じものとしてしまうことを許すような一般性ではない。交換不可能な、他のものに置き換えることができない世界である。

我々が日常の生活の中で行動していることは個別・具体的なものに満ちており、偶然の反復である。このようにドゥルーズは考えた。もちろん、ドゥルーズは個別なもの、差異だけでは秩序もないし、そもそもそこからは変化が生まれてこない断片の集まりになってしまうと言う。[4] ドゥルーズは決して一つの概念や表象によって抽象的にまとめ上げるのではなく、いつもそこに個別性＝差異を含みながらも、同時に経験を理念的にまとめていくことによって人間の普遍的な知性は得られるとした。これが人間精神の姿であり、一回限りの経験＝差異を組み直し（アレンジメント）、連関していく「反復」を通して得られるものである。

ドゥルーズの「差異」と「反復」は『差異と反復』という題名が示すように、ワンセットになっている。「差異」は反復されることを前提にしており、同時に「反復」は「差異」＝違いをいつも含んでいる。差異という特性を持ったものが連続的な変化の過程を繰り返す＝「反復」することで関係と重なりが生まれ、差異どうしの共通項としての特徴を示す「特異性」が生まれてくる。このことをドゥルーズは次のような例で説明している。「わたしたちは、一個の芸術作品を概念なき特異性として反復するのであって、一つの詩が（繰り返され）暗誦され〔心で覚えられ〕なければならないということは、偶然ではないのだ」（邦訳 p.20）。私たちは差異を繰り返すことで新しいもの、個別的なものを生み出し、同時にただ差異を平板的に並べるだけでなく、差異を超えたもの、普遍性を作っていく。これがドゥルーズの言う「理念（イデア）」である。だから彼は『差異と反復』の第三章「思考のイマージュ」で、「理念（イデア）」は特異なものを失った一般性ではなく具体的な特異性による真の普遍性であると言う。普遍性は一般的な命題でもないし、特異性も同じように個別性、特殊性でもない（邦訳 p.251）。ドゥルーズは一般性と普遍性を区別しているが、一般性は一つの概念で多数のものを一まとめにしてしまう発想だが、普遍性は個別・具体的なものを含み、それをいつも担保にして共通性を述べるものである。

『差異と反復』はまさに人間精神や意識そのものである。無数の差異どうしが意識の中で動き合って形あるものを創り出していく。潜在的なものから現働的なものへと変化する。反復する過程の中で互いに「カップリング」や「内的共振」を起こし、新しい差異が生まれてくる。生成の中心にあるものとしてドゥルーズが強調しているのは人間が内在的に持っている「反復」から新しいもの（「差異」）を生み出す「力＝累乗（ピュイサンス）」である。それは一つの理念を創り出していくことであり、形にしていくこと、表現することである。表現していくことによって具体的な生の姿を様態として創り出していくが、この発想をドゥルーズはスピノザから得ていた。

『差異と反復』はドゥルーズの学位論文で、その副論文は『スピノザと表現の問題』であった。ドゥルーズがスピノザから得たものは、自分の身体を含め精神やその存在を分かろうとすること、自由な思惟の活動であり、神という唯一の実在が作り出した人間を様態として理解し、そこで起きているありのままの姿を表現することが人間の理解であること、そして、このような表現していく力を人間は持っているということである。

（3）自己の生成に不可欠な他者の存在

ドゥルーズは人間を外部世界と関わっていく経験を通してその意味を主体的に解釈し、自己の中に取り込んで意味世界を形成していく存在とした。だが、彼は個人の経験（個別性＝差異）を基礎にした説明から『差異と反復』の後半になると、そこに他者との関わりを持ち込んでくる。自己の意識の生成にとって他者が存在することが不可欠であるとする考えである。

他方、ヴィゴツキーの心理学では人間精神が生成し、発達変化をしていく中には他者、あるいは社会・文化、その歴史的なものが鋭く関わりを持っていることがいつも強調されていた。このことは既に述べてきた。ここではドゥルーズが人間の精神に果たしている社会的役割をどのように考えていたのかを中心にみていく。ドゥルーズは『差異と反復』では、次第にヴィゴツキーが強調していた自己は他者の存在なしにはあり得ないという考えに近づいていったということである。

ドゥルーズは『差異と反復』の第五章とその後の結論で、人という存在は他者や諸理念間の関係の中で起きていると言う。他者は自分が持っていないものや自分では見えないところを見ている存在であり、他者によって表現されている世界を通して世界と関わり、世界を表現していくことが可能になっている。というのも、心的システムは私という自我だけが中心になっている構造ではなく、そもそも私はひとつのひび割れた私でしかないからで、他者という自分とは違う構造によっても構成されているからである。「ひとつの可能的な世界の表現としての《他者》」（邦訳 p.388）である。ドゥルーズは他者が存在することによって自己は自己となることを次のように言う。「〈おのれを繰り広げすぎないこと〉という規則が意味しているのは、何よりもまず、〈他者とともにおのれを繰り広げすぎないこと〉、〈他者を繰り広げすぎないこと〉、〈暗黙の〔含みこまれた〕諸価値を維持すること〉、〈おのれの表現の外には存在しないような表現されるものを、すべてわたしたちの世界に住まわせることによって、このわたしたちの世界を多様化すること〉である。というのも、他者はひとつの他の《私》であるというわけではないからであって、他の《私》であるのは、やはり《私》、ひとつの他なるもの、ひとつのひび割れた《私》であるからだ」（邦訳 p.389）。そして、他者によって自分の世界を広げさせてくれるのは他者から発せられる言葉である。

ドゥルーズの自己の生成にとって他者が不可欠な存在であるとする考えは、『差異と反復』よりも前に既にあった。それは彼の最初期の論文で、1950年代に書かれ、どこにも発表されないままになっていた「無人島の原因と理由」(出版年不明)であり、もう一つは『意味の論理学』の付録として収められた「ミシェル・トゥルニエと他者なき世界」(1969)である。この二つの論文はロビンソン・クルーソンに代表されるいわゆる「漂流物語」に属する複数の小説を題材にしながら、ドゥルーズが哲学の立場から論じたものである。

これらの論文はドゥルーズとはリセ(高等中学校)時代の友人で、その後も長い間親友であった作家のミシェル・トゥルニエ(Michiel Tourmier)の『フライデーあるいは太平洋の冥界』(1967)を元にしている。トゥルニエのこの小説はロビンソンではなく、現地人のフライデーの立場から書いたもので、ロビンソンの中にあるプロテスタンティズム的倫理の一種のパロディーになっている。現地人のフライデーと出会う前のロビンソンは難破船を修復して島からの脱出を試みるがそれも実現しないで、島で生き続けることを模索する。船から持ち運べるものを持ち込み、自分の世界を創り出す。しかも誰もいない島では、自分が誰なのかも曖昧なままの不安を解消することができないでいる。他者を失うことは言語を失うことである。だから彼は航海日誌を書き始める。だが、そこには時間というものの記載がない。そこで、自分というものを確認できない不安を解消したのはフライデーであった。このインディオは他の島で生け贄にされそうになり、そこから逃れてロビンソンの島にやってきた男であった。ロビンソンはこの男にフライデーと名づけ、賃労働者として雇い、給料として貨幣を払うことを始める。だが、文明社会とは無縁なフライデーはロビンソンが再構築した秩序をことごとく破壊していく。文明の遺品を保管していた倉庫も、フライデーが仕掛けた爆薬ですべて消滅してしまう。

実は、ここからロビンソンの再創造が始まる。文明を捨てたロビンソンはフライデーと同じになる。さらにその後、四半世紀が経ってから故国のイギリスからホワイトバード号がやってくる。だが、ロビンソンはもはや故国に帰るのではなく、この島に留まる決心をする。ところがフライデーの方はといえば文明国からやってきた船員に近づき、陽気に振る舞う。それは、ロビンソンはホワイトバード号の船長とはうまく対話ができなくなっているのとはまるで対照的である。ついに、フライデーはホワイトバード号で島を出てしまい、文明化の国へと向かってしまう。そして、ロビンソンは、船で虐待されて船から抜け出した水夫の少年と島で生活を続けることになる。少年の名前をサーズデイとした。ロビンソンの生はフライデーという他者の出現、そしてフライデーが島を出て行ったことで、本当の自己を再創造することが可能になった。

このように、ドゥルーズは他者がいることで何がもたらされるかを執拗に追究した。彼がこの論文で論じていることは必ずしもトゥルニエの小説の内容に沿ったものではなく、あくまでもドゥルーズの問題意識によるものである。その中心にあるのは「他者が知覚的な場の構造になっている」(「ミシェル・トゥルニエと他者なき世界」邦訳 p.235) ということであり、他者は自分が見ることができない部分を見ているように自分に思わせる存在としてあるということである。知覚領域の構造がなくなると、自分にとって対象の対象性が保証されなくなる。そこに自分がいることすらも分からなくなり、自我を想定することもできなくなってしまう。私たちは自分が実際に見ているところは限定されている。だが、今見ているところの向こうに何があるか、奥行きのある空間として知覚できている。それを可能にしているのは、いわば普遍的な知覚の場の構造を与えている他者がそのように「見ているもの」と「自分が考える」からである。このことをドゥルーズは次のように言っている。「私が見ていない対象の部分を、同時に私は他者にとって可視的なものとして措定している」（同上邦訳 p.232）と。この後に続く文章でも、ドゥルーズは言う。「他者は、世界の中での余白と遷移を保証するのである。他者は、隣接と類似の潤滑剤である」（同ページ）。他者が潤滑剤であるという発言は、ドゥルーズが他者の存在がいかに不可欠であるかを指摘するものである。

自我はア・プリオリに存在するのではなく、あくまでも他者によって自分の意識が照らされ、自分の中へと入っていった時にはじめて自我が生まれてくる。ドゥルーズはこのように考えた。そうなると他者の不在は自己の不在である。これが無人島の状態である。

岩尾龍太郎（1994）は『ロビンソンの砦』で、デフォーが描いたロビンソンの世界は、他者を排除し、孤独の世界で生きた人間は自己というものを過剰な程に支配し、自己が見る世界、視点をすべてのものの中で優位なものとしてしまったと言う。その悲劇はオディロン・ルドン（Odilon Redon）が描いたあの一連の一つ目だけが世界をさまよう絵と、そこから我々が受ける不気味さと不安な感情として実感される。世界のすべてを自分の力で覗きみようとした時に、自己は世界から離れ、孤立してしまう。近代合理主義の中で行き着く人間の姿である。心理学、あるいは一部の哲学は、この世界に埋没して人間を論じてしまっていないだろうか。その悲劇を感じないままにして。

確認できることは、ドゥルーズは他者が存在することの意味を見事に示しているということである。

ヴィゴツキーも、たしかに人間精神の派生的起源にある社会や文化を定式化してくれた。だが、彼の中には他者が存在すること、あるいは他者が不在であることの問題とその本質についての直接の議論はない。この点で、ドゥルーズに一日の長がある。

注

［1］ドゥルーズによるヒューム経験論の主なものは『経験論と主体性』であるが、それ以外に短い論攷がいくつかある。クレソンと一緒に書いた『ヒューム』と、シャトレの編集による『哲学史Ⅳ』に収められている「ヒューム」（1972）である。これらの「ヒューム論」からドゥルーズがヒューム経験論をどう位置づけ、またそれをどう批判的に摂取しようとしたのかを確認できる。

［2］ドゥルーズはここで起きていることを次のように述べている。「それは異質な諸セリー間のカップリングであり、そこからシステムにおける内部共鳴が生じ、またそこから、基（ベース）そのものとなる諸セリーをはみだしている振幅をもつ強制運動が生じる。：：異質な諸セリー間に連絡（コミュニカシオン）が打ち立てられるや、そこからあらゆる種類の帰結が、システムのなかに生じてくる」（邦訳 pp.185-186）。

［3］ヴィゴツキーは、結論より少し前のところでも心理システムについて次のように述べている。「K・レヴィンは、心理システムの形成が人格の発達と一致すると正しく述べている。私たちは、もっとも美しい精神生活を営む倫理的に完璧な人格をそなえた最高の場合には、すべてが一つに結びつけられるようなシステムの発現を問題にしているのである。スピノザの理論によれば、精神はすべての現象、すべての状態が一つの目標に向かうようなことを達成できる。そこでは、一つの中心をもったそのようなシステム、人間の行動の最大限の集中が生じる。スピノザにとって、唯一の理念は神の理念あるいは自然の理念である。それは心理学的にはまったく必要でない。しかし、人間は実際に個々の機能をシステムに取り込むだけでなく、システム全体のために一つの中心を創り出すこともできるのである。スピノザは、このシステムを哲学的局面において示した。それによれば、その生活が一つの目標に従属することの手本となり、そして実際にそれが可能であることを立証した人々がいる。心理学には、この種の単一システムの発生が科学的に真実であることを証明する課題が立てられている」

（「心理システムについて」邦訳pp.36-37）。

［4］ドゥルーズの問題意識は、ライプニッツ（Leibniz, G. W.）の「概念的差異」を批判しているところに表れている。ドゥルーズはライプニッツが『人間知性新論』（1765）第二部・観念の第二十七章「同一性あるいは差異性とは何であるか」にある逸話を取り上げている。プロシアのシャルロッテ王妃が庭を散歩中に完全に同じ二枚の葉はないと思うと言ったことを聴いた人が同じものを見つけることは容易いことだと応えた。だが、探し回った挙げ句、そこには違ったものしかなかったことを自分の目で納得するしかなかった（邦訳p.212）。このことからライプニッツは個々の事物ごとに概念が張り付いていて、相互の概念どうしは共通性も普遍性も持たないとし、このことを「概念的差異」と定式化している。だが、ドゥルーズはこの「概念的差異」では、差異から新しいものが生成されてくることや、差異という個別的なものが時間的な連続を起こしてくることがまったく発想されなくなると批判する。ただ差異化された個別の概念があるだけになってしまう。ドゥルーズはライプニッツの考えに一定程度影響を受けながらも別のところ（『差異と反復』第四章「差異の理念的総合」邦訳p.322）でライプニッツが海辺の波のざわめきや水車の音そのものが一つの表象（「微小表象」）を形成しているとして、微細な知覚と表象をそのまま結びつけてしまったと批判する（ライプニッツの例は『形而上学序説』33 邦訳pp.83-84）。ドゥルーズによれば、差異として表れている出来事の時間的経過、つまり反復を通して差異間の共通性を表す「特異性」が生まれ、これがいわば微小なもの、差異を超えた理念（イデア）を生んでくると言う。ライプニッツの「微小表象」からは変化の過程を期待することができないのである。

第2章　学びの本質――ヴィゴツキーとドゥルーズの学習論

この章では、ヴィゴツキーとドゥルーズが学習をどのように考えていたのかをみていく。この問題は人間の精神の発達と生成を具体的な場面に則しながら論じていくことでもある。ヴィゴツキーは学習を教育という外部から学習者に働きかける作用と、学習者自身の内部で新しいことを習得していく活動の二つの相互的関わりの中で起きるとした。この考えは「発達の最近接領域論」として表され、よく知られているものである。彼は、発達や学習は大人や仲間からの援助や相互交流を通して実現しており、何の支えもない中で学習は起きないとしている。だが、同時に彼は、学習は大人や社会からの一方的な教育的働きかけで起きるものではないことも強調する。だから、ヴィゴツキーは「発達の最近接領域」では子ども自身が主体的に発達をしていくことを指摘する。

他方、ドゥルーズは、人間は自己が経験したことを意味としてとらえ、認識を創り上げていくとする。彼は主体による認識の形成を重視するという姿勢を一貫して取ってきた。それは、彼の最後の論文である「内在――ひとつの生・・・」で経験の内在化を強調していたことに端的に表れている。そして、『差異と反復』では、学習の本質は「何であるか」を論じている。そこからみえてくるのは、ヴィゴツキーとドゥルーズの学習についての共通の考えである。

1　人間精神の生成と発達の「自己運動」

ヴィゴツキーが晩年になって発達と学習論を集中的に論じたのが『「人格発達」の理論——子どもの具体心理学』に収められている「児童学講義」（1934）である。そして、同じくこの中にある「子どもの発達の年齢的時期区分の問題」である。この論文で、彼は人間の発達を自己という人格によって自己を造り上げていく自己運動の過程であると言う。「発達とは、先行する段階では見られなかった新しいものが絶えず発生し形成される人格形成過程という最も強い特徴をもつ、不断の自己運動過程です。・・・（発達によって新しく作られる）新形成物とは、ある段階で初めて出現し、子どもと環境との関係における子どもの意識、子どもの内的、外的生活、その段階におけるすべての発達過程をもっとも主要で基本的な点において規定するような、人格とその活動を構成する新しいタイプ、身体的・社会的変化として理解されなければならない」（邦訳 p.25）。ここに彼の人間発達に対する基本的な考えをみることができる。ヴィゴツキーは子どもの発達過程を心身の統一、社会的なものと個人的・人格的なものの統一の中で「自己運動」を位置づけていた。

他方、ドゥルーズは『差異と反復』で、人間精神の生成過程を潜在的なものから実際の形あるものへと作り出していくという現働化の過程であるとしている。そして、ドゥルーズもヴィゴツキーと同様に、自己というものを内的で自己完結的なものとするような発想を取らなかった。ドゥルーズは個人の内部にあるものと、空間＝自分の外にあるものとは分離不可能な関係になっていると考えた。人間の精神世界は現実の生活の中で起きていることを体験し、そこから触発を受け、またそれを意味づけていく生成の力能（ピュイサンス）を持っている。このようにドゥルーズは言ったが、彼は、自己の内部にあるものと自己を取り巻いている外部世界との間の絶えざる関係としてとらえていた（合田正人 2015）。このように、ドゥルーズの中にある外部世界との連関の中で自己運動として精神を生成していくという発想は、ヴィゴツキーと重なる部分である。

前の章の最後のところで取り上げたドゥルーズの最後の論文「内在──ひとつの生……」で、彼が「内在」と言っているのは、個人は外部で起きている出来事を具体的に経験しながら、同時にこの経験を内在化していくということである。だから彼は具体的な経験を内包しながらも単なる経験に還元してしまうことも、またそれを抽象的な概念的なもので説明してしまうこともしなかった。ドゥルーズが「内在面」と称し、しかも「面」という言葉を使っている意味は、客体に依存することも主体に帰属することもない次元を意味している。だからドゥルーズは次のように言う。「ひとつの内在面について語りうるのは、内在がもはや自分以外のなにかの内在ではなくなったときだけである。超越論的場が意識によって定義されないのとまったく同様に、内在面はそれを収容しうるひとつの《主体》やひとつの《客体》によっては定義されない」（邦訳 pp.296-297）。

この論文でドゥルーズは、この「内在」には個人だけではなく、個人を超えたものという意味も込めている。それは主体でも客体でもなく、個人を超えた普遍的な意味も持っている。この発想は、ドゥルーズが『襞』の第六章で、アルフレッド・ホワイトヘッド（Alfred North Whitehead）の論を引きながら人間は生きている中で、また歴史の中でも出来事という小さなものを超えた「超越的な認識」を持つことを指摘していたことと同じことである。ホワイトヘッドはこのことを「永遠の対象」と呼んでいたが、それはいわば「理性（イデア）」の垂直的な次元である。

2　ヴィゴツキーの「学習と発達論」

ヴィゴツキーが教授・学習の活動と発達の関係をどのようにとらえていたのか、彼の学習論と発達の考えをみていこう。彼は発達の過程と教授・学習の過程とは同一ではなく、発達は学校における教授・学習過程と密接に関わりを持ちながらも独自の過程であると言う。

（1）「発達の最近接領域論」における発達と教授・学習

ヴィゴツキーの「発達の最近接領域論」は『思考と言語』の第六章「子どもにおける科学的概念の発達の研究」の中で書かれているため、教授・学習が子どもの発達を促進する役割を担っているという意味で解釈されることが多い。ちなみに「発達の最近接領域」とは、大人や仲間と相互に働き合う中で他人からのヒントや援助をもらいながら、あるいはお互いが刺激を与える中では、一人で行った場合よりも進んだ理解や学習が実現していくことが展開される領域（ゾーン）のことである。[1]

だが、彼は別の多くの著書で教授・学習の過程と発達の過程とを同一視して「発達の最近接領域」を論じてはいけないこと、また同じでないのだから両者は統合される関係になっているとも言う。彼の「発達の最近接領域論」は名前のとおり、主体が「発達」を実現していくための主要なモメントとそれを支える外的諸条件を論じたものである。だから「発達」の「最近接領域」となっている。「教授・学習」のためだけの「最近接領域」ではない。

デンマークのヴィゴツキー研究者のセス・チェイクリン（Seth Chaiklin）が２００３年に「発達の最近接領域」を論じた中で、ヴィゴツキーの「発達の最近接領域」を「客観的な発達の最近接領域」と「主観的な発達の最近接領域」に分け、前者はヴィゴツキーの言う教授・学習過程であり、後者は発達過程であるとしている。ヴィゴツキーは、この二つの過程は統合されるべきものであるとはしたものの、「発達の最近接領域」は最終的には主体の発達を実現していくための「最近接領域」と位置づけた。チェイクリンの言う「主観的な発達の最近接領域」がまさにヴィゴツキーが目指した本来の意味での「発達の最近接領域」だった。

具体的な例でこのことを考えてみよう。筆者はかつて授業の中で子どもたちどうしが議論する様子を観察・記録し、分析したことがある（『認知心理学からみた読みの世界――対話と協同的学習をめざして』1996）。小学校四年生の国語の授業で、物語文の教材の読みであった。その時、同時に複数の子どもたちが毎時間の授業の中での話し合いをどう受けとめ、また自分の考え方をどのようにまとめていったのか、その理解の変化の過程も同時に把握していった。ここで分かったことは、子どもたちが自分なりに納得する形で作品を読み、理解していくという個人レベルでの読みや理解の変化は、授業の中での話し合いの過程とは一致していないということである。つまり、子どもたちが授業の中で議論し、相互作用したその日の内容が直ちに子どもたち一人ひとりの理解になっていない。子どもたちは授業の話し合いの後になってからそこでの議論を振り返り、自分の考えと対比させながら自分の作品に対する理解や読みを見直し、深めていったのである。当然、そこには授業の様子を分析しただけでは分からない個人の理解過程がある。この授業はおよそ一か月間にわたって行われたが、そこで子どもたちは協同の活動を通しながらも、そこに還元されない独自の自己の内的な理解を創り上げていた。それはまさにヴィゴツキーが授業という教授・学習の過程と個人の発達過程とは一緒にはできないと言い、教授・学習の協同の活動の後に個人の発達は起きていると指摘していたことと同じことである。ヴィゴツキーが既に1930年代に指摘していたことを考えると、彼は実に重要なことに気づいていた。

ヴィゴツキーは『思考と言語』の最終章「思想と言葉」でも、子どもが本来身につけていくべき能力はどのようなものかを論じている。ここでは言葉を中心に論じているので、児童・生徒がどういう姿勢で文章に接し、どう読むべきかという文脈の中で扱われているが、彼が言っていることは決して文章読解に限定したものではなく、あらゆる学習場面を想定したものである。また、児童・生徒という特定の発達の段階にある者のことだけでなく、広く大人として求められることを指摘したものでもある。ヴィゴツキーは文章として書かれた一つひとつの言葉を理解する時にも、言葉の意味はそれが用いられている状況によっては辞書的な意味、つまり語義とは違った意味で使われることがあること、だから書かれたテキストの表面的な理解を超えて裏に隠されている「内面的意味（ポドテキスト）」を読み取っていく姿勢が必要であると言う。このようにあらゆる対象に対して批判的にものを考える思考力や態度を主体が持つことが、どんな人間にも、またどんな時代でも求められているのであって、これこそが学びが目指すものでなければならないのである。これがヴィゴツキーの『思考と言語』の結論であった。

このように、ヴィゴツキーの「発達の最近接領域」は、教授・学習の場面に限定したものでないことがはっきりする。あくまでも子どもの発達についての基本的な考え方を提示したものである。ヴィゴツキーは「発達の最近接領域」を幼児の遊びの世界や学齢期の知的発達という広い問題として論じている。例えば、彼が「年齢の問題」を論じた四つの論文（「児童学的な年齢の概念」、「子どもの発達の年齢的時期区分の問題」、「年齢期の構造とダイナミクス」、「年齢期の問題と発達診断学（発達の最近接領域）」、いずれも邦訳『「人格発達」の理論』所収）がそれである。ヴィゴツキーが強調しているのは、「発達の最近接領域」を実現しているのは、外部の教育的働きかけであると同時に、それを受けて発達主体の幼児・児童が教育的経験を自己のものとしていくという二つの総合の結果ということである。とりわけ、主体の側の役割を重視する姿勢をヴィゴツキーは取っていた。

(2) ヴィゴツキー「発達の自己運動論」と「児童学」

ヴィゴツキーの「発達の最近接領域論」は、主体の側の発達を実現していく最近接領域のことであった。このことをヴィゴツキーは発達の「自己運動」と呼んでいる。あるいは、ヴィゴツキーの発達についての考えとして「児童学的方法」と言われてもいる。

ここでは、このような彼の考えを『思考と言語』以外のもので確認していくが、それらの多くは、彼が亡くなる直前の１９３３年から３４年までの講演録や論文である。「教育過程の児童学的分析について」(1933)、「学齢期における教授・学習と知的発達の問題」では、共に発達の内的過程は教授・

学習だけでは説明できない独自のものであると言う。問題は、発達過程と教授・学習過程の関係を正しく論じていくことである。「生活的概念と科学的概念の発達」(1933)でも、学校における児童学的研究の対象は教授・学習と子ども自身の活動の二つによって実現されていく知的発達にあるとしている。彼の言葉である。「子どもの発達は、教育過程そのものの進行とは一致しません。子どもの発達は、学校での教授・学習の進行そのもののダイナミズムと結びついていながらも、それに解消されない内的論理をもっています。いうまでもなく、学齢期における子どもの知的発達において基本的な役割をはたすもっとも主要な機能の一つは思考です」(邦訳 p.155)。

ここでヴィゴツキーは「児童学研究」という言葉を使っているが、「学齢期における教授・学習と知的発達の問題」の中で、児童学研究を次のように述べている。「私たちの仮説が確証するのは、教授・学習過程と発達の内的過程の統一性であって、同一性ではありません。それは前者の後者への移行を前提にしています。外的意識や子どもの外的技能がどのようにして内的なものになるかを示すこと――これは児童学研究の直接的対象をなすものです。…各々の子どもの頭のなかで、学校での教授・学習過程によってよび起こされた発達過程がどのようにして進むのかを教師のために明らかにしなければなりません。学校の教科のこの内的で地下に潜む、発生的な網を明らかにすることは、児童学的分析の第一義的な課題でしょう」(邦訳 pp.25-26)。この傍線を附した箇所は、ヴィゴツキーの中にある児童学研究と児童学的分析を重視する姿勢を述べたものである。だが、彼が亡くなった直後から、児童の発達過程を重視する姿勢は教育の役割を軽視するものだとして当時のソビエト教育学によって批判されるようになる。いわゆる「児童学批判」である。これを受けてアンダーラインの部分が削除されてしまった。だが、今日削除される前のオリジナルな文章を読むことができるようになったが、ここからはヴィゴツキーに子どもの主体的な発達の過程を重視する姿勢があったことがはっきりと分かる。

ヴィゴツキーが発達を子どもの自己運動の活動として論じているのは先にも取り上げた。「子どもの発達の年齢的時期区分の問題」である。ヴィゴツキーは発達の原理を人格の不断の自己運動過程としたが、子どもの発達過程は心理的側面と身体的側面の統一、社会的なものと個人的、人格的なものを統一していく自己運動によって実現されるというわけである。

このように、ヴィゴツキーは晩年になると発達過程がどのような経過をとるかという発達変化の問題を集中的に議論するようになり、そこでは、社会的環境の影響を受けながら大きく変化をみせる「危機的年齢期」と、比較的安定した形で発達が推移する「安定的年齢期」という自己運動の二つの相で発達変化をみるようになる。子どもの発達を促す外からの働きかけや環境の役割が決定的に重要であるとしながらも、同時に子どもの発達や学習は広い意味での教育を単に機械的に取り込むようなものでは形成されないとしたのである。

この発想は、前の第1章でもふれた彼の「心的体験」の考えと直結してくる。彼は、「児童学における環境の問題」(1934)では、自己が出会った出来事や経験したことをそのまま受けとめるのではなく、自分なりにそれを意味づけ、自己のものにしていくとして、それを「心的体験(ペレジヴァーニエ)」という言葉で言い表していた。子ども自身が出来事を意味づけ、そこから大切なものを得ていく内的な生成の力を持っているということである。彼は1933年にレニングラード教育大学で行った講義（「三歳と七歳の危機」）の中では、「心的体験」は人格と環境の統一体の研究のための単位としている（邦訳 p.82）。だから、「心的体験」は、人格と環境との間にあり、環境に対する人格の関係を意味するものであり、それは環境によって与えられたモメントが人格にとって意味するものとなったものだ（邦訳 p.83）ということになる。[2]

子どもの発達変化とその過程は、「理論」が描き出すような単線的な発達のコースを辿らない。それは大人の論理ではなく、主体の側の子どもの意志によって展開される。子どもの活動の原動力になっている欲求や意欲によって環境からの刺激は再構築されていく。彼は、子どもも含めて人間は環境から受ける影響をその意味や価値を自分なりに受けとめ、解釈していくものだと考えた。このような形で自己の中で形成されたものは、人格と言われるものである。まさに環境と人格とは統一的な形になっているというわけである。ヴィゴツキーが発達を環境と能動的に関わりながらの自己の運動による形成過程としたことは、彼の発達理論を理解するうえではきわめて重要である。

3　ドゥルーズとヴィゴツキーの学習論

(1) ドゥルーズの学習論

ドゥルーズは新しいものが生まれてくる過程は、一回限りの出来事であるとして、その「個別性」を重視した。だが、同時に、彼は、人間はこの「個別性」を含みながらもこれらの連続的なつながり、時間的な繰り返しが個別・具体の「経験」を超えて「理念（イデア）」を創り出していくとも言った。

ドゥルーズが『差異と反復』の中で「反復」の意味を指摘するのはこのような背景からである。彼が強調するのは、同じことをただ確認する「再認」としての「反復」ではなく、新しいことを知り、学んでいくという「習得」としての「反復」である。それがドゥルーズの学習論である。

ドゥルーズは前の章でも確認した「超越論的経験論」では、機械的に経験したものが自己の内部へ「引き写されていく」といった経験論ではなく、主体が経験を意味的に再解釈し、構成し直していくことを強調していた。それでは、彼は、この経験の再構成をどのように考えたのだろうか。ここに「再認」と対比される「習得」の考えがある。

ドゥルーズは『差異と反復』の第三章「思考のイマージュ」で、「再認」という心理学でよく使われる用語に含まれているものを「習得」のそれと対比させて論じている。ドゥルーズの言う「再認」は心理学で言う記憶の再認よりももう少し広い意味で、対象を「同じもの」として認識する能力一般を人間が持っているということである。このような能力はデカルトが人間の認識の前提にあるものとして述べていたものである。蜂の蜜から作った蜜蝋は作りたてのものと、それに火をつけて使うものとは、そこから受ける感覚としては香りも形も変わっているのに、それでも同じく蜜蝋だと認識する。対象が同じであることを感覚ではなく、自分の再認の能力によって判断するという認識の基本があるというわけである。ドゥルーズにとって、この「同じ」とする「再認」は、概念によって一つのものに括り、個々の対象の違いを無視してしまうものだった。「同じもの」とする概念的な一致はたしかに世界を見、理解していくための基本的な思考様式だろうし、この認識の存在なしに我々は無数の雑然とした世界を前にして立ちすくんでしまうだけかもしれない。だが、この「同じ」としてしまう作業は時には、下手をすると機械的な反復の発想に陥ってしまう（邦訳p.204）。実際は同じではなかったものを同じものとして扱ってしまう誤謬が起きることすらある。しかも誤謬であることに気づかない時がある。ドゥルーズはこの「再認」の能力は、人間の思考として人間は誰でも同じような発想やものの考え方を持っているといういわば「常識」、あるいは「共通感覚」と同じような働きをしていると言う。ドゥルーズは、「再認」という人間が常識としてもった「同一性」へのこだわりから脱することが、本来の人間が持つべき能力と思考の様式とすべきであると言うのである。それが自らが「学んでいく」という活動であり、彼の言う「習得」するということである。それは「再認」という能力に代わる能力であり、活動である。彼は『差異と反復』の中では、「習得（apprentissage, apprenticeship）」と、「学習（etude）」・「学ぶ（etudier, learning）」という二つの言葉を使っているが、明確に区別をしないで自由に使っている。

（2）ドゥルーズの主体的学習としての「習得」

ドゥルーズは『差異と反復』の序論と第三章で、「学ぶこと」の本質を水泳の例を使って説明している。水泳指導員が砂の上で泳ぎ方を教えてもそれは何の役にも立たない。指導員が水の外で示してくれる動きを機械的に模倣しても泳げるようにはならない。実際に自分が水の中で手と腕で水の感覚を実感し、指導員の指摘する動きとその意味を手探りで探し出さなければならない。「学ぶ」ということはこういうことだとドゥルーズは言う。彼は次のように言う。「わたしたちは、『私と同じようにやれ』と言う者からは、何も学ぶことはない。わたしたちにとって唯一の教師は、わたしたちに対して『私と共にやりなさい』と言う者である」（邦訳 p.49）。泳ぎを学ぼうとする者に良い泳ぎとは何をすることかを感じさせてくれるのが良き指導者であり、それは一緒に感じることなのである。指導者にとって大事なことは、泳ぎ手が今どのように動きを感じ、行為をしているのか感じ取っていくことであって、決して指導者と同じ動作を模倣させることではない。「学ぶ」ということは今まだ実現していないが、これから求められてくるものを新しく生成していく活動である。

ドゥルーズがここで言いたかったことをクレア・コールブルック（Claire Colebrook）は『ジル・ドゥルーズ』（2002）で、次のように簡潔にまとめている。「偉大なる作曲家のやり方で作曲することは、ベートーベンのソナタの中心部にある創出的な力を感じることを意味している。偉大なる哲学を作り出すことは、ある問題がもつ力を感じることを要求するのであって、答えを次々に反復することではない。生成変化とは、その真の力においては、既に生成変化を起こしてしまったものや既に現実化されたものによっては制限されない。それは、行為において表現されている潜在的な力を知覚することによって駆りたてられるのだ」（邦訳 p.257）。要するに、機械的な反復、つまり機械的な模倣からは何も新しいものが生まれてこないし、何も学ぶことはないということである。発達と学習の実現の鍵を握っているのは主体である。

ドゥルーズは、別なところでも習得について指摘をしている。彼の『プルーストとシーニュ』（1964）である。ドゥルーズはマルセル・プルースト（Marcel Proust）の有名な作品『失われた時を求めて』を題材にしながら、この作品に込められた「シーニュ（記号）」をどう受けとめながらこの作品を読んでいくべきかという「問い」を出している。ドゥルーズは「シーニュ」という言葉を他のところで何度も使っているが、彼の言う「シーニュ」とは、新しい発想と思考を始めることを促していく記号や言説のことである。ともすると、この作品は過去の追憶を主題にしたものとして扱われてしまうことがあるが、それは間違いであると言う。『失われた時を求めて』では、主人公が紅茶に浸したマドレーヌの味から過去のことを想い出すことから長い作品が始まっているが、ドゥルーズは主人公が想い出したことからあるものの謎解きを始めることに注意を払うべきだと言う。マドレーヌの味という「シーニュ」から導き出されたことがきっかけになり、主人公はどんどん思考を巡らされていく。それはまさに「シーニュ」から何かを得ていくという「習得」の問題が描かれている。「プルーストの作品は、過去と記憶の発見とに向けられているのではなく、未来と習得の進展とに向けられている」（邦訳 p.33）。過去から何を次に引き出していくかという未来へ向けての進め方は、まさに自分で答えを見つけていくことであり、その術を身につけていくことが「学び」＝習得の基本にあることなのである。

「シーニュ」から何を得ていくかということ、つまり「習得」のことがこの作品には描かれているとドゥルーズが指摘していたことの意味を、もう一度確認しておく必要がある。「シーニュ」という言葉は分かりにくいので、ドゥルーズが言っていることを心理学に登場してくる「ゲシュタルト原理」に当てはめて考えてみよう。私たちは絵を見た時に、一つのまとまった図を背景（地）から区別して引き出すことができる。いわばこの絵はこういうものが描かれているという常識的な枠組み（「再認」）と、一つにまとまったものとして見るという「ゲシュタルト的秩序」がある。だが、時にはこれが図地反転図形になった時には、常識は壊れ、地が図になって表れてくる。いわば「再認」をするだけでなく、新しい見方があることを発見する。ドゥルーズと同じフランスの哲学者、メルロ＝ポンティは『知覚の現象学』（1945）で、図地の反転を起こしているのはこの図形に向ける「まなざし」という主体の運動であると言っていた。ドゥルーズは「まなざし」を「規定作用」と呼んでいた（『差異と反復』邦訳 p.58）が、ドゥルーズの「習得」を「まなざし」や「規定作用」として考えていくと幾分具体的になってくる。この時、新しい見方をすることを、この図形は「シーニュ」として与えている。ドゥルーズの言葉である。「背景は《私》を貫いて浮上しながら、思考の可能性のもっとも深い点にまで浸透し、あらゆる再認における再認されないものを構成するということだ」（邦訳 p.236）。この文章自体も分かりにくいが、要するに決まった枠組み（「再認」）に縛られることなく一つの見方や考え方からいつも自由になれる思考体制をもっておくこと、それによって新しいことに気づくことになる。これが「習得」で目指すべきことである。

もう一つ、『差異と反復』、そして『意味の論理学』でドゥルーズが繰り返し取り上げている例が、友人である詩人、アントナン・アルトー（Antonin Artaud）の出版をめぐる経緯である。ドゥルーズとアルトーとはリセの時代からの親友であった。アルトーの詩集を雑誌編集者であるジャック・リヴィエール（Jacques Rivière）が『ヌーヴェル・ルヴュ・フランセーズ（新フランス評論）』の雑誌に載せることは無理と返答したが、二人の間で交わされた手紙とその内容にリヴィエールは興味を示し、結局、アルトーの詩ではなく、往復書簡が活字になった。複数回にわたる往復書簡は『アルトー全集1』の中の「ジャック・リヴィエールとの往復書簡」（1924）でみることができるが、モーリス・ブランショ（Maurice Blanchot）が『来るべき書物』（1959）の中の「アルトー」の章で、リヴィエールとアルトーとの間にある断絶、あるいは関心の違いがどこにあったのかを語っている。[3]ドゥルーズはこの二人の間に生まれたズレこそが、「習得」の概念で言いたかったことを如実に示していると言う。リヴィエールはアルトーがどのように作品を作り出していったのか、その過程に興味を示した。そして、彼は自分自身も、他の人も当然、しっかりとした意志を持ち、「自律的な、思考する機能を持っている」（ドゥルーズ『差異と反復』邦訳 p.228）と考えた。アルトーも例外ではないと。だから筋道の通った書き方で、読者が読んでも印象に一貫性が持てるような書き方をするように求める。他方、アルトーは自分の思考が空虚になってしまい、もはや考えることができない中でこそ生まれた詩、思考の無能力というものが詩となって表れたものが自分の詩の本質にあることだと言う。そうなると思考しないこと、これこそがいかに創造的な行為であるかを示していることになる。ここがドゥルーズの重要だとしているところで、「再認」といういわば常識を引きずったものを否定することで創造的な思考が始まると考えるのである。ドゥルーズは言う。「彼（アルトー）は思考のなかには無頭なるものが存在し、同様に、記憶力のなかには健忘症的なものが、言語活動のなかには失語症的なものが、感性のなかには失認症的なものが存在する、ということを知っている」（邦訳 p.230）。アルトーには正しく再認することで常識と共通感覚を持つことを可能にしている人間の思考とは別の世界、再認を否定するもう一つの世界から見えてくるものがある。それは思考することを停止してみた世界であり、それがどういうものであるかを詩という言語で表現しようとした。アルトーはアイルランドで聖パトリックの杖を返しにいくための旅を続けるという妄想の世界に入り、統合失調症のために精神病院に長い間拘束されたが、思考や理性、概念、常識を停止させることで通常の営みを破壊させたのである。そのことでこそ創造的なことが可能になった。逆に言えば、同一性を前提にする再認という思考だけでは創造的な行為にはならない。このようにドゥルーズは考えた。

(3) ヴィゴツキーの学習論――「プリズヴァーニエ」

ドゥルーズは『差異と反復』の第三章の後半部分で、「教えること」と、そして「学ぶこと」の本質を問題にしている。当然のことながら「教えること」は問題に正解があることを前提にしている。そこでは「真なのか偽なのか」が権威によって与えられる。そこで「問題」になるのは、教えることが既に「解」としてあるものを見つけさせるという再認の作業に向かわせることになってしまうということである。ドゥルーズにとっては「学ぶ」ということは既に過去にあったことを当てはめて考えることではなく、むしろこれから起きるだろうことを現在から考えていくことであった。

ここからヴィゴツキーの学ぶことはどうあるべきかという「問い」の立て方とつながってくる。ヴィゴツキーは学ぶことの本質にあるのは、経験したことを独自の意味解釈を行うことで主体的に自己の内部へと取り込んでいくこととした。それを彼は「プリズヴァーニエ(присвоение, prisvoenie)」と言った。

「自分のものにしていく」という「プリズヴァーニエ」を考えてみよう。英語で「アプロプリエーション(appropriation)」と表現され、また日本語では「専有」とか「領有」と訳されているが、この言葉が意味していることは、はじめは外部にあったものを自分の中に取り込み、使用可能なものにしていくこと、最終的には自分のものとしていくということである。外部にあるものを借りるという

「借用」のニュアンスを込めて使う場合もある。いずれにしても「自分のものにしていく」という言葉で端的に表されているように、機械的に外部にあったものを移行させるだけでは自己の学習や発達は実現しないのであって、主体的な学びが不可欠なのである。以下、ヴィゴツキーが具体的に述べていることをみていこう。

彼が文化を主体的に取り込み、自分のものにすることで発達が実現することを文化的発達として論じていたのが、「子どもの文化的発達の問題」（1928）である。ここに彼の発達の考え方のエッセンスがある。ヴィゴツキーは人間の発達には生まれつきと成熟による「自然的発達」と、文化的な手段を習得することで発達が実現され、新しい思考様式が形成される「文化的発達」の二つの路線があり、両者が人間の発達を実現していくと言う。そして、文化的なもののあれこれを自分のものにしていくことで文化的発達が可能になってくる。「文化的発達とは、人類がその歴史的発達の過程において創造した行動の補助手段を習得するということである」（邦訳 p.144）。この文章にあるように、彼は、文化的発達は主体の内的変化のなかにみることができ（邦訳 p.146）、また文化的発達の構造的変化も外から作られるものではなく、内的変化として起きているとする。これが「プリズヴァーニエ」という言葉で表しているものである。文化的行動の構造とその部分的過程である心理的操作は記号や文化的手法の補助手段となっているもの、例えば紙や鉛筆などの類いの構造を変化させる。「この（文化的行動の）構造は外からつくり出すことはできないものであって、……常に内から発生するものである」（邦訳 p.150）。

彼はこの論文を基礎にしながら、文化的発達を後の『文化的・歴史的精神発達の理論』で詳細に語っている。『文化的・歴史的精神発達の理論』の中にある例をあげてみよう。本書の第1章でヴィゴツキーが母子の注意の共有過程を述べていたことを取り上げたが、同じように、指さし（指示身振り）を子どもがどのようにして獲得していくかを論じている。はじめに子どもは自分が欲しい物に手を伸ばす（把握運動）が、手が届かないのでうまくいかない。ヴィゴツキーはこの状況がその後の発達の出発点になっていることに注意を促している。次に母親がさしのべてくれた行動の意味を子ども自身が理解するためには、この状況に自分がいることが必要なのである。子どもの様子をみて、母親が指さしをして「欲しい物はこれなのかい？」と言って指さしの行動で特定のものを指示することを示す。このような運動を指示という動作で意味づけてみせることで状況は変わる。子どもは母親の動作から指さしの動作的意味を知っていく。最後には指さしという機能的意味を、子どもは自分のものとしていくのである。ヴィゴツキーは文化的発達過程の本質にあるものを次のように述べている。「人格は、他人に対して現れるところのものを通して、自分にとってそれが自分のなかにあるものとなる。それは人格形成の過程でもある」（邦訳 p.181）。

『文化的・歴史的精神発達の理論』の最終章の「総括　研究の今後の道程――子どもの人格と世界観の発達」では、発達は文化の中でそれが行われる文化的な発達であるが、文化的諸変数は人間の中に入って統合されていくものとしてみていくことが必要で、それは「人格」という形になっていると言う。ここで彼が「人格」という言葉を用いているのは、人間は文化的、歴史的な中で人間となっていくが、これらの外的諸変数によって単純に支配されているのではなく、これらを統合しながら自らの発達を作り、主体的に生きているからである。文化的諸変数を自分のものにしながら自分の生を営んでいる。そういう意味での人格であり、また具体的な形で人間が生きている姿をとらえることこそが心理学が研究の対象にすべきこととして、「ドラマ」という言い方をしたのである。

ヴィゴツキーが学習の問題として練習をどういう視点でみていくべきかを論じたものがある。あまり注目されることがない「練習と疲労」というタイトルの論文である。これは、彼が故郷のゴメリの師範学校で教えていた時のものをまとめた『教育心理学講義』（1926）の中に収められたもので、この論文が単独で『ヴィゴツキー心理学論集』（1926-34）の第八章に入っている。もともとこの本は現場教師が直面する問題を念頭に書かれているが、練習を単なる機械的な反復や記憶することとは区別すべきであるという彼の教育観がはっきりと表れている。この論文の冒頭で、彼は、「練習を、単なる記憶のようにみてはならない。むしろ練習は、なんらかの行為の最善の遂行を可能にするような体質を創り出すものなのである」（邦訳 pp.181-182）と言う。練習を通してよりよい決定を可能にするようなものを自己が獲得していくことを目指すべきである。これに続けて、彼は練習を通して自分が決定したことと情動的志向を満足させるような行動を取ること、それは習慣が可能にするとも述べている。ここでも学ぶ側の姿勢の形成を重視すべきであるというヴィゴツキーの姿勢が出ている。だから、「自分の生徒にあまりにたくさんの説教をしたり、あまりに多くの抽象的な性格の事柄を聞かせてはならない」（邦訳 p.184）として、生徒が自分の意志で行動することの重要性を説いている。そして、もう一つ、重要なことを指摘している。「自発的な毎日の練習により、生き生きとした努力をする能力を自分の中に保持すること。つまり自分にとって必要ではない小さなことに組織的なヒロイズムを発揮すること。真に必要なことが起きたときに自分は頼りなく、準備ができていないと感じることがないように、一つでも何かの困難な仕事を毎日するようにせよ」（同ページ）というものである。実は、ヴィゴツキーが「練習」について述べていることは、ジェイムズが心理学を学んでいる学生と教師に語ったことをまとめた『心理学について——教師と学生に語る』（1899）の第八章「習慣の法則」を参考にしている。ジェイムズは人間の意志を尊重した心理学理論を展開したが、その考えから教育と指導の具体的な内容を述べたもので、ヴィゴツキーも『教育心理学講義』を書くうえでジェイムズをかなり重視していた。この当時、エドワード・ソーンダイク（Edward L. Thorndike）のような機械的な反復を重視して動物の学習と人間の学習を区別しない学習理論が幅を利かしていた時期にあって、ヴィゴツキーはジェイムズに魅力を感じていたということだろう。

4 発達と学習における模倣

ヴィゴツキーとドゥルーズは共に主体が経験を再編成する活動として模倣を位置づけている。これまで模倣は機械的に同じ行動を真似するだけのもので、創造的な活動とはみなされてこなかった。だが、二人は学習を主体の能動的な活動とした時に、模倣に新しい意味と役割を与えている。例えば、ヴィゴツキーは模倣を子ども自身が発達を実現していく自己運動の一つとみている。他方、ドゥルーズも前の節にあるように、指導者と同じことを機械的に模倣するだけでは何も新しいことを学ばないと指摘したことは、本来の模倣が持っている役割を言ったものである。ドゥルーズは『差異と反復』では、模倣を社会学の立場から論じていたフランスの社会学者のジャン＝ガブリエル・タルド（Jean-

Gabriel Tarde）を何度も取り上げ、タルドの模倣論を重視している。はじめにヴィゴツキーが模倣を新しい発想で自分の発達論に取り込んでいたことをみる。次にタルドの模倣論を、ヴィゴツキーとドゥルーズの考えから確認していく。

(1) ヴィゴツキーの「模倣論」

ヴィゴツキーは『文化的・歴史的精神発達の理論』や『思考と言語』、そして亡くなる直前の一年間、各地で講義した中で、発達を実現していくものとして模倣の活動を位置づけている。以下、ヴィゴツキーの模倣の考えである。

彼は、『文化的・歴史的精神発達の理論』第四章「高次精神機能の構造」で、模倣の意義を数ページにわたって詳しく論じている。模倣は子どもの文化的発達の基本的道程の一つになっており、人間と動物の最も違うところは模倣によって知的活動を展開できることで、それは機械的な模倣を超えたものである。人間と動物の能力と発達可能性の違いは、模倣がどこまで可能か、その範囲をみていくことで分かってくるというものである。ヴィゴツキーは「模倣過程は、他人の行為の意味についての一定の理解を前提にしている」（邦訳 p.165）と言い、模倣は、機械的に他人の動作を真似るだけではなく、その表現したものがどういう意味を持っているかを理解していく高度な知的活動であるとする。これまで模倣を機械的に他人の動作を真似るだけの低級なものとしてきたのは間違いで、模倣を人間の高次な形態の行動の発達の本質的要因として理解しなければならないのである。

ヴィゴツキーの模倣論の背景には、ケーラーの類人猿の学習と行動についての一連の研究がある。

ヴィゴツキーはケーラーの類人猿の研究が機械的な反復学習を重視した行動主義学習とは一線を画す重要なものと評価し、実際にこの本のロシア語版に長大な序文を書いている（Preface to Köhler, 1930）。ケーラーは類人猿が手の届かないものを取る手段として身近にある棒や箱を積み上げて使うことを自発的に行っていることを指摘したが、これらは行動主義心理学でソーンダイクが言う試行錯誤による学習ではないことを明らかにしたものである。それはゲシュタルト心理学の前提にある、世界の全体構造を意味的にとらえていくというゲシュタルト原理を高等動物の学習に当てはめたものである。

ヴィゴツキーはケーラーが高等動物の有意味的な行動や、洞察による学習や問題解決を指摘したことは、学習研究に大きな転換をもたらしたと高く評価をする。だが、ここで、ヴィゴツキーは人間の場合は類人猿と違って、たとえ子どもであっても模倣すべき行動が何を意味しているのか、それを理解しながら行動しており、決して同じ動作を機械的に模倣してはいないと言う。これが類人猿と人間の大きな違いである。「模倣過程は、他人の行為の意味についての一定の理解を前提にしている」（『文化的・歴史的精神発達の理論』邦訳 p.165）。

ヴィゴツキーは類人猿の行動と子どもの場合の違いについて、「動物心理学と児童心理学における実際的知能の問題」（1930）でも述べている。この論文は『子どもによる道具と記号（言語）操作の発達』（1930）に収められており、このタイトルからも分かるように、人間の場合は言語を獲得することで、類人猿のように視覚的・実際的場面の構造に支配されず、計画的行動や内的プランによって行動することができるようになるというものである。例えば、類人猿は場面の状況に大きく支配されていることを端的に示すこととして、リンゴ箱を踏み台の代わりとして積み上げることを知っている類人猿のズルタンも、仲間の猿がこのリンゴ箱に座っている時には、踏み台として使うことができない。人間はこのような視覚的場面によって拘束されることはない。動物の模倣は目の前で起きていること、その状況に支配されてしまっているが、人間の場合は、視覚的・実際的な場面の構造に支配されていないこと、そして自分の目的のために模倣を行う知的な活動をしている。この違いの背景にあるのは、動物は現実の状況に縛られて行動するが、人間は視覚的場面によって拘束されることはなく思考することができることとの違いなのである。

そして、人間の場合は言葉によって自己の行動を統制することが可能になっている。例えば、この箱を使いたいことを仲間に伝えることをする。ここが言葉を獲得した子どもと類人猿との決定的な違いである。ヴィゴツキーが模倣のための前提とした行為の意味の理解を可能にするのが、言葉の使用である。

ヴィゴツキーは最晩年の1934年の『「人格発達」の理論』にある「年齢期の問題と発達診断学［発達の最近接領域］」でも、人間の模倣の本質を述べている。高等動物の類人猿の模倣と子どもの模倣では、その質がまったく異なっており、動物は自分が持っている能力の範囲内にあることしか模倣できない。ところが、人間は合理的で合目的的な知的行為を模倣で行うことができ、自分のできる可能性の幅を模倣によって広げる力を持っている。だから、知的発達を可能にする範囲とそれを診断する手掛かりになっているのは模倣の可能性の程度である。このように、発達と教育の問題を考えた時にも、ヴィゴツキーは外からの教育的な働きかけを自己の内的な発達過程へと作り変えていく主体の自己運動として模倣を位置づけていた[4]。

『思考と言語』の第六章「子どもにおける科学的概念の発達の研究」で、「発達の最近接領域」について論じているところでも、模倣について独自の考えを述べている。これまでは、模倣を機械的に考えて、他人の動作を機械的に真似ることだとしてきた。他者の行動を機械的に自分の中に移し入れるだけで、そこには主体の役割を位置づけることはなかった。このような考えでは、ヴィゴツキーは模倣から子どもについて何の知識を得ることもできないとした（邦訳 p.299）。

彼は発達の最近接領域を生み出す契機になっているのは、子どもが模倣をしようとしてできないことに気づくことであるとする。つまり、自分ができないことに気づくことで、その克服のための発達の目標が実感されてくるのである。結局、「発達の最近接領域」は自己の不十分さを自覚すること、そしてその克服をめざそうとする自己の変革の可能性が生まれてくることが、その中心的な原動力なのである。ヴィゴツキーは、学ぶことの中心にあるのは模倣をしてみて自分でできないことを自覚していくことだと言う。「学習心理学全体にとっての中心的なモメントは、…子どもができることからできないことへ模倣を通じて移行する可能性である。発達にとっての教授・学習のすべての意義はここに基礎を置く。これが、実をいえば、発達の最近接領域という概念の内容をなすのである。模倣は、これを広い意味に解するなら、教授・学習が発達におよぼす影響の実現される主要な形式である。学校における教授は、ほとんどが模倣に基づく。まさに学校において子どもは、自分が一人でできることではなく、自分がまだできないこと、しかし教師の指導のもとでは可能なことを学ぶのである」（邦訳 pp.301-302）。

模倣することが教育の中で効果をもたらすための条件というのは他者が存在するということ、そして、いささか逆説的であるが、有能な他者の行動を模倣しようという時に同じことをできないと感じる実感を与えることである。

(2)ドゥルーズとタルドの「模倣論」

ドゥルーズは『差異と反復』、『千のプラトー』(1980)で、タルドの「模倣論」を取り上げている。タルドの模倣にある反復と、そこから生まれる差異化の動きを、自分が生成の基本として位置づけている差異を含んだ反復の発想とつなげている。たしかにタルドの『社会法則』(1897)では、反復を社会の中で起きた新しい発想、つまり差異=発明が模倣されることが社会に拡散していくことと論じていたし、「モナド論と社会学」(1895)の論文では、模倣することは同じものとして同一化することではなく、モデルとのズレ、差異があり、模倣することは差異化することだとしていた。このように反復は差異を含んでいることを、タルドはドゥルーズよりも早い時期に言っていた。タルドは社会学の中でミクロな人間の間で起きていることが社会の起源と、その本質にあることだとして、いわば今日のミクロ社会学の素地を作り上げていた。

タルドは個人と社会との相即的な関係を「模倣論」で展開した社会学者である。彼の「模倣論」では、同じ時代の社会学者であるエミール・デュルケーム(Émile Durkheim)が個人を越えて外在的、超越的な実体として存在しているものとして社会をとらえていたのとは対照的に、社会という潜在的なものを現実化する過程こそが不可欠であるとする。その過程の中で重要な役割を果たしているのが、個人間で展開される模倣活動である。

「社会とは模倣である」はタルドの有名な言葉だが、社会もそして個人も、新しいものを創造する発明・発見は模倣に依っていること、そして模倣は決して単なる真似をするという消極的なものではなく、創造的なものを含んでいると位置づけた。社会それ自体の内部にこのような変化の過程を求めることができるし、社会も自らを再生産し、変化をしているのである。タルドはこのことを『模倣の法則』(1890)で展開している。タルドの「模倣論」で注意しておかなければならないのは、タルドが個人と称しているものは決して個人単体を意味しているのではなく、集合的、複数的なものである。というのは、彼は個人の間の模倣が起きることで社会を説明しており、模倣の過程で個人どうしがつながり、複数的な実体になっているからである。個人のミクロレベルと社会のマクロレベルは同じ問題を別のレベルで表現しただけのことであって、個人精神と社会との間に区分を設けることなどできないと考える(村澤 2005)。

ドゥルーズは『差異と反復』で、タルドの『模倣の法則』、『社会法則』の内容をかなり詳細に紹介しながら、タルドと共に自分の考えが差異を含んだ反復の過程が人間精神を含むあらゆる世界現象の発生を説明できる基本原理となっていることを論じている。『差異と反復』の序章では、真の反復は差異と直接つながっていること、このような差異と反復とをうまく適合させながら自然と精神が起きていることの中にみられる弁証法を見事に示したのはタルドであると指摘している(邦訳 p.53)。

ちなみに、ヴィゴツキーも何度もタルドの理論について言及していた。彼がはじめにタルドについて言及しているのは『芸術心理学』(1925)である。この第一章「芸術の心理学的問題」の中で、芸術を生み出した民衆の創造と個人の創造の過程とは原理的に同じであることを論じているが、そこでフロイトの考えと共にタルドの「精神間心理学」（タルドの表現では「間－精神心理学」）の概念を取り上げて、個人的心理は社会的心理でもあると言う（邦訳 p.33）。また、『思考と言語』の最終章「思想と言葉」で、話し言葉は相手の表情やジェスチュア、ことばの抑揚に支えられて展開されていることを述べているが、その中で、タルドが会話の中では話し言葉はその本来の役割を逆転させてお互いに向けられた視線の補足として働くような場合もあると指摘している部分を使っている。ヴィゴツキーがタルドの考え方に注目するのは、個人間の精神と精神の間の作用、しかもそれは微視的で、必ずしも知的なものだけに限定されない人間の根源にあるものの発生を論じている点である。ヴィゴツキーがタルドの書物の何を使っているのかは不明であるが、引用している内容からするとタルドの『経済心理学』である。ヴィゴツキーがタルドについて言及したり、ヴィゴツキー自身も先にみたように模倣の重要性を指摘していることからも分かるように、模倣という働きに含まれる精神間作用に注目し、個人と社会との間の安易な「線引き」をするのではなく個人と社会との間をつないでいこうとするタルドの発想とヴィゴツキーのそれとは、多くの部分で重なりがあることも注目しておきたい。

学ぶこと、そして教えることの本質とは何だろうか。この「問い」に、ヴィゴツキーとドゥルーズの二人は明確な「答え」を提示している。大切なことは、学ぶ主体が何を目指して学ぶのか、その目的と意味をはっきりと持つことである。そして、教える側も学習者の主体的な活動を位置づけ、どんなことがあっても「これが正しいことだから憶えておくように」とか、「正解はこれだ」といった一方的な押しつけをしないということである。ヴィゴツキーとドゥルーズの模倣は、同じことを「真似ること」を強要するものとは程遠い考えであった。ここからも、彼らの学習論の共通性を見出すことができる。
我が国では現在、教育の改革の動きが加速している。教育の充実化は国の豊かさを実現していくためのものであり、その実現のための最も重大な政策であるべきだし、今こそ、他の先進国と比べて貧弱な教育予算の汚名を返上すべきである。そして、何よりも大切なことは、長い将来を見据えた確かな学びの本質を児童・生徒に提示し、目標を設定していくことである。ヴィゴツキーとドゥルーズを通して、学習や教育の改革のあるべき姿をはっきりと把握できる。今、読み違えてはいけないのである。

注

［1］ヴィゴツキーは「発達の最近接領域」を複数箇所で述べているが、使われている文脈によって表現が微妙に異なっている。『思考と言語』の第六章「子どもにおける科学的概念の発達の研究」では、次のように書かれている。「自主的に解答する問題によって決定される現下の発達水準と、子どもが非自主的に共同のなかで問題を解く場合に到達する水準との間の相異が、子どもの発達の最近接領域を決定する」（邦訳 p.298）。さらにこの後、次のように言う。「学校において子どもは、自分が一人でできることではなく、自分がまだできないこと、しかし教師の協力や教師の指導のもとでは可能なことを学ぶのである。教授－学習において基本的なことは、まさに子どもが新しいことを学ぶことである。それ故、子どもに可能なこの移行の領域を決定する発達の最近接領域は、教授と発達との関係においてもっとも決定的なモメントである」（同上邦訳 p.302）。このように、発達変化に果たす教育の役割が強調されている。だが、他の論文では、子どもの内的発達変化に言及しながら「発達の最近接領域」を論じている。『「発達の最近接領域」の理論』の中に収められた「学齢期における教授・学習と知的発達の問題」（1934）の文章である。「教授・学習の本質的特徴は、教授・学習が発達の最近接領域を創造するという事実にある、すなわち、いまは子どもにとってまわりの人たちとの相互関係、友だちとの協同のなかでのみ可能であることが、発達の内的過程が進むにつれて、のちには子ども自身の内的財産となる一連の内的発達過程を子どもに生ぜしめ、覚

醒させ、運動させるという事実にある、と断言してもよいでしょう」（邦訳 pp.22-23）。ヴィゴツキーは子どもたちの自主的な活動が「発達の最近接領域」を創り上げていることを、子どもの遊びを論じながら述べてもいる。次の文章は１９３３年のゲルツェン記念レニングラード教育大学における講義をまとめた「子どもの心理発達における遊びとその役割」（1933）の文章である。「遊びの背後には、欲求の変化と、より一般的な性格をもつ意識の変化が存在する。遊びは発達の源泉であり、発達の最近接領域を創造するのである。想像的世界・虚構場面での行為、随意的な企画の創造、生きた計画・意志的動機の形成――これらすべてが遊びのなかで発生し、遊びをより高次の発達水準に押し上げ、波の頂上にのせ、幼稚園期の発達の第九の波にする。それは、あらゆる水の深みを持ちあげることになるが、相対的には穏やかである。本質的に、子どもは遊び活動を通して前進する。まさしくこの意味において、遊びは子どもの発達を主導する――つまり規定する――活動と呼ぶことができる」（邦訳 p.31）。

［2］ヴィゴツキーの「三歳と七歳の危機」（1933）の内容である。「私は人格と環境の統一体の研究のための単位を提案するつもりでいます。私たちは、精神病理学と心理学において心的体験と呼ばれてきたもののなかに、その単位を見出します。私が思うには、子どもの心的体験は、子どもへの環境的影響であるのか、あるいは、子ども自身の特質であるのか、と言うことができないような、もっとも単純な単位である。なぜなら、心的体験は、それが発達において表されているように、人格と環境の統一体であるからです。そのように発達における環境的モメントと人格的モメントの統一は、子どもの一連の心的体験のなかで実現されます。しかしそのためには、心的体験とは何か、を申し合わせておく必要があります。…心的体験は、あれこれの現実的なモメントに対する子どもあるいは人間の内的な関係として、理解されねばなりません。…私が思うには、環境は環境の心的体験を通して子どもの発達を規定すること、したがって、もっとも本質的なことは環境の絶対的指標から人格への移行および人格から環境への移行であること、と言えば正しいでしょう。なぜなら、子どもは社会的環境の一部であり、子どもの環境への、環境の子どもへのこの関係は子ども自身の心的体験と活動を通してもたらされるからです」（邦訳 pp.82-84）。

［3］アルトーの手紙の一節の文章である。「私の思考を破壊する何かがあるのです。…こいつは、こそこそと人眼をはばかる代物で、私から、私が見出した語を奪い去り、私の精神的緊張をゆるめ、私の思考のマッスを形作る実質を次々と破壊してしまう」（邦訳 p.39）。人眼をはばかりこそこそとやってくる「こいつ」とは誰なのだろうか。それは神であり、そして人間が作った言語である。これは身体としっかり結びついた自分の言葉を骨抜きにしてしまい、言語と思考を乖離させ、身体

と言葉をもバラバラにしてしまう。リヴィエールは、アルトーの自分の内から出た言葉とそれによる思索の営みとそれが持っている意味を共有することが最後までできなかったのである。再認の世界に生きたリヴィエールとアルトーとは違っていた。そして、アルトーは思考を停止した状態、思考の無能力状態だからこそ本当の自分の言葉に気づき、また同時に自分の言葉を亡き物にしてしまおうとやってくる我々の常識的な言語秩序があり、それにがんじがらめになっていることに気づいたのである。ちなみに、この雑誌でリヴィエールの仕事を支えながらもアルトーに一定の理解を示していた人物にジャン・ポーランがいた。この人物はヴィゴツキーが『思考と言語』の中で、語義と意味の区別を言っていた研究者として出てくるフレデリック・ポーランの息子である。

［4］ヴィゴツキーの発言である。「ケーラーは、類人猿を対象にした実験で、動物は、その動物自身がもつ能力の範囲内にある知的行為だけしか模倣できないという、注目すべき事実をつきとめました。たとえばチンパンジーが、提示された合理的で合目的的な行為をおこなえるのは、それがタイプの面でも難易度の面でも自力でできる合理的で合目的的な操作のカテゴリーに入るときのみです。動物の模倣行為は、それ自身の可能性という狭い範囲内に厳格に制限されています。動物は自分自身でできることだけしか模倣できないのです。…子どもは、動物と異なり，自力で合理的・合目的的操作ができる能力の範囲を多少なりとも超えて知的操作の模倣をすることができます。こうした子どもと動物の違いは，私たちが子どもに対して使っている意味での教授・学習を動物はすることができないという解釈の基礎になっています。動物に施すことができるのは調教だけです。動物は新しい習熟だけを獲得できるのです。動物は練習と組み合わせによって知能を完成させることができますが、本来的な教授・学習の意味での知的発達を遂げることはできません」（年齢期の問題と発達診断学［発達の最近接領域］、『「人格発達」の理論』所収、邦訳 pp.60-61）。

第3章　遊びの世界の本質

この章では、ヴィゴツキーとドゥルーズの理論について、生成の概念を中心に、両者の重なりを議論していく。ここで確認していきたいことは、二人はいずれも一人ひとりが自身と外部との関わりの中で自己を変容させ、内的な世界を形成していくと考えていることであり、さらにそれらは個人内部に閉じられたものではなく、周囲の人々や社会との関わりの中で展開されていることである。そこで重要になってくるのは、人間精神の内と外との関係性である。ここでは、この問題に関して、ヴィゴツキーとドゥルーズの考えを照らし合わせながら、遊びの中でこれらがどのように表れているのかをみていく。

1　遊びにおける「発達の最近接領域」と意味の生成

(1) ヴィゴツキーの遊び論における意味の生成

ヴィゴツキーは、幼児のごっこ遊びに注目し、特に就学前期の子どもの発達においては、遊びは主導的な活動であるとしている。その考え方を「子どもの心理発達における遊びとその役割」の中で詳しく述べている。

ヴィゴツキーの遊び論をみていこう。ヴィゴツキーは遊びの本質的な特徴は、虚構場面の創造であると言う。この虚構場面の創造という特徴はふり遊びやごっこ遊びなどの一部の遊びに固有なものではなく、すべての遊びには虚構場面が入っている。ここで確認しておかなければならないのは、ヴィゴツキーの言う虚構場面とは、空想的な場面の設定だけを指しているわけではないということである。彼は鬼ごっこやかくれんぼ、チェスといった遊びのルールに伏在するメタファーも虚構場面であるとしている。そして彼が重視している虚構場面の特徴というのは、モノや行為の視覚的意味と遊びにおける意味とが、分化しながらも同時に存在しているということである。一つの例として、「棒にまたがって駆け回る」という遊びを考えてみる。まずこの遊びで表現されているのは、「馬に乗って駆け回る」行為というものである。これは、「バイクにまたがって走り回る」でもよいし、「魔女の箒で飛び回る」などと言い換えてもよい。この時使われている棒は、現実的には棒にすぎないのだが、そこで意味され、表現されているものは「馬」や「バイク」、「魔女の箒」である。つまり、「棒にまたがる」という現実的意味と「馬に乗る」などの遊び上の意味の二つが同時に生じている。ここで重要なのは、郵便ハガキでもマッチ棒でもなく、「またがって走り回れる棒」が「馬」という意味を持っていることである。この場合の「またがって走る」とは、棒に対する現実的な動作であると同時に、「馬にまたがって走る」という遊びの行為の中で意味が遂行されてもいる。ヴィゴツキーはこのことについて、「遊びの中で子どもは、モノから切り離された意味を操作しているわけだが、その意味は現実のモノを扱う現実的行為から切り離されていない、と言ってよいだろう」（邦訳 p.21）と述べている。そして、行為と切り離されていないからこそ、遊びの中の虚構場面やモノの見立てといったものを単なる表象の問題として考えてはいけないのである。どんなにファンタジックに見える遊びでも、実際の身体的行為や使用するモノといった現実的要素と地続きである。この点から、遊びにおける意味の遂行は、単なる見立てや表象能力によるものではなく、それら知的な能力と具体的なモノや身体を実際に用いた行為とが結びついたものであることが分かる。

このような、具体的なもの（モノや役）と抽象的なもの（意味やルール）の結びつきについて、ヴィゴツキーは「子どもによる道具と記号（言語）操作の発達」（1930）でふれている。この論文は、人間の実際的思考と言葉との関係についての従来の考えを批判的に検討する中で、子どもの記号（言語）の発達のシステムを考察したものである。そこでは、ヴィゴツキーは、遊びを子どもの記号活動の発達の重要な通路であると位置づけている（邦訳 p.226）。そこであげられている例として、子どもは遊びの中でさえ、床を鏡と呼んだりランプを机と呼んだりすることを拒否したのである。その理由として、子どもは「鏡の上は歩けない」「ランプの上では書けない」と言った。逆に、椅子は容易に汽車として扱われたのである。ここにみられるのは、子どもは遊びの中で、決して意味の操作だけを行っているわけではないということである。ヴィゴツキーが遊びの本質とした虚構場面というのは、子どもの日常や子どもが遊ぶ際に置かれている現実的状況（物理的環境や使用できる道具など）と乖離した空想的なものではなく、むしろそれらと地続きでありながら、そこから立ち上がる新しい意味体系の場となっているものである。つまり、遊びの中で言葉（意味や名前）はモノの性質を通してモノと結びついており、遊びの中でのモノの意味の変換においては、モノの性質やそれを用いた行為といった具体的な要素の助けが不可欠である。同時に、そういったモノの性質を借りた意味の変換を通して、モノから意味をはぎ取り、随意的な意味の操作や抽象的な思考が少しずつ可能になっていく。遊びにみられるこのようなモノと意味（言葉）との関係は、より後期の人間の自由な記号操作へと続いていくものなのである。

これらのことから、遊びという活動の構造と発達的意義の一つは、具体物に遊びにおける意味を付与すると同時に、意味を遂行する、すなわち行為することを通して現実的な意味に縛られない自由な思考を得ることである。これは、実際に遊びの中で行為することと関連づけて、イメージの形成を説明しているという点では、従来の表象能力を前提とした遊び論とは異なっている。つまり、ヴィゴツキーの遊び論の中での表象や空想、イメージは、遊びの前提ではなく、それ自体が遊びの中で発生し、発達していくものである。また、そのイメージの形成の原動力として願望を指摘した点も見逃せない点である。これは、遊びを主知主義的にとらえる視点ではとかく見落とされがちなことである。子どもの遊びが願望から生まれ、喜びにつながるものだととらえることで、表象能力や道徳観念の獲得の結果として遊びが生じるのではなく、楽しく遊ぶために必要だから自ずと虚構場面やルールが出現するのであり、それらが遊びの中でこそ発達していくという遊びの発達的意義の主張へとつながっていく。遊びの中で子どもは、知的、道徳的により年長の子どものように振る舞うことができる。つまり、子どもは遊びの中で、虚構場面の力を借りて、独力では達成することが困難な知的な操作や道徳的な振る舞いができるのである。これは、遊びが子どもにとっての「発達の最近接領域」を形成しているということであり、新形成物を発達の指標として考えるヴィゴツキーの発達観に沿って考えると、この理路は明快なものである。

しかし、ここで取り上げたヴィゴツキーの遊び論の中で述べられている〈意味〉が指す内容は、言葉や名前にほぼ等しい。では、言葉の使用以前の、例えば、一歳児や二歳児のように、言葉が発生していない、もしくはまだ思考の道具として十分に機能していない子どもの遊びには〈意味〉が生じていないのだろうか？　もっと言うと、ヴィゴツキーは〈意味〉というものを、言葉と同一視していたのだろうか？

例えば、『思考と言語』の最終章において、ヴィゴツキーは、思想と言葉の関係性を述べており、その中で、言葉の意味について言及している。彼は、自分たちの研究について、「言葉と思想の統一」（邦訳 p.357）を基本テーゼとしていることを確認しつつ、最も重要なことは、「この研究が思考とことばに関する学説のなかに持ちこんだ新しいもっとも本質的なものは、言葉の意味は発達するということの解明である」（同上ページ）と述べている。それは、言葉とそれが指す内容は単純に結合の関係にあるとか、あらゆる思考内容が言葉に置き換えられるとか、言葉という体系が即ち思考の体系であるといったような、言葉とその意味を固定的にとらえる視点から脱却するべきだという示唆である。

言葉と思想とは同一のものではない。深い関係にあるが、決して片方が他方に吸収され、解消されるものではない。むしろ、双方の関係性は動的であり、そこには言葉の意味の発達というものが関わっている。すなわち、音韻や文字といった体系と具体性を持った言葉が思考や思想を生み、あるいは、思想や思考、事物から言葉が生まれるという相互的な関係性のダイナミズム、さらにはそれらの使用によって生じる社会的な文脈性の中に、意味の発達があるということである。そして、事物、思考や思想、そして言葉という異なった次元に属するものをつなぐものとして〈意味〉があるということだろう。次に述べる「心的体験」はまさに事物や出来事と精神との間をつなぎ、それらの相互作用が現れる場である。そう考えると、そういった内と外とのダイナミズムを問う研究にヴィゴツキーが着手しようとしたことは想像に難くない。そのような観点からみると、ヴィゴツキーの遊び論は、単なる言葉とモノとの関係ではなく、そこから子どもがどのように内的世界を構成していくのかという生成の問題も含んだものだと考えるべきである。そこには、決して子ども「だけ」に特有な特徴ではなく、具体的なモノや行為から〈意味〉を操作し生成するという人間の知的活動の原初形態が垣間見える。そこで次に、そういった外側の世界を自己の精神にどのように取り込むかという問題について、「心的体験」という考え方と遊びとの関係から論じたい。

(2)「心的体験」と遊び

ヴィゴツキーは発達をみるための視点として、「分析の単位」を重要視していた。人間精神や発達について考えてみると、そこにはさまざまな要素が存在している。それらの諸要素は個々別々の秩序やリズムを持っていることは確かである。しかし同時に、それらの諸要素は統合され、「わたし」という一人の人物を形成し、「わたし」が現実の世界や他者をみて、感じ、考えるという精神の働きや、そこで決定される振る舞いを創り出している。同時に、「わたし」が関わる現実の出来事は決して一つの要素だけで起こっているわけではない。そこには諸要素の結合や調整といった相互的な関係がある。そう考えると、精神世界も現実世界も、実は諸要素の単なる足し算ではなく、関連し合うシステムを構成していると言える。加えて、精神世界と現実世界の関わり方という問題も出てくる。精神世界から現実世界へは行為、振る舞いという形で、現実世界から精神世界へは経験として、それぞれの世界の間に交通があり、決して断絶して、別々に完結しているものとみることはできない。つまり、人間精神や発達を考える時には、それぞれの精神機能単独の秩序の分析だけでは不十分なのはもちろんのこと、それら精神機能の相互作用だけではなく、現実の事物と精神との相互作用も考慮しなければならないのである。しかし、その構造は複雑である。

この複雑な構造を要素に分解して、その後に統合しようというのが、長らく心理学の主要なパラダイムとして君臨していた要素主義である。複雑な構造体を分析と理解が可能な要素のレベルに分解するというのは一理ある考え方である。しかし、ヴィゴツキーは『思考と言語』の第一章で、思考と言葉との関係を解明するためには、その統一のもとで研究するべきであって、その統一を〝思考〟と〝言葉〟という諸要素に分解して考えることは、誤りであると指摘する。それは、水という物質を化学的分析によって水素と酸素という、共に燃える物質に分解することによって、統一体としての水が持っていた火を消すという性質が無くなってしまうことと同様であるとヴィゴツキーは言う。誤解してはいけないのは、ヴィゴツキーは何も、思考イコール言葉であると述べているわけではないということである。思考は思考、言葉は言葉であって、それらは別々のものである。しかし同時に、分かちがたいほど深く食い込み合っていて、お互いに影響を与えていることを無視しては人間の精神の実情に沿った分析は不可能だということである。それは手の甲と掌のようなもので、一緒くたにすることも、また完全に切り離して考えることもできないのである。ここで取り上げたのは思考と言葉との関係について述べた部分だけであるが、この考え方は彼の思想の端々にみられる。つまり、分解された諸要素単体やそれらの単純な総体ではなく、要素どうしが結びつくことで現れる新しい性質こそ、人間精神や発達において生じているものである。これは考えてみれば当然のことであって、「言葉を話すわたし」と「思考するわたし」は決して別々のものではなく、それらは「わたし」という一人の人間、すなわち統一体の二つの側面なのである。

ヴィゴツキーはこのような統一体を「人格」と呼び、この「人格」の構造とその発達を解明することが、人間の精神世界を解明することであるとした。そのためには、精神が事物を観測する仕方だけを追究するのでも、事物が精神に影響を与える仕方だけを研究するのでもなく、それらが相互的に働く場を考えねばならない。つまり、それぞれの事物が精神にもたらす変化と精神が導く事物への働きかけの両方を一つのシステムととらえ、お互いにどう作用し合い、発達していくかという視点が決定的なものになりうるとヴィゴツキーは考えたのである。そして事実、そういった人格と環境との統一体を研究するための単位を「心的体験」というものの中に見出すことができると、1933年にレニングラード教育大学で行われた「児童学講義」の中で述べている。その例としてヴィゴツキーは、アルコール中毒の母親を持つ三人のきょうだいの発達の様相の違いをあげている。この事例では、同じ「アルコール中毒の母親」という環境による影響が、長子、第二子、末子のそれぞれにとって違ったものとして人格の発達に影響を与えていたことが述べられている。[1] この事例が示すのは、発達にとって環境の働きかけは決定的に重要であるが、同時に個人の発達や個性が人格に対する環境の影響、言い換えれば人格が環境を受け取る仕方を規定しているということである。こういった関係は、人格と環境とは不可分であるということを示している。人間精神を考える時には、環境を無視した人間精神とその発達はあり得なく、同時に人間精神と切り離された形の環境だけをいくら詳らかにしても意味が無いということである。あくまで、ワンセットの関係としてみるべきなのである。

このようなことからすると、人間精神の重要な側面は、外界の出来事を自身の中に受け取ること、そして意味づけていくことであると考えられる。ただ、その問題を難解にしているのは、その受け取り方が一様ではないことと、受け取り方そのものが変化していくということである。しかし、そういった変化こそが発達や学習であり、その機序を明らかにすることが発達を研究するうえでの重要なポイントになっている。[2]

「心的体験」に関する記述は、ヴィゴツキーが講義のために用意したメモの「遊びに関する摘要」(1933)にもある。[3] ヴィゴツキーはその中で、子どもは遊びの中で、モノと言葉、欲求と意志との新しい関係性を獲得し、その関係性をもとに子どもの人格は新しく作り変えられると主張する。それこそが就学前期（おおよそ三～七歳頃）の子どもの人格の発達の中心的な新形成物であり、故に彼は、就学前期の子どもの発達にとって遊びは主導的なものであると主張する。[4]

遊びの中で「心的体験」がどのように関わるかということについて、「遊びに関する摘要」では彼は次のように述べている。「心的体験を通した処理：したがって、子どもは象徴するのではなく、願望し、願望を実行し、現実の基本的カテゴリーを、心的体験を通して処理する。――参照すること。時間――昼夜、半時間――は遊びのなかでは違う形で表象される。空間――遊びのなかの5歩も100里など。子どもは、願望しながら行為している。内的行為の外的行為からのみの分離：想像、意味づけ、意志、つまり、内的諸過程は外的行為のなかにある」（同上邦訳p.42）。これは子どもの遊びの中でよくみられる。遊びの中で子どもは「東京まで行って来たってことね」「はい、次の日になった」というように時間や空間を圧縮して言うことがあるが、ここで注目すべきなのは彼が指摘している「内的諸過程は外的行為のなかにある」という部分である。こういった位置づけから、遊びにおける子どもの行為は、内的諸過程、つまり現実を内的に処理する「心的体験」の表現であると考えることができるのである。例えば、「東京に行ってくる」という遊び上の展開で、東京で何をするのかが子どもにとって重要ならば、東京に行くまでの間の移動の部分はさして重要ではない。他方、「東京に行く」行程で乗り物に乗ることが重要になる場合もあるだろう。そういう場合は、乗り物における会話や食事、移動といったものが遊びの中で省略されずに詳細に展開されるだろう。あるいは、「東京に行ってきた」という設定自体が重要ならば、東京での出来事も移動の過程もオミットされて、ちょっと付近を走って戻ってくるという程度の形で表現されるかもしれない。要は、「東京に行ってくる」ということの何が重要なのかは、遊んでいる子ども自身がその出来事の中の何を重要なものと考えるか、どういった形で「心的体験」としてとらえているかによるのである。そのうえで、子どもはそれらの「心的体験」を遊びにおける行為可能性や使用可能な道具などの現実的な条件と照らし合わせて表現していくのである。このような「心的体験」の表現は本章で取り上げている遊びはもちろん、描画や文学などの芸術活動、学習や他者理解といったさまざまな活動を考えるうえでも最も重要なものになってくる。同時に、そういった具体的行為を内的諸過程と連関した表現としてみることで、「心的体験」を構成する人間精神のシステム、すなわち「心理システム」を明らかにし、人間の発達をみていくための新しい視点を見出すことができる。そして、そのシステムの重要な一側面として、〈意味〉の生成がある。

2　ドゥルーズの出来事論と〈意味〉、遊び

〈意味〉の生成について詳しく述べているのがドゥルーズである。彼が〈意味〉という問題をどのように考え、それがヴィゴツキーの論や遊びとどのように関わっているのか、以下にみていこう。

(1)〈意味〉とは何か

ドゥルーズの意味に関する言説は数多く（しかも多くは難解である）、本書でその細部まで解説することは不可能である。ここでは、『意味の論理学』で取り上げられている論を主に扱う。この著書でドゥルーズは〈意味〉について多くの事例を引き、さまざまな側面、局面について彼なりの見解を述べている。その中で、本章で取り上げている「遊び」について考える際に重要になってくると思われる部分を重点的にみていくことにする。

ドゥルーズにとって〈意味〉は単なる言葉の内容ではない。それを一言で説明するなら、言葉と事物の間に生じるものである。ドゥルーズの発言を引くならば、「意味は、二元性の二つの項の単なる一項ではない。すなわち、事物と命題、実詞と動詞、指示と表現をそれぞれ対立させる二元性の単なる一項ではない。意味は、境界でもあり、二項の間の差異の刃ないし連節でもある」（邦訳（上）p.62）

というものである。つまり、意味とは、言葉でもなく、事物でもなく、それらを切り分ける刃であり、それらをつなぐ連節でもあるということである。[5]

これは非常に複雑な関係ではあるが、〈意味〉というものを言葉と混同しないということ、そしてあくまで事物から発するものであることを考えてみれば、そこには先に述べたヴィゴツキーの「心的体験」に関する考えと非常に近い思想があることが分かるだろう。つまり、事物や出来事を受け取り、それを名づけて整理する我々の心の動きと、その動きを形成する事物や出来事が相互に絡み合い、その中に意味というものが入り込み生成変化していくということである。〈意味〉は我々の言語的思考や言葉と事物や、出来事との相互関係を組織しつつ、その中で生成され変化していくという二面性を持っている。そこには言葉では表しきれず、事物にも還元されないという〈意味〉の独特の次元がある。

(2)「出来事」と特異性

そういった〈意味〉が生じ発露する場として、ドゥルーズは特異性によって形成される世界というものを取り上げている。

特異性について少し詳しく述べていこう。そのためにはまず、「セリー」と特異点に関する説明が必要である。「セリー」というのは、英語で言うところの「シリーズ」であり、一つの基準や軸のもとに変容するものたちを並べた連続体である。例えば虹は可視光の波長の長短によって、赤から紫までのグラデーション状の連続体を成していて、具体的な色はこの連続体、つまり可視光の「セリー」の中の一点に位置するということになる。[6] そしてその可視光の「セリー」は、「赤のセリー」、「橙のセリー」、「黄色のセリー」、「緑のセリー」、というような、複数の連続体の連なりとして形成されている。虹とはすなわち、(日本では)赤、橙、黄、緑、青、藍、紫といった七つの「セリー」が連続して一つの「セリー」を形成しているもののことになる。

そう考えると一つの問題が出てくる。例えば、上記の虹の場合、黄色と緑は連続して隣接しているのだが、その間は何色であろうか。おそらく黄緑と答える人が多いであろう。では、黄色と黄緑の中間はどこにありそれは何色か、と問われると答えられない人が大半ではなかろうか。仮に答えられたとしても、では、その色と黄色との中間は、というように、無限に問いを重ねていくと、いつか、どちらとも言えるが、同時にどちらとも言えないような点の存在にたどり着く。これが特異点である。言い換えれば、これは連続する二つのセリー(黄色と緑)が接して質の転換が起こる点ということである。この特異点が現れることによって、特異点によって分かたれるものの持つ特異性が明らかになるのである。これに関してドゥルーズは以下のように言う。

「何よりもまず、一番重要なのは、まさに次のような問いである。すなわち、〈重要である〉と〈重要でない〉という二つの基礎概念は、出来事と偶有性に関わる基礎概念、つまり、本質と偶有性それ自身との粗雑な〈対立〉よりもはるかに「重要な」ものとして、偶有性のふところにある基礎概念ではないのか、という問いである。思考に関する問題は、本質に結びつけられているのではない。その問題は、重要性をもつものと重要性をもたないものに結びつけられている。その問題は、特異なものと正則なもの、特別のものと通常のものとの割りふりに結びつけられている」(『差異と反復』邦訳pp.288–289)。

この割りふりにおいて重要になるのが特異性であり、特異点である。このことについて、先の虹の例をもとに考えてみよう。黄色は橙とも緑とも違う色として割りふられていて、その範囲は一方の（橙側の）特異点からもう一方の（緑側の）特異点までの間である。この黄色という色は、橙とも緑とも違う性質、つまり特異性を持っているわけだが、その特異性は橙や緑と明確に区別されている状態では特別に意識はされない。これが「重要性をもたない」、あるいは「正則な」黄色である。言ってみれば、黄色の持つ特異性が正則なもの（いわゆる〝普通の〟黄色）として位置づけられるのである。しかし、それが橙や緑に近づくにつれて、黄色の自明性が弱くなっていき、黄色と橙を区別しているのは何なのか、という特異性への問いを我々にもたらすのである。こういった黄色は「正則な」黄色ではない。しかし、それゆえに黄色の持つ特異性を際立たせている。つまり、特異点こそが、具体的な色の経験を通して、それらを割りふる自らの思考に気づくきっかけを作るのである。そして、こういった「正則でない」経験は意識によって拾い上げられ、無自覚のまま通り過ぎることのできない「出来事」として、我々の中に位置づけられるのである。

このことについては、近藤（2008）が能力論や言語論を例にして詳しく述べているが、彼は「〈特異点〉にこそ経験と理念の両方にその座が見出され、そしてそれがその両者のつなぎ目をなしている」（p.88）としている。

以上のことは一見複雑だが、以下のように整理できるだろう。ものごとが「正則な」振る舞いをしている時、それらの振る舞いは我々の意識にほとんど引っかからずに素通りする。この、我々が素通りしてしまう点をドゥルーズは「無作為抽出点」と呼んでいる。これらの「正則な」振る舞いは、基本的に意識を素通りするが、何かの拍子にそこに意識を向ければ、そこで起きていることやその構造を（ある程度）とらえて意識化することができる。つまり、一つの流れの中にあり、ピックアップしようと意識すれば取り出せる点である。逆に言えば、そうと意識しなければ見出すこともあまりない点なのである。対照的に、「正則でない」振る舞いは我々の意識を惹きつけ、それをピックアップすることを強いる。それは一つの「出来事」として、意識し、記述するに足るものとしてとらえられる。つまり、我々が〝あるもの〟における特異性や出来事を語ることは、〝あるもの〟において、我々にとって見過ごせない何かを取り上げることであり、同時に、正則でないにもかかわらず、まぎれもなく〝あるもの〟の運動、変化の一部だと認めることなのである。それは、その〝あるもの〟について我々が重要だと位置づけているものを浮き彫りにする。〝あるもの〟にとって特異でありながらも、取り入れなければならない何か。それは言ってみれば〝あるもの〟にとっての輪郭、外縁であるとも言える。特異点が〈意味〉と関わるのは、このように、事物や「出来事」の外縁を構成し、それらを我々がどうとらえるかを規定し、あるいは更新するという事情からである。

つまり、特異性や「出来事」の問題は、事物がどうであるかというよりも、我々が事物をどうとらえるのか、あるいはどう意味づけるのかという問題である。ここに、ヴィゴツキーの「心的体験」とのつながりが見出される。もう少し言うと、ドゥルーズは「心的体験」のメカニズムを特異性のピックアップという側面から論じていると位置づけることができる。

（3）遊びからみる特異性の五つの特徴

ドゥルーズは特異性によって構成される世界の特徴を『意味の論理学』の中では五つあげている（『意味の論理学』（上）pp.187－190）。そこで述べられているのは、特異性というものは、具体的な事物や出来事を通して〈意味〉の表現と生成に関与するということである。ここでは、それらの特徴を遊びの中の出来事とあわせて考えていくことで、遊びの中で〈意味〉が生成されるメカニズムと、そのメカニズムの視点から遊びをみることの重要性を述べてみたい。以下の事例1はある幼児教育施設での「病院ごっこ」の一幕である。この「病院ごっこ」は約一か月間継続的に観察された遊びで、これはその第一回目の事例である。この事例を手掛かりに、特異性というものを読み解いていこう。

【事例1】

白衣とナースキャップを身に付けた①スズカは保育者を連れてきて「待合室」の中に座らせる。保育者が「受付どこ？」と言うと、スズカは「受付」の意味が分からないのか「受付って？」と保育者に聞き、保育者は説明をする。スズカは窓口を示し「ここの前で・・・」と言うと、保育者は別室からスタンプと紙を持ってきて、トモコとエリカに渡し、「ここに判子押してもらえませんか」と言って紙に判子を押してもらう。その後、②スズカは患者（保育者）を座らせ、体温計のおもちゃを渡し、保育者はそれを脇に挟んだ後にスズカに返す。スズカはミナミのいる「診察室」に行き、ミナミに聴診器のおもちゃを渡し、③患者（保育者）の名前を呼ぶ。患者（保育者）はミナミの前に行って診察を受け、窓口で薬の袋（薬）をもらって去る。

特異性によって構成される世界の第一の特徴は、異質のセリーに対応するということである。セリーに関しては先に述べたとおりだが、ここで重要なのは、具体的な事物や出来事は、必ず複数のセリーを内包し、それらの交わったものとして存在しているということである（例えば楕円という図形は、少なくとも「色」「大きさ」「形」のセリーを内包している）。その交わりの配分のシステムが、ある事物や出来事を我々にとって認識可能な形に具体化しているということである。例えば、「病院ごっこ」の中での「看護師のセリー」について考えてみると、それを構成しているのは決して言語的な定義だけではない。事例の中でのスズカの、看護師役をやりたいという意志を、「患者を待合室に座らせる」「体温計を渡す」という形で現実的に遂行（現働化）し、そうして作られたさまざまな人やモノとの関係性を束ねることによって、「看護師」という存在が形作られていることが分かる。逆に言えば、それらへの対応の仕方によってどんな看護師であるか、つまり、「看護師のセリー」のどこに位置づくかが決定されるし、それらがあまりに不適格なら「看護師のセリー」から外れた別のセリーに位置づけられるだろう。このように、看護師は看護師らしい態度と行為でもって他のセリーとの関係を持つことによって看護師たりうるのである。それは患者役や医者役にとっても同様である。つまり遊びを構成する複数のセリー、例えば「看護師」と「患者」の関係は、「看護師」は「患者」との関係性を構成要素として「包み込み」、同時にその関係性を通じて「患者」の構成要素として「包み込まれる」という関係になっている（図1）。そこにあるのは、単一のセリーが単一のまま存在している姿ではなく、むしろ他のセリーとの関係を現実的な出来事の中で結ぶことによって、その内容を形

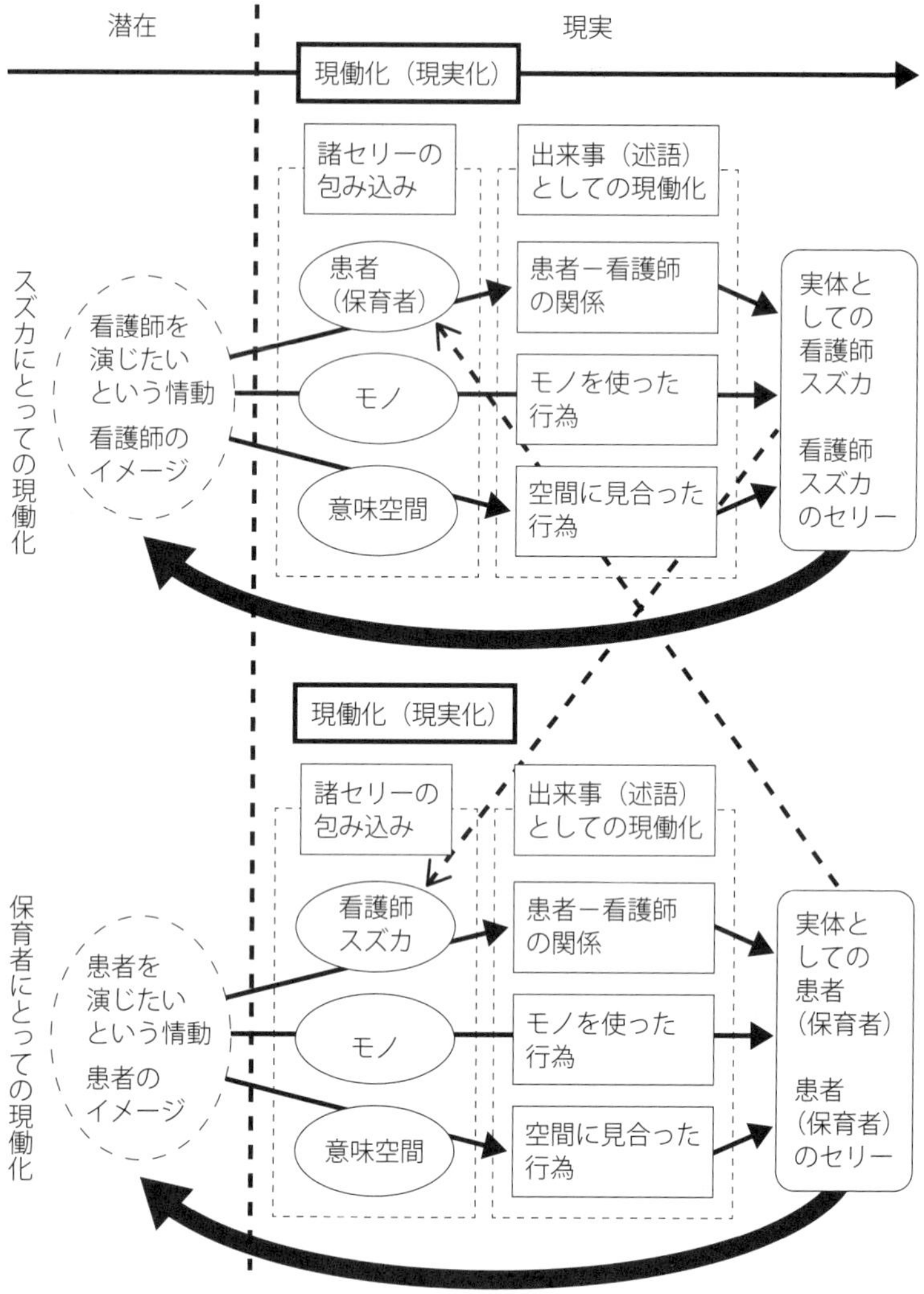

図１　遊びにおける《理念》の現働化と再構成

成し展開している姿である。

　また、それぞれのセリーのレベルも違っている。遊びの例で言うと、「注射器のセリー」、「看護師のセリー」などに連なる形でモノや役が遊びの中で展開されるが、そういった一連の展開は「病院（ごっこ）のセリー」の中に位置づけられる。これらのことを考えてみると、先に述べたセリーどうしの交わりが事物や出来事を構成するということも理解しやすくなるだろう。ここでもやはり、「看護師」は「病院ごっこ」を構成するものとして「包み込まれる」のと同時に、「病院ごっこ」という文脈を「包み込む」ことで「看護師」としての存在を形成している。

　第二の特徴は、可動的で移動する自己－統一化の過程を有していることである。これは簡単に言うと、新しいものを取り込んでいき、自己を変容させていくという働きである。これは先に述べた「特異性」あるいは「特異点」と結びつけて考えれば、比較的理解しやすくなるだろう。ある事物や人物は基本的に正則な点で構成されているわけだが、そういった正則な枠組みが事物や人物に先立って存在しているわけではない。潜在的には常に正則な状態から外れた特異なことが起こる可能性をはらんでいる。そうした特異なことが起こった際に、「そんな事が起こるはずがない」としてその特異性を否定すること自体は容易だが、それが起こってしまった事実は覆せない。自己－統一化の過程とは、そうした態度とは逆のもので、特異なことを取り込み、その事物や人物のあり方、あるいはそれらをとらえる我々の見方を変化させていくというものである。即興性や、異質なものの取り込みといった遊びの展開の自由さには、この自己－統一化の過程がよく表れている。遊びの確固たる枠が先にあるのではない。遊びの中で子どもたち自身が枠組みを決め、変化させていくのである。例えば、以下の事例2は事例1の約一か月後の遊びである。

【事例2】

ままごとコーナーで保育者と子どもたち数人が遊んでいる。そのかたわらでは白衣を着た子どもたちが「病院」を作っている。子どもたちはご飯を食べた後、「お仕事行って来るね」と言ってどこかに行く。その後、「おうち」にいたエリカが保育者を「病院」に連れ出す。患者(保育者・マリエ)たちが「病院」に行くと、医者は患者たちを椅子に座らせ、患者たちの座っている場所に来て診察と治療を行う。治療が終わると患者は「病院」から出て行く。その後も数度「病院」に出かけるが、薬の受け渡しが行われるだけであった。また、「病院」の「看護師」が「おうち」に帰り、そこからまた「病院」に出勤していくようになった。

この事例2は先の事例1の「病院ごっこ」の遊びに続くものだが、「病院ごっこ」と並行して家での生活を表現する「おうちごっこ」も行われている。そして、「おうち」から患者が「病院」へ行ったり、「病院」から「看護師」が「おうち」に帰るというような、お互いの空間の行き来が生じている。この「病院」と「おうち」が元から一つの遊びとして生じていたのか、別々の遊びとして生じたものが合流したものなのかは定かではないが、事例1から続いていた「病院ごっこ」からみると、「病院」という枠組みにとらわれない形で「おうち」を取り込み、一つの遊びとして統一しているようだ。こういったことは、子どもの遊びの中で頻繁にみられることである。しかしそれは裏を返せば、ドゥルーズの特異性で言うところの正則さに忠実に進行しない遊びをイレギュラーなものとみてしまうような視点こそが、かえって現実をとらえていないものだということになる。我々の日常も同様で、小さなイレギュラーは常に起こり得るし、我々はそれに付き合いながら自己の振る舞いや認識を新たにしながら暮らしているのである。特異性に関わる第二の特徴でドゥルーズが述べているのはそういうことである。

第三の特徴は、特異性は表面に取りつくということである。表面とは、『意味の論理学』で言えば、言語と事物の間にある水準である。第一の特徴の部分で述べたように、事物そのものはあくまでも物体とその運動であり、言語や他の諸々によって作られた枠組みとは関係なく存在している。つまり、事物そのものにとってはあらゆる振る舞い、変化はすべて「正則なもの」であり、そこには特異性など存在しえない。「未曽有の災害」「異常気象」といったものも、自然の「正則な」振る舞いから生じる当然の帰結に過ぎず、誤っているのは常に人間の予測と常識である。逆に言語は現実に存在する事物を観測する視点を我々に与え、時には現実を超えて変形や増殖さえする。しかし、言語が事物を支配することはできない。事物には事物の振る舞い方があり、言語的な枠組み、あるいは我々の抱く既成概念の範囲内に留まる理由などはない。そういった、相互に浸透しつつ決して完全には混じり合わない両者の境界、言語的な定義と、事物の変化とがギリギリで釣り合う部分が特異点であり、それが発露するのは具体的な出来事、つまり表面においてなのである。つまり、特異性が生じうるのは、事物の中でも言語の中でもなく、事物の振る舞いと我々の言語的な理解とが衝突する場においてである。ドゥルーズが「特異性は表面に取りつく」としたのはこのような事情からである。この衝突を通して事物や出来事への新しい見方を発見し、意味を生成・変化させていくことが、第二の特徴で述べたような自己－統一化を可能にするのである。

第四には、先にあげた表面というものの規定に関わることだが、表面は意味の場であるということである。表面、すなわち、我々の知覚が可能なレベルで起こる出来事は、究極的には、諸要素の微小な物理的運動と、それらの相互関係の帰結として起こっている。この物理的で微小な層をドゥルーズは「深層」と呼んでいるが、その「深層」の運動をそのまま組み上げただけでは、「深層」の延長にしかならず、あくまで物理的な規則とその帰結であるきわめて物体的な現象としてしか生じない。そこに〈意味〉が入る余地はない。それが「表面」となるためには、何らかの規則をもとに本来的には独立している「深層」の諸要素をまとめ、そのつどの枠組みを作り上げるという、我々の側の内在性にもとづく運動が必要になる。つまり、表面を決定する時、あるいはある出来事が表面として我々の前に現れる時、そこでは事物や出来事をまとめるものとしての〈意味〉が介入している。そして、〈意味〉はそのように生じた特異な事物たちや出来事たちの「上を飛ぶ」（『意味の論理学』（上）邦訳 p.89）ようにしてそれらを結びつけたり、切り分けたりする。それは反復を生むもの、準－原因性の次元での関係性である。このように、表面における生成の内部的な過程と、生成されたものたちが他との関係を持つ際の外部的な過程の両方で〈意味〉は決定的な役割を果たしている。こういった問題に関しては、次章で詳しく述べることにする。

そしてこの意味の世界は「問題性」の地位を持つ。これが第五の特徴である。この「問題（Problème）」というのもドゥルーズなりの特別な意味合いを込めた用語であり、似たような語である「問い（Question）」とは区別されている。そこにはドゥルーズの個別具体と普遍性とに対する考え方の一端が表れている。分かりやすく言えば、「問題」とは個別具体的な「問い」を生成する中心となっている力である。例えば、「病院ごっこ」の例で言うと、子どもたちは「病院で何しよう」「こんな時何を使おう」「何て言おう」という個別的な「問い」に答える形でモノの準備や遊びにおける発話や行為を展開している。つまり、遊びの中で起こる出来事がそれにどう対応し、遊びをより面白く展開するかという「問い」を発し、それに答えることが即ち遊びの中での行為である。そして、その行為が出来事として次の「問い」を発し、さらに次なる展開を促し…、という連鎖が遊びの中で起こっているのである。そして、「病院ごっこ」という枠組みは、遊びの中で提示される動作や発話に意味を付与し、それが続く行為を方向づけて促す。そう考えれば、「病院ごっこ」というテーマは「問い」を生み出す「問題」を担っていると言える。また、「病院ごっこ」という「問題」は他の「問題」を包み込んで（あるいはほかの「問題」に包み込まれて）いる。例えば、「看護師」「注射器」「受付」など、あらゆる〈意味〉がそこには存在し、それらをめぐる「問い」に子どもはことばや行為で答えていく。先にあげた事例1では、縦線①～③のような「看護師」の具体的な行為を通して「看護師」という遊びの中での位置づけが具体化されたが、他の事物に関しても同様である。医者も受付も、薬も注射器も、「どのように振る舞うか」「どのように使われるか」という「問い」への回答によって遊びの中に位置づくのである。つまり、「看護師」や「医者」といった〈意味〉は、それらの「問い」を生み出す「問題」だということになる。

こういった具体的な行為によって〈意味〉が表現され、「病院」の姿が具体化していく。つまり、遊びの展開そのものが「問い」を生み出し続け、行為の連鎖を生み出しながら「問題」を具体的な形で表現しているのである。しかし、この「問題」はあくまで具体的なものを生み出すものであって、具体的なもの――「問い」とその答え――そのものではないし、それらの寄せ集めでもない。ごっこ遊びで考えてみるとそれは明白なことで、同じテーマに分類できる（と我々が考える）遊びでも、そこで行われる行為、省略される行為、使われるモノ、空間配置といった具体的な様相は千差万別である。仮に我々が今まで行われたあらゆる「病院ごっこ」の事例を収集することができたとしても、それで「病院ごっこ」のすべてを把握したことにはならない。人を変え、モノを変え、場所を変え、展開も変化させながら、いつでも新しい「病院ごっこ」は生成されていく。そういったことを踏まえると、先に述べた〝意味の世界は問題性の地位を持つ〟という言葉の指すところも理解できる。〈意味〉は、具体的なものによって表現されるのと同時に、具体的なものを生成するという、「問題」の持つ性質を帯びているということである。

3　本章のまとめ

本章では、ヴィゴツキーの遊び論とドゥルーズの意味論を絡めて論じてきた。ヴィゴツキーの遊び論が持つ意味生成の側面と、「心的体験」との関係性、そしてドゥルーズの述べる「特異性」や「出来事」、「意味」の関係性は、人間が生きる精神世界と物質世界とそれらの汽水域のダイナミズムを解き、人間の具体的な生を解明しようとしている点で非常に近い思想圏にあると言える。「特異性」「出来事」、そして「意味」との関係性のダイナミズムは我々の日常の中で当然のように起こっているが、遊びという活動の中ではそれが非常にはっきりとした形で、劇的に起こっている。そして、もう一点注目すべきなのは、遊びというものは〝あるもの（例えば病院）〟の再現ではなく、表現だということである。そこで展開されているのは、病院での出来事、つまり子どもにとっての病院を形成する特異性の表現だと考えられるからである。それは単なる記憶ではなく、子ども自身が重要だと位置づけているものの表現であり、子どもが経験や知識を加工することで作り上げられたものである。先に述べたヴィゴツキーの「心的体験」やそれを形成する心理システムは、言ってみれば個人が経験を加工して取り込み、自らの人格の形成に作用させる仕組みである。そういった点から考えると、遊びの中で表現される特異性は、子どもたちの「心的体験」の表現の一つの形であると言える。

もちろん、複数の子どもが協同で行っている以上、そこに現れ、かつ継続するのは、メンバー間で共有可能な特異性であり、子どもたち一人ひとりの抱く特異性、あるいは「心的体験」とは必ずしも一致しないかもしれない。しかし、そこで展開されている遊びをみることで、子どもたちが日々の暮らしの中で世界をどう感じ取り、体験しているのかを知る手掛かりを得ることができる。そういった視点こそが、心理システムというある種の普遍性、抽象性を志向しつつ、個人の具体的な生の形に向き合うために必要になるのではないだろうか。次章では、本章で扱った「出来事」ということについてもう少し詳しく論じていく。

注

[1] この事例は「児童学における環境の問題」の中で述べられており、末子には恐怖による抑圧、二番目の子は母親へのアンビバレントな感情態度、そして、長子には知能は高くないが、成熟した、真面目で世話好きな面の早期発生が現れていたのである。このことから、同一の環境においても、子ども一人ひとりの発達の程度や人格によって、現れる様相が異なっており、環境が発達に与える影響は子どもの人格との相互作用の中で考えなければならないとヴィゴツキーは言う。これを敷衍すれば、社会や文化、歴史と発達との関連をみる際にも、そういった外的な要素だけでなく、それらと個人の発達、人格との関係を分析し、統合して論じる必要があるということである。

[2] 精神発達と事物の意味づけの変化についての事例として、コフカの著書『精神発達の原理』のロシア語版第3版（英訳、邦訳ともに未刊行）の批判的序文としてヴィゴツキーが記した「ゲシュタルト心理学における発達の問題――批判的検討」（1934）の中で、子どもたちに棒や椅子を活用させて問題を解決させる実験が紹介されている。実験の中で子どもたちは棒や椅子をうまく活用できず、問題解決に失敗したという。ヴィゴツキーは、この実験で子どもたちが失敗したのは子どもたちが未熟なためではなく、子どもたちがモノの物的な特性だけではなく社会的に形成された意味をもとにモノを使うようになるためだという考えを示している。つまり、モノの持つ意味が子どもの行為を規定したのである。これは実験場面に限らない人間の日常生活にも言えることであろう。このことから、モノを使って行為し、そこに意味づけるということには、行為を促すと同時にモノの使用方法を限定するという二つの面があることが分かる。同時にこのような二つの面は「意味」という次元で行為を決定するという人間独自の精神構造の表れであることがみえてくる。

[3] この「摘要」は、ヴィゴツキーが1933年にレニングラード教育大学で行った講義のためのメモであり、『ヴィゴツキー学』の他にも、エリコニンの『遊びの心理学』（1978）の巻末に収められている。また、この講義そのものは速記録として「子どもの心理発達における遊びとその役割」（ヴィゴツキー 1933）としてまとめられ、邦訳もある。この「摘要」と速記録には、ヴィゴツキーの遊びに関する主要な見解が記されている。

[4] ヴィゴツキーは次のように述べる。「遊びは就学前期の新形成物であり、それは、発達のあらゆる深い流れ、（地下水のような下層のような流れ）を凝縮した形で含み、焦点のように集め、その流れを持ち上げている（邦訳 p.40）」。ヴィゴツキーの発達論において、ある時期の発達を決定的に特徴づけるのは、その時期にどんなものが形成されつつあるか、すなわち新形成物は何かということである。これは発達の最近接領域という彼の有名な理論の基礎にある考え方である。ヴィゴツ

キーが、遊びを就学前期の子どもの発達における主導的な活動であると位置づけている根拠も、その中で生まれている新形成物と発達との関係から理解できる。

［5］このことに関してドゥルーズは「それ（意味）は、それを表現する命題の外では実在しない」（『意味の論理学』、邦訳（上）p.50. 括弧内は筆者）と言い、また、「意味は、何ら事物の属性ではなく、事物や事物の状態の属性である」（同上p.50）「事物の状態を指示する命題が与えられると、その命題の意味を、別の命題が指示するものとして捉えることが常にできるのである」（同上p.63）と指摘している。ここで彼が言う命題とは、言葉、あるいは言葉による定義であると考えてもよいだろう。つまりドゥルーズは、意味というものは言葉の中に存立するとしながら、それはあくまで事物や事物の状態の属性であり、言葉でとらえようとしても追いかけたそばから次の場所へ逃れうるものだということを述べている。

［6］もちろん、視細胞の働きによる光の合成などによって、スペクトル上に存在しないような色の知覚も可能である。例えば、スペクトル上に存在しない白や、両端にある赤と紫の中間色である赤紫などがそれである。ここでは便宜上、光のスペクトルを例とした単純なモデルで説明しているが、光の合成等を考慮に入れてより複雑な状況を想定しても、そこには特異点と特異性、そしてそれらの割りふりの問題が依然として存在する。

第4章　出来事と〈意味〉

第3章ではヴィゴツキーの遊び論をドゥルーズの論と重ね合わせながら、意味生成という視点で遊びをみる有用性について試みた。そこでの主張のポイントとなるキーワードとして多用してきた言葉が、「出来事」と〈意味〉であった。ここでは、主にこの二つについてより詳しく述べながら、我々の日常の中に存在する生成という問題をより深く探っていくこと、そのための手掛かりについて論じていく。

そこではじめにドゥルーズ以前に「出来事」について論じたホワイトヘッドの論を紹介し、そのうえで、ドゥルーズの「出来事」論を『意味の論理学』の内容に焦点を当てながら考えてみたい。さらに、それらをヴィゴツキーの発達論、特に「心的体験」と関連づけながらみていく。

1　ホワイトヘッドの「出来事」論と「抱握」、「合生」

「出来事」という語は、一見すると何ら特別なものを含んでいない語である。「出来事」について我々が持っているイメージをあえて言語化するなら、何らかの事態が始まり、やがて終息するという一連の時間的な区切りと、その中での人やモノの動きの総合、といったところだろう。だが、この「出来事」とは何なのかという問いに関してドゥルーズはそこに特別なものを見出している。ここでは彼の「出来事」論を議論する前段として、彼よりも前に「出来事」について詳細に論じた人物のホワイトヘッドの理論をみていきたい。そのことによって、ドゥルーズの議論の見通しが良くなるからである。

ホワイトヘッドはもともと数学者であったが、分析哲学や科学哲学の分野でも興味深い理論を残した多才な人物である。彼の分析哲学では、数学や物理学で使われるような空間論、時間論を踏まえながらも、そのような科学的モデルだけでは扱いきれない人間の認識があることが主張されている。そういった点では、物体と命題との連続性、あるいはその断絶の契機を問題として扱ったドゥルーズと非常に近い思想を持っていたと言える。本章のキーワードである「出来事」を考察する際には、ホワイトヘッドの理論の中でも特に「合生（concrescence）」と「抱握（Prehensions）」の概念が大いに参考になる。

「出来事」については、彼の著書『自然という概念』（1919）で、時間と空間に関する議論の中でふれられている。彼は時間を「持続なき瞬時（durationless instants）の順序づけられた契機（ordered succession）」（邦訳 p.38）ととらえてしまう考えに異を唱え、このような考え方をきわめて怪しむべきものとしたうえで、以下のように自らの見解を述べている。

「出来事の推移とそれぞれ相互に覆い合っているところのさまざまな出来事の延長こそは、わたくしの考えでは、抽象化されたものとして、そこから時間と空間が生成されるところの出来事の二つの

特性なのである。」（同上邦訳 p.39）

この一文は、『自然という概念』で述べられる「出来事」の位置づけを端的に言い表したものである。もう少し詳しくみていこう。ここで彼が言う「出来事の推移（passage）」というのは、まさに何かが起こっている時の瞬間の連続のことである。ここでホワイトヘッドはごく微小な自然現象を含めた、あらゆる事象の運動を「出来事」として想定している。そして、それらの「出来事」の各瞬間はすべて（ごく微小であれ）異なっており、同じ瞬間は二度とない。つまり、水や空気も含むあらゆる物体は常に流動し変化していることを前提としている。常に流動し変化すること。これがホワイトヘッドの言うところの「出来事」の一つの特性である。

そして次の「出来事の延長（extensive relation）」とは、「出来事」の持つ時間的な厚みと空間的な広がりのことである。そしてそれらは「それぞれ相互に覆い合っている」としている。これは、「出来事」どうしの相互規定的な関係性のことだと解釈することができる。例えば、「風に吹かれてカーテンが揺れる」時、風の流れ（空気の延長）がカーテンの動きとその形（カーテンの延長）を規定するが、逆にカーテンの動きと形によって、風の流れが規定されるという関係性も同時にそこで発生している。このように考えると、「出来事」の延長がそれぞれ覆い合っているというのはそこかしこで起こっていることなのである。これは後に述べる「抱握」の概念とも通じるものである。そういった相互に「覆い－覆われる」関係性が「出来事」のもう一つの特性だとホワイトヘッドは主張する。

この一瞬ごとに推移していく過程と、出来事どうしの相互規定性とが人間にとって有意味な時間と空間を生成するというのがホワイトヘッドの主張である。端的に言うと、相互に独立し、等質で無機的な時間や空間は、認識の前提ではなく、認識の成果から仮定的に生まれたものだということである。人間にとっての時間や空間は、「出来事」によって生まれる。我々の時空間の認識の中に「出来事」が配置されるのではなく、「出来事」によって時空間の認識が生じるということなのである。

こういった時間論、空間論については、彼の別の著書『過程と実在』（1929）の中でもふれられている。この著書は広大な範囲の問題が扱われているので、ここで紹介するのは、「出来事」に関連する部分にとどめることにする。

ホワイトヘッドの「出来事」に関する位置づけは先に『自然という概念』を参照して確認したが、その十年後の著作である『過程と実在』では、そこに「抱握」と「合生」という概念を入れて「出来事」をさらに説明している。

まずは「合生」についてだが、ホワイトヘッドは、「『合生』は多くの事物の宇宙が『多』の各項を『一』の構造における従属性へと決定的に追いやることにおいて、個体的統一性を獲得する過程の別称である」（『過程と実在』1、邦訳 p.367）と定義している。つまり「合生」とは簡単に言えば、複数の事物が新しいひとつの事物へと結びついていく過程のことである。そして、ホワイトヘッドは「合生」とそれによって生まれた新しい事物とは別々のものではないとして次のように指摘する。「合生の各事項は、それ自身、当の新しい個別的『事物』である。『合生』と『新しい事物』とがあるわけではない。新しい事物を分析する時、われわれが見いだすのは、合生以外のものではない」（同上邦訳 p.367）。つまり、常に流動する過程の中にある現実の中では、事物自体が別の事物の与件としての性質を持っていて、その与件としての性質が我々の前に明らかになるのは、「合生」によって構成された事物を分析する時だということである。ここで言われる「事物」は、そのまま「出来事」と言い換えてもよい。そして、事物自体が持つ、別の事物の与件としての性質こそが「抱握」なのである。

この「抱握」と「合生」を考える際にホワイトヘッドが前提としているのは、「現実的実質は、その道筋において未完の主体的統一性をもった多くの働きが、『満足』と呼ばれる働きの完結した統一性に帰趨する過程である」（『過程と実在』2、邦訳 p.400）ということである。つまり、これは、未完結な個々の事物が完結した統一性に至ることが現実的実質の内実であるということであって、それは彼が「合生」という言葉で示しているものである。この、完結した統一性を持った現実的実質は、客体として他の「合生」に介入するという。この介入の働きが「抱握」なのである。しかし、この「抱握」された「合生」によって生み出された現実的実質はさらに他の「合生」を「抱握」し、それによって生み出された現実的実質がさらに他の「合生」を「抱握」し…という具合に「抱握」の構造は無限的に連続し錯綜している。このように、「抱握」という観点からみると、あらゆる事物は、他の事物を「抱握」しつつ、他の事物から「抱握」されている（あるいは相互に「抱握」し合っている場合もあるかもしれない）という構造を持っていることが分かる。

つまり、「出来事」はより微小なものどうしがお互いの「抱握」の関係によって、我々に理解可能な具体的な形へと織り上げられていく（「合生」）ことで出現する。そして、「出来事」として出現する前のその動きや「抱握」の関係自体は、我々には見えない。見えた時点で、それは既に「出来事」として「合生」の過程を終えているからである。だからこそ、我々は「出来事」を手掛かりにして、それを構成する「抱握」の関係と「合生」の過程を分析することが可能になるということである。こ

図2　キーポンの本体とパソコンによる操作画面

図3　キーポン内部の装置

のことから、「出来事」と「合生」の過程は常に一体であり、その中に「抱握」の関係が見出されるのである。

このような事態を具体的な形で示しているのは、動物の身体やロボットの機構である。例えば、小嶋秀樹（東北大学大学院教育情報学研究部・教授）の開発した「キーポン」というコミュニケーションロボットがある（2014）。「キーポン」は弾力性や伸縮性のある軟らかい黄色いゴムで表面を覆われた雪だるま状のロボットで、顔は二つの目と鼻のみという、きわめてシンプルな形状をしている。

この「キーポン」は、自動的に、あるいはパソコンによる操作で身をよじったり弾むように体を上下させたり、周囲の人間の顔を追視したりする。表面の軟らかさや滑らかな動作も相まって、動いている「キーポン」は、まるで生きている存在のような印象を見ている者に与える。このような「キーポン」の有機的な動作を制御しているのは、「キーポン」の下についている黒い円筒状の台座の中の機構である。この中にモーターやギア、ワイヤーが格納されており、それらの動きが連動することで、上部の「キーポン」本体の骨格を動かし、その骨格の運動が「キーポン」の表面素材に包まれることで生き物の動作のような感じを生み出しているのである（キーポン内部の公開を認めていただいた小嶋教授に感謝申し上げます）。

ここからみえてくる構造は、「出来事」「抱握」「合生」の構造の典型的な例だと考えられる。つまり、モーターの動きという「出来事」がワイヤーやギアの動きという「出来事」の与件となっており、複数のワイヤーやギアは相互の運動を規定し合っている（相互に「抱握」し合っている）。それらの運動は一連のまとまりとして「合生」されながら最終的に「キーポン」の動作という形に「合生」され、見ている人はその動作に意味を見出し理解するのである。このような事態は、動物の身体の中でも起こっている。

以上のように考えると、「合生」は常にあらゆる事物において起こっており、それらは「抱握」の関係で結びついた錯綜体として存在していることになる。[1] そして、その構造と過程を我々が余すことなく理解して思考することは非常に困難であることが分かる。逆に言うと、微小な事物と錯綜する「抱握」の関係を我々が具体的なものとして理解可能なレベルにまとめ上げていく働きが「合生」であり、我々は「合生」の産物として、理解し思考できるレベルのまとまりを持った世界をみているのである。そこが基準であり、微小な事物どうしの「抱握」の関係はそこから遡及的に分析される。つまり、ホワイトヘッドの論における「出来事」と時間、空間の関係、各事物の相互作用というものは、「出来事」からみえてくるものであり、それゆえに、「出来事」は事物どうしの関係の産物であるのと同時に、その関係性が立ち現れるのは「出来事」が生成される過程を分析する時だという構造になっている。

繰り返すが、この「出来事」から抽出された時間や空間は、公正中立で無意味なものではない。『自然という概念』についてふれた部分でも述べたが、誰の目も通さなければ時間も空間もただ流れて広がるだけである。時間と空間のある点が「出来事」として成立するためには、人間によって区切られることが必要である。ただ、この区切り方が先にあるのではなく、まず「出来事」があり、そこから必然的に「出来事」のあった時間と空間が際立ってきて、それが意味を持ってくるのである。つまり、人間の側からの意味づけ以前には潜在的なものだった時間や空間が、ひとつの「出来事」を契機に顕在化し、時間や空間をはじめとした諸要素に分化していくのである。このように人間にとって思考の対象として現前した諸要素とその振る舞いは、人間にとって〈意味〉を持つようになる。そのようにして生まれた〈意味〉が次の「出来事」につながっていくのである。

「出来事」を端緒として時間と空間が顕在化するということは、無限定に流れて広がる時間や空間に「出来事」によって区切りが生まれるということである。こういった考え方を人間の生物種としての進化の中に位置づける考えもある。例えば、社会文化人類学者のアンドレ・ルロワ＝グーラン（André Leroi-Gourhan）は、時間や空間を区切るということそのものが人間の認知や言語の固有性を決定的なものにしていると述べている。彼は『身ぶりと言葉』（1964, 1965）の中で、人間社会の出現について考えるうえで非常に重要なことは、時間と空間をてなずけて（馴化して）、人間的な時間と空間を創出したことであると指摘する。彼が指摘するところによると、脳構造の変化と抽象的な表象体系の発達、民族単位の多様化といったものは、人類が自然によって構成された居住空間である洞穴を出て、屋根のある家を自ら構成するようになる時期とほぼ一致するという。つまり、現実の生活の変化が時空間の意識を変えたということである。家を自ら作るということは、物理的な面だけでなく、表象的な面でも空間を制御するということにつながる。そしてそれは制御できる空間と時間を創造するに至るということである。そのようにして、自然の時間と空間に対して人間に馴化された時間と空間が生まれ、その人間独特の時間と空間こそが社会だというのである。この社会の持つ時間性や空間性は、個人の精神にも強く影響を与える。つまり、人類の歴史という視点からみると、主体的に時間や空間を構成するということそのものが、表象体系を発達させ、社会を形作る上で大きな契機になっていたということである。先に述べたホワイトヘッドの論とあわせて考えると、「出来事」から時間と空間が生じ、それが次の「出来事」につながっていく過程、つまり時間と空間がどのように生じ、どのように使われていくのかということの中に、人間の固有性と生の本質があるのだと考えられる。

2　『意味の論理学』における「出来事」の構造

前の節でホワイトヘッドの「出来事」論を確認してきたが、これに続けて、ここではホワイトヘッドと関連づけながらドゥルーズの「出来事」論をみていく。彼は「出来事」論を『意味の論理学』で特に力を入れて展開している。ここではそこで述べられている「出来事」の構造を中心に述べてみたい。そこには、先に述べたホワイトヘッドの論と重なる部分、そして異なる部分がみられる。

ドゥルーズにとっての「出来事」というのは端的に言うと、変化すること、変形することである。

例えば『意味の論理学』の「第二セリー・表面効果のパラドックス」では、ストア派が原因と結果の区別を論じながら、出来事としての意味は結果という「非物体的なもの」に表れているとしたことを引き合いに出しながら出来事を以下のように述べている。

「(2)あらゆる物体は、別の物体との関係では別の物体に対する原因であるが、何の原因なのか。物体は、一定の事物の原因、まったく別の本性のものの原因である。その効果(＝結果)は、物体ではなく、正確に言うなら『非物体的』なものである。…効果は、事物や事物の状態ではなく、出来事である」(『意味の論理学』邦訳(上)p.22)。さらに次のように言う「物体の中に、物体の深層の中にあるものは、混在である。物体は別の物体に入り込み、別の物体のあらゆる部分で共存する。…混在は、一般的に、事物の量的状態と形質的状態を決定する。すなわち、集合の諸次元、あるいはまた、鉄の赤や木の緑を決定する。しかし、われわれが、『拡大すること』『減少すること』『赤化すること』『緑化すること』『切ること』『切られること』などで言いたいことはまったく別の種類のことである。もはや事物の状態や物体の底での混在のことではなく、混在に由来する表面での非物体的な出来事である」(同上邦訳(上)pp.23－24)。

ちなみにストア派が原因と結果についてどのように論じていたのかを簡単にまとめると、次のような内容である。ストア派は命題として表されているものは事物の表面にある非物体的なものであり、またこの非物体的なものは原因からではなく、結果となって表されてくるものとする。例えば、一つの例で原因と結果のことを考えてみると、メスが肉を切る時、メスという物体が原因としてあるが、結果として表される「切られる」ということは、非物体的なもので、述語で示されるものである。この述語で示されているものが「出来事」であり、意味なのである。そうすると、出来事は原因という物体ではなく、結果である非物体的なものであるということになる。あくまでも原因＝物体ではなく、結果＝非物体にこそ出来事＝意味が表れているということである。このようなことから、ドゥルーズは上記のように指摘したわけである。

先の引用についてもう少し細かくみていこう。まず、「あらゆる物体は、別の物体との関係では別の物体に対する原因である」とはどういうことだろうか。例えば、「炎」と「鉄」という物体の関係を例に考えてみる。具体的な物体である「鉄」と「炎」とが接触したとき、「炎」で熱せられた度合いによって、「鉄」の軟らかさや赤さが決まってくる。これが、「混在は、一般的に、事物の量的状態と形質的状態を決定する」ということである。そういう観点からすると、「炎」は「鉄」と混在することで、「炎」本来の性質とは違った、「赤く軟らかい鉄」の軟らかさや赤さの原因として機能する（「物体は、一定の事物の原因、まったく別の本性のものの原因である」）。しかし、このような、「炎」と「鉄」の交わりで生じる事物も、その事物の性質も「出来事」ではない。「出来事」とは、〝どのような変化を経て〟「赤く軟らかい鉄」が生じたのか、「赤く軟らかい鉄」が〝どのように変化をしていくのか〟ということである。

ここから読み取れることは、「出来事」とは、事物そのものやその状態を示す固定的なものではなく、ドゥルーズが「赤化すること」「緑化すること」として例であげているように、変化すること、変形することである。つまりある程度の時間的な幅の中での物体、あるいは事物の変化・変形を「出来事」という概念の基礎に置いたのである。

ここで述べたことは、至極当たり前のことではあるが、この確認によって一つの重要な示唆が導き出される。それは、ある事物の生成をみる際の視点として、物体的な視点、すなわち、ある状態を形成している要素とそれらの結合のメカニズムからみるという視点と、その事物が継続し変化していく様子をみる時間的な視点の二つがあるということである。この二つの視点は言ってみれば、前者は空間的な関係性、後者は時間的な関係性を指しており、「出来事」というものは、それらの相互関係から成っているということである。その相互関係についてドゥルーズは次のように言う。「すなわち、出来事は二重の原因性に服しており、一方では出来事の原因である物体の混在に、出来事の準－原因である別の出来事に服している。」(『意味の論理学』(上)邦訳 p.173)。つまり、物体どうしの混在という必然性(あるいは自然の秩序)だけではなく、「出来事」どうしの関係性もまた、「出来事」を規定するものだということである。そして、その「出来事」どうしの関係を可能にするのが時間的な幅なのである。

そう考えると、ドゥルーズの主張は、少なくとも〈意味〉や生成に関しては一貫していることが分かる。それは、〈意味〉とは、既に存在している過去や現在を総合したものではなく、常にまだ見ぬ新しいものへの生成と変化を内包しているということである。

「出来事」というものはその時その時で、そこに存在するさまざまな要素によって構成されている。それらの要素は、それぞれの必然性を持っている。それは、物体の運動法則であったり、人間や動物の性質や意志であったり、各々違ったものであるが、それらが交わることで何かの事態が発生する。そして、それらの構成要素は常に変化している。時間が不可逆であり、物体も常に変化している以上、それは必然である。しかし同時に、我々はある「出来事」の中に他の「出来事」の反復を見出したり、「出来事」どうしを関連づけ、ひとつのストーリーを形成する。これは、反復のもとであるオリジナルが存在して、後発のものがそれをなぞるとか、あるストーリーの中に予定調和的に「出来事」が配置されているわけではない。新しい「出来事」を、言ってみれば遡及的に過去の「出来事」と関連づけ、その関係性の中から差異や反復を見出し、〈意味〉の中に取り込んでゆくのである。このように、単純な物体的同一性ではなく、出来事どうしの連鎖や反復を関連づけることによって「出来事」を形作っていく働きが「準－原因（quasi-cause）」である。この「準－原因」の働きについて、ドゥルーズは「出来事」の生産の基礎はあくまで物体的原因であり、「準－原因」は物体的原因が生産したものを操作するものだとしたうえで、以下のように述べている。「準－原因は創造しない。準－原因は『操作（手術）』し、到来するものを意志するだけである。だから、ここで、表象と表象の使用が介入する。宇宙的な混合において、非物体的な出来事を生産する万物の現在において、物体的原因が相互作用するとき、準－原因は、この物理的原因性に裏地を付ける仕方で操作して、出来事を現在において受肉する」（同上（上）邦訳 p.256）。つまり、「準－原因」とは、物体の秩序や科学的な法則に属するものではなく、我々の精神の働きに属しているものだということになる。

こういった考えは、さらにミクロの（あるいは深い）次元の問題にもつながっている。例えば、人間の身体は一定の周期で細胞が作り変えられている。昨日、自分の中に存在していた細胞が今日の自分の中には存在しないということが当たり前のように起こっているのである。その連続によって、十年前の自分と現在の自分では、その「自分」を形作る細胞がほとんど（あるいはまったく）入れ替わっているということになる。言い換えると、異なった細胞によって形作られた十年前の自分と現在の自分がなぜ同じ「自分」と言えるのかという同一性の問題で、哲学では「テセウスの船」の問題として古くから議論されているものである。この問題をドゥルーズ流に表現するなら、原因の異なる二つの事物（「出来事」）が関連している、あるいは反復であると言えるのはなぜか、ということになる。

上記のことから言えるのは、我々にとっての反復や一連の「出来事」を抽出する基準は何かという問いであり、少なくともドゥルーズは、その基準は物体的な同一性ではなく、「準‐原因」のレベルでの「出来事」どうしの位置づけによるとしている。

3　シミュラクル――「反復」とコピーの区別

ドゥルーズが反復や〈意味〉のまとまりを考える際、物体的な同一性ではなく「準‐原因」のレベルでとらえていることは既に述べた。では、その「準‐原因」とは何なのだろうか。

ドゥルーズは『差異と反復』の中で、《理念《イデア》》について述べている。この《理念《イデア》》に関してドゥルーズは、「意味は理念的なものであるが、そればかりでなく、問題が《理念《イデア》》そのものなのである」（邦訳 p.250）とし、意味や問題、《理念《イデア》》が属する領域と、命題や事物が属する領域とを明確に区別している。本書の第3章で「問題」について述べた部分の再確認であるが、ドゥルーズは「問題（Problème）」と「問い（Question）」を区別しており、「問題」は「問い」を生み出す潜在的なもので、我々が日常で出会う具体的な課題は「問い」のレベルのものであり、それは具体的な解答を持ちうるものである。そして、そういった具体的な「問い」に答えていくことが、「問題」の内包と外縁を浮き彫りにし、時には変形させていくのである。この「具体的な問いへの回答」がすなわち「出来事」となると考えてよいだろう。そして《理念《イデア》》が属するのは「問題」の領域であり、「準 - 原因」を規定しているのが《理念《イデア》》である。

ドゥルーズの言う《理念《イデア》》は、多様な形を持つ潜勢的な力で、もろもろの具体的な「出来事」は《理念《イデア》》が具体化されたものだと言える。そして、この《理念《イデア》》が反復や〈意味〉のまとまりを作る「準 - 原因」の内実なのである。この《理念《イデア》》の反復をドゥルーズはシミュラクルと呼び、個別の出来事と反復との関係を考える際の基本的な概念として、シミュラクルを位置づけている。

もともとシミュラクルとは「見せかけ」、「代替物」のことで、モデルとの関係のあり方という点でコピーに対置されてきた。モデルの忠実な写し取りがコピーであるのに対し、モデルの利用可能な部分を抜き取って恣意的に作り変えたものがシミュラクルで、これはモデルの持つオリジナリティへの敬意を欠いた、有り体に言えば「悪いコピー」のことだとされてきた。しかし、ドゥルーズはその考えに異を唱え、シミュラクルを単なるコピーの劣化版であるとは考えず、むしろシミュラクルが「モデル」としての本質を示しているのであって、コピーはその特殊なタイプにすぎないと考えた。

このように、シミュラクルを本質とするドゥルーズの考え方は、『差異と反復』における問題意識からすれば非常に納得しやすい。ドゥルーズは『差異と反復』で、本来、一回一回が異なるはずの「出来事」がどのように反復を形成するのかということを論じた。その中では、反復というものを表象＝再現前化と同一視する考え方を徹底的に退けている。「出来事」が反復しているのは、過去の具体的な出来事そのものではなく、その中にある伏在的な《理念《イデア》》だと述べている。重要なのは、「モデル」を忠実に反復することでなく、その底に流れる目的や〈意味〉である《理念《イデア》》を具体化することである。その具体化における時間や空間、モノ、人といった諸条件は、一回一回で異なっている。これは先にホワイトヘッドの「出来事」論にふれた部分でも述べたことである。当然、「モデル」との完全な一致などは望むべくもないことである。むしろ、それぞれの「出来事」は違っていて当然なのである。そういった個々別々の「出来事」を反復という形で結びつけるものこそ、それらに潜在する《理念《イデア》》なのである。そのように結びついた、差異を含んだ「出来事」こそシミュラクルである。シミュラクルという概念が反復の本質にある理由は以上のようなことである。

シミュラクルの構造を考えるうえで、シミュラクルの仲間の言葉であるシミュレーションの考え方を借りれば比較的分かりやすいだろう。シミュレーションの本質は、xやyといった文字を使った等式や不等式である関数とそれらの関係性の秩序であり、関数の中の文字に具体的な数値であるパラメータを入れることで値が決定する。当然、パラメータが変われば、そのつど具体化する式や値は変化する。また、他の関数と関係を結ぶことで、交点や「特異点」といった具体的な点、関数どうしの関係を端的に表す点が決定されてくる。それらの違った式や値、点たちは、具体的な個々の値や位置は違っても一つの関数との内的なつながりを持つものである。言い換えれば、個々の要素が、一定の関係や要素やバランスのもとにある時、シミュラクルは生じるのである。ドゥルーズの言う《理念《イデア》》とは、こういった具体的な事物を生み出す潜在的な秩序のまとまりである。そしてこの《理念《イデア》》の具体化こそが「出来事」であり、そういった「出来事」が事物の属性の本性なのである。

つまり、《理念《イデア》》は潜在的なものであり、それが他者との出会いによって出来事として具体化するのである。そういった関係を形成する本質は具体的な「モデル」のオリジナリティではなく、出来事どうしをつなぐ《理念《イデア》》であり、「出来事」どうしを、あるいは諸要素を引き寄せて反復を形成する「力＝累乗（ピュイサンス）」である。このような考え方によるならば、特定の事物に「モデル」という特権的な身分を与えるということ自体が、誤解を含んだものであり、一見「モデル」のようにみえる「出来事」も《理念《イデア》》が具体化されたシミュラクルのひとつだということになる。つまり、「出来事」どうしの関係性を「モデル」と「コピー」の関係ではなく、先に生じた「シミュラクル」と後に生じた「シミュラクル」という対等の関係としてとらえることで、「モデル」の特権は無くなり、「出来事」どうしの差異の存在を異常なことではなく、むしろ前提として考えることが可能になる。ドゥルーズの言う「シミュラクル」の考え方とは、具体化された差異の中にある内的な関係性こそが「出来事」を形成し、反復を作り出すものであるということであり、そこで問題になってくるのは我々がある「出来事」を反復だと考える時、そして、ある行為を別の行為の「仲間」であると考える時に、その「出来事」や行為をひきつけ合わせていく仕方なのである。

意味生成と「出来事」との関係については、先にホワイトヘッドの考えをみてきたが、ドゥルーズも彼の主要著作の一つである『襞』の第六章でホワイトヘッドのことを大きく取り上げており、「出来事」とそれに関する人間精神との連関についての思考に対する彼らの思考の近さがうかがわれる。特に『襞』では「抱握」の相互性（事物が互いに抱握し合っている関係）に注目していた。[2] つまり差異の出会いの場である「出来事」そのものが差異をまとめ上げる反復の性質を持っているのと同時に、新しい差異、差異のある反復を生み出しているということである。もう一度確認をするが、ここでの「出来事」と時間、空間の関係を簡単に言えば、時間や空間といったものは「出来事」どうしの関係からみえてくるものであり、その「出来事」どうしの関係は新しい「出来事」が生成される過程を分析する時に立ち現れてくるものである。つまり、「出来事」を生成するための時間や空間、〈意味〉体系があらかじめ存在するわけではなく、「出来事」を通して新しい世界、新しいものの見方が立ち上がってくるということである。同時に、まったくの無から「出来事」が立ち上がっているわけでもない。ホワイトヘッドの言う「合生」や、ドゥルーズの言う、《理念《イデア》》をシミュラクルへと生成する「力＝累乗（ピュイサンス）」という、バラバラの事象を目的や〈意味〉としてまとめる働きがあり、それらを個人個人が一つの「出来事」として自己の精神の中に位置づけているのである。

我々は単なる過去の繰り返しに安住せずに、新しいものを生成している。それを考えるためには、ある「出来事」はどのように起こるのか、その「出来事」は過去と未来にどのように関係していくのかという問題を考えなければならない。ここで取り上げたシミュラクルは、反復と表象＝再現前化（コピー）を区別し、過去と現在、そして未来とのつながりとして「出来事」の構造をとらえるためには有効な概念である。コピーが過去を志向するのに対して、シミュラクルは未来へ向かう生成のメカニズムに関与するものである。過去の「出来事」や日々の記憶や表象をモデルとして特権化し、新しい「出来事」をそれらのコピーと位置づけるような考え方は創造性とは対極にあると考えてよいだろう。なぜなら、新しいものを過去の再生産ととらえるコピーや表象＝再現前化の考え方を突き詰めれば、過去の枠に忠実にとどまり、何も新しいものを生み出さないことが目的となるからである。先に述べたように、ドゥルーズが反復と表象＝再現前化とを徹底的に区別したのは、二つを同一視することで人間が新しいものを生み出す力を否定するからである。

内的な力を現実的な「出来事」として現働化し、現働化した「出来事」を通して自己を変革していくこと、これが我々の日々の暮らしのミクロなレベルで起きていることであり、マクロのレベルでは人間の生涯を通じた発達で起こっていることだろう。そういった観点からみてみると、本書の第3章で取り上げた子どもの遊びは、内的な欲求を表現してそれらを共有し、共有した〈意味〉を自己内に取り込み、新しい「出来事」を生成していくという人間の生の原初形態としてみることができるだろう。

4　ホワイトヘッドとドゥルーズの「出来事」、そしてヴィゴツキーの「心的体験」

以上にみてきたように、「出来事」は微小なものから織り上げられたものであり、それは人間の認識、〈意味〉や命題という次元を生み出しながら、それらによってとらえられるものである。ここではドゥルーズとホワイトヘッドの「出来事」論を取り上げたが、それらはいずれも、微小なものどうしの相互規定的、あるいは相互生成的な関わりと、それらの関わりを相互に関連づける人間精神の議論であった。そしてそれらは、瞬間と持続、差異と反復、時間と空間といった、一見対立するものどうしの弁証法的な関係が現実世界、少なくとも人間が認識し生きる世界の生成において同時に生まれ、不可分かつ不可欠な関係性にあるという思想をベースにしていると考えられる。ただし、そこにはいささか見解の相違がある。

ホワイトヘッドにとっての「出来事」は自然現象そのものであり、人間の認識の網目からこぼれるような微小なものどうしの関わりも含んでいた。あらゆるものはお互いに関わり合いながらお互いを成り立たせており（「抱握」）、その関わりの錯綜が微小なものたちを〝具体的なもの〟へと織り上げ（「合生」）、人間精神に働きかけるのである。ホワイトヘッドは、この微小で偏在する「合生」と「抱握」のプロセスで起きていることのすべてを「出来事」としている。

それに対してドゥルーズは、人間の認識からこぼれる微小なものについては「深層」の次元に属しているとする。そして、「深層」によって形成され（物体的原因）、我々の精神によって裏地を貼られて（「準-原因」）形成された「表面」の次元が「出来事」の場であるとしている。つまり、ホワイトヘッドにおける「合生」の効果である「具体的なもの」の推移を「出来事」と考え、物体のあり様や運動そのものと区別している。これはあらゆる物体の状態や推移そのものを「出来事」の範疇とするホワイトヘッドとは微妙に異なっている。そして、ドゥルーズは「出来事」の推移や「出来事」どうしの関係性が「出来事」の〈意味〉を生成していくという形で、「出来事」と〈意味〉を語るのである。逆に言うと、ドゥルーズにとっての「出来事」のレベルは〈意味〉のレベルであり、それよりも微小なものの運動と関係は「深層」として区別され、〈意味〉よりも抽象化された命題もまた「高所」のものとして、「出来事」の場である「表面」と区別されるのである。これは詰まるところ、物質が「出来事」を通して〈意味〉、そして命題という抽象的なものへと続いていく連続性を論じたものであり、ベルクソンの『物質と記憶』へのドゥルーズなりの答えだとも言える。ドゥルーズとベルクソンとの関係については、本書の第6章以降でみていく。

そして、これらの「出来事」に関する理論は、前章でも取り上げたヴィゴツキーの「心的体験」を考える際の有効な手掛かりになりうる。ヴィゴツキーが「心的体験」を環境と人格との統一体を研究するための分析の単位として位置づけていたことは前の第3章（1（2））で既に述べた。ここでヴィゴツキーは、同一の環境で育った子どもたちがまったく違った人格発達をみせたことから、環境が人間に与える影響は一様でなく、環境を受け取る主体との相互作用が決定的だと考えたのだが、その相互作用の構造を理論化することはできなかった。しかし、本章で紹介してきたホワイトヘッドとドゥルーズの「出来事」に関する理論と照らし合わせてみると、「心的体験」とそれによる発達を考えるための手掛かりがみえてくる。

これまで述べてきたように、ホワイトヘッドの言うレベルでの「出来事」は、人間にとっては把握しきれないものである。むしろ、ドゥルーズの言うところの「出来事」のように、無数の微小な事物の混合に「準－原因」という裏地を貼り、一定のまとまりのものとして立ち現れる「出来事」が人間にとって感じることが可能になるものであり、だからこそ、人間の精神に作用することが可能なのである。そして重要なのは、その「準－原因」は人間精神に属するということである。これをさらに突き詰めると、「準－原因」のあり様は「出来事」を受け取る主体ごとに違うということである。それはつまり、複数の主体が同じ対象と関わっていても「出来事」としてのとらえ方が異なっているということである。そうなると、「出来事」論の展開のひとつの道として、「準－原因」が存在するというところから、その「準－原因」の個別性へと分け入っていくということが考えられる。それがすなわち、人間の「人格」の研究だと言えるのである。ここで、ホワイトヘッドとドゥルーズの「出来事」論とヴィゴツキーの「心的体験」論との交差が出てくる。

ここまで論じてきたことから考えると、「出来事」をどうとらえ理論化していくかということが、この三人の研究者の重要な問題だと考えられる。それを普遍的な構造の解明という方向に考えていったのがホワイトヘッドとドゥルーズであり、個々の人間発達の原因であり結果でもあるという見方でとらえたのがヴィゴツキーであろう。そこには相互に補い合える部分がある。物体的な混合が〈意味〉や命題という抽象的な精神の働きへとつながっていく構造は、ヴィゴツキーが理論化しきれなかった部分を強力に補うものであるし、逆に、ヴィゴツキーが想定していた発達的な観点は、ホワイトヘッドやドゥルーズの論では弱い部分である。さらに言えば、社会や文化、歴史といった大きな単位でのとらえ方も可能であろう。例えば、美術史研究者のアンリ・フォション（Henri Focillon）は『形の生命』（1955）の中で、文化の発展という観点から「出来事」についてふれている。彼は芸術における環境、つまり文化の移り変わりに関して考察している中で、人種の発展や社会の発展といった歴史の基盤になるようなマクロな時間単位での変化の中にも切り離せない形でさまざまな個人の出入りや活力といったものが関わっており、文化や歴史の変化には「いま、その時」という瞬間的な時間が一役演じていると指摘する。そして彼は、「『いま、その時』は直角に交わる線の交点のようなものではなく、ひとつのふくらみ、ひとつの結び目である。それは過去の合計などではなく、現在の形どうしが遭遇する場というものである」（邦訳 p.164）としている。つまり、フォションが言う「いま、その時」とは、複数の持続的な時間どうしが一瞬だけ触れ合い、単純に足し合わされるような場ではなく、複数の時間どうしが出会い、結び合い、時間的な厚みと空間的な広がりの中でお互いに影響を与え合うような場である。フォションはこのような異なる時間どうしの結び合いの中に、「出来事」のメカニズムを見出し、その「出来事」の位置づけはそこに関わった個人や文化それぞれにとって異なり、それに伴って、その「出来事」が個人の人生や文化の発展においてどのように位置づけられるかも異なっていると指摘している。このような構造をフォションは「時間の可動構造《モビール》」（邦訳 p.168）と呼んでいた。

このように、主体と環境との関係性をみる時、そこには必然的に「出来事」という観点が立ち現れてくる。そして、本章で紹介した研究者たちが「出来事」に関して考える時には、ミクロなものどうしの関係のあり方と、それをとらえる主体の精神の働きを、別々のメカニズムを持ちながら相互に干渉し合う、密接な（あるいは不可分な）ワンセットのものとしてとらえようと試みていたのである。ドゥルーズの「出来事」論を発展させるにせよ、ヴィゴツキーの「心的体験」論の到達したところのものを目指すにせよ、以上に述べたような「出来事」の構造を踏まえ、それらが実際の人間の生の営みの中でどのように展開されているのかを真摯にみていくことが重要になってくるだろう。

注

［1］もちろん「キーポン」の例はロボットの構造という、比較的「出来事」と「合生」との関係性、「抱握」の働きが観察しやすい対象を、我々にとってみやすいスケールで論じたものである。例えば「モーターの動き」なども複数の「出来事」から「合生」されたものであるという点では、さらにミクロの分析も可能ではある。しかしミクロの次元まで下りて行っても「出来事」「抱握」「合生」の構造は同様であると考えられる。

［2］「抱握」について、『襞』の邦訳では「把握」と記されているが、定訳としては「抱握」が一般的である。

第5章　言語と意味世界の生成

この章では、ヴィゴツキーとドゥルーズの言語とその意味の生成に関する考えをみていく。ヴィゴツキーは、人間の思考活動と密接に関わるものとして言語を論じている。特に、個人の意味世界を表現するものとして、言葉とその意味を問題にしている。他方、ドゥルーズは『意味の論理学』で、言葉の意味がどのようにして立ち上がってくるのか、その生成過程を論じている。この問題に関して二人はどのような説明をしたのか、その異同も含めて議論していきたい。

1　言語と意味、ヴィゴツキーとドゥルーズの研究

言葉の意味はどのように生成されるのだろうか。これが、ドゥルーズが『意味の論理学』で終始追究した「問い」である。我々は自分の考えや意志を自分の言葉として、そこに意味を込めて話をする。自分が何を言おうとしているのか、そこに自分の内的世界としての個人の意味がなければ自分の言葉とはなっていかない。その時しばしば体験するのが、他人にどう説明すればよいか言葉にならないということである。言語化以前の状態である。これを多少とも形を整え、自分なりに何が言いたいのか

はっきりさせてくれるのが言葉である。言葉は他者とつながるための社会的交通＝コミュニケーションの手段であると同時に、自分との対話、つまり思考するものとして実感される。ここに言葉が持っているもう一つの重要な機能がある。この問題に積極的に取り組んだのがヴィゴツキーである。

それでは、ヴィゴツキーは言葉の意味はどのように生成してくると考えたのだろうか。ここで彼が取った基本的な考えは、社会的な意味が分け持たれている語の「語義」を自己の中へと「内化」していくことで自分の語の「意味」が作られていくというものである。そこでは「語義」を自分なりに変形していく過程があって、一方的に「語義」に枠づけられているわけではないということである。言葉の意味の生成の基礎には社会的なもの、外的存在としての「語義」がまずあって、それを個人化していくという図式である。ここには、人間精神は歴史・文化的なものによって支えられ、これらの文化的道具を自分のものとすることで自己の精神世界が形成されるという彼の基本的な発想がある。

これに対して、ドゥルーズは個人が意味をどのように生成していくかを直接問題にした。いわば個人という内在的な世界で意味の生成過程を論じようとした。ここで彼が意味の生成の基礎として位置づけたのは、ヴィゴツキーのような「語義」という社会的なものではなく、自己の内的活動としての「出来事」である。彼が言う「出来事」というのは、事物や経験の時間的な経過そのものではなく、あくまでも「出来事」としての行為によって表現されているものである。「出来事」は時間の経過の中で消えてしまう。だから「出来事」そのものは非物体的なものであり、それは意味という形を取って表れている。このようにドゥルーズは言う。彼は「出来事」に独特の意味を込めている。

明らかにヴィゴツキーとドゥルーズでは意味の生成で起きている「ベクトル」は違っている。むしろ、ドゥルーズはヴィゴツキーが言わなかったことを探そうとした。そこにはドゥルーズの世界に一貫して存在している「内在」の思想がある。ここでもヴィゴツキーとは違っている。もちろん、ただ違うだけではなく、言葉の問題について二人は共通の問題圏にいることも事実である。むしろ、ヴィゴツキーが言葉の意味で問題にしようとしたことをドゥルーズによって補い、より鮮明なものにしていくことができる。あえてここでドゥルーズの『意味の論理学』を取り上げるのはそのためである。

(1) ヴィゴツキーの言語論、語義と意味

ヴィゴツキーの言語研究の最大の特徴は、個人の「思考すること(thinking)」と「話すこと(speech)」という二つの活動が相互に関わりを持ちながら展開していることを明らかにしたことである。ここで、彼の『思考と言語』で特に注目したいのは、「思想は言葉で表現されるのではなく、言葉で行われる」(邦訳 p.368)と述べているところである。言語は、始めから相手に伝えたい思考内容があってそれを伝えるための「運搬装置」ではないし、既にでき上がっている思想に「レディー・メイドの服のようにして着られる」ものでもないということである。我々は言葉によって自分の言いたいことや思想を形にしている。これが現実の思想の形成の世界で起きていることである。言葉の中に自分の思想を住まわせ、また思想の中に自分の言葉が生きている。そうなると思考することと言葉を使って自分と対話することとはまさに表裏一体の活動である。思考する活動、そして思想世界は個人的な内的なものである。ここに個人の「意味」を支えている「語の意味(sense)」が深く関係してくる。ここには言葉を自分なりに意味づけ、自分の思想を加えた言葉として使っていく主体の言語的活

動がある。「語の意味」は言葉によって我々の意識のなかに発生する心理学的事実の全体である。

ヴィゴツキーが個人の意味というニュアンスを込めた「語の意味」は、社会的な共有性を持った「語の語義（meaning）」からの変形として個人の中で生成されている。もちろん、変形されているのだから「語の語義（meaning）」は一つの決まった意味を取っていないのは言うまでもない。そして、言葉の持っている意味は個人の意識によって、あるいはそれが使われる文脈によって変化してくる。「語の語義」それ自体も流動的になることがある。使われる社会的文脈や状況、さらに時代によって変わってくる。だからヴィゴツキーは「語の意味」も、そして「語の語義」もそれを使用する者の志向＝目的と意識の中で確定してくると言う。また同じ文脈と状況を有している者の間では「語の語義」に対して独自の意味を与え、それを共有する場合もある。ここはあまり注目されることがないが、具体的な例で考えてみよう。辞書には「語釈」や「用例」が必ず書かれている。一つの言葉の語義的な意味と解釈を説明した説明書きであるが、実はこれは辞書によって異なっており、辞書の編纂者の解釈の違いが反映されている。言葉の語義といえども決して一つで固定されたものではなく、これらが使われる具体的な文脈や状況に置かれることでその意味を示すことができる。それを彼は『思考と言語』では、ある操作の中ではその言葉はある語義を持つし、別の操作のもとでは別の語義になると言っていた（邦訳 p.415）。

我々は「語の語義」を別なものに置き換えて「比喩」や「寓意《アレゴリー》」として自由に使うことができる。そこでは多義的な意味が発生してくる。だから、彼は『思考と言語』の最後の部分で、ドストエフスキーの『作家の日記』の一部を使いながら、一人の工員が辞書に載せることも、使うことも憚られるような言葉（「名詞」）を口にし、周りにいた仲間たちがこれを聞き、強く反発し合い、喧嘩騒ぎになりながらも、結局はこの言葉の内面的世界を了解し合ったことをあげている（邦訳pp.405-406）。思想の伝達は決して誰もが分かち持っている言葉の語義に限定されていないし、個人的な意味を帯びた言葉の意味は公共的な意味、つまり言葉の語義へと広がっていくこともある。流行語や若者言葉といったきわめて限定された文脈の中で使われていたものが辞書に載って安定した「語の語義」に「昇格」していくことをしばしばみる。語義は動いている。

ヴィゴツキーの言語研究の特徴で、他の言語研究と異なるユニークなところは、言語活動を思考という内的な過程の中に位置づけて二つを「言語的思考」という形で統合したことである。それは、言語を社会的な意味体系としての語義を外部においてこれだけを単独に論じるという言語研究とは一線を画すものであった。彼は「三歳と七歳の危機」という論文で、意味を持たない言葉は言葉ではないから必ずそこには意味が含まれていること、この言葉の意味も子どもの知的活動によって作られた産物であるとして、思考活動が言葉の意味の生成に関わっていることを指摘しながら言葉の意味は話すことと思考することの二つの活動の統一体（ユニット）であると述べている（邦訳p.81）。彼は言葉の意味の生成を問題にしていた。

しかし、彼が言っているのはここまでである。ヴィゴツキーは言葉の意味がどのような形で生成していくかという問題を十分に解いていない。結局、彼が重視したのは、言葉の起源は社会的な「語の語義」にあって、これが個人の内部へと移り、個人の意味へと変形していく変形の過程を重視したものであった。それでは、言葉の意味の生成はこれだけなのだろうかという疑問が残ってしまう。個人の主体的な意味生成の活動を重視したのがドゥルーズであり、『意味の論理学』である。

(2) ドゥルーズ、言葉の意味の生成論

言語はいかにして発生してくるかを問題にした時に「合理論」と「経験論」による異なった説明があったことは承知のとおりである。つまり、言語は生得的にあらかじめ人間に具わっているのか、あるいは後になって経験を通して得られるのかという議論である。この二つの立場はいずれも言語を主体の生成活動の枠外で起きていることとした点では同じである。だから、言語がどのようにして主体の生成活動によって作り出されているかを解くことはなかった。この不問にされてきた生成の問題を解こうというのがドゥルーズの『意味の論理学』の中心的な問題である。それは、いわばドゥルーズが問題にした「生成の哲学」の「言語的意味」版である。

彼は『意味の論理学』のはじめの部分の第三セリー「命題」で、これまでの言語研究ではいわば「常識」のように扱われてきた言語の意味を「指示」、「表出」、そして「意義（語義）」によって説明してきたことに疑問を呈する。彼は言葉の意味を「指示」、「表出」、「意義（語義）」で置き換えて説明してしまっては、主体の意味生成の活動を扱えなくなってしまうと言う。言葉を特定の対象を「指示」し、それが何を指すのかがあらかじめ決まっているとしたり、「意義（語義）」のように社会的な安定した意味体系を想定してしまう考えに彼は反発した。もちろん、言葉は宙に浮いたようなものではなく、主体は具体的な事物や事象と対応しながらそれを「指示」してはいるし、事物を「表現」してはいる。意味の生成も個人が勝手に自己の気の向くままに自己流で作ってしまってよいわけでない。

しっかりとした意味の共有がなされた言語の秩序が担保された言語体系がなければ、言葉を使って生きていくことはできない。基本はそうなのだが、彼は、意味の生成は単純にどれか一つだけで説明できないと考えた。言語研究で広く取られてきた「常識」を哲学の視点から批判的に論じたのである。

ドゥルーズは、これらの「常識」への対案として、意味の生成は出来事という活動から発生してくること、もっと言えば「出来事」は意味であるとする考えを出す。ここで言う「出来事」を彼は特別な意味で使っており、事物の経験の連続的なものといった通常の意味とは違っている。これについては後の節で確認していくのでここではふれないでおく。それに先だって、ドゥルーズが言語の意味を「指示」、「表出」、「意義（語義）」によって説明することが難点としていたことをみていく。これらについての彼の主張は幾分錯綜しているところもあるし、分かりにくい内容になっていることをはじめに断っておきたい。

（i）「指示」と意味

「指示」で言葉の意味を説明する考え方はソクラテス（Socrates）、プラトン（Platon）の時代にまで遡るものである。ドゥルーズは『意味の論理学』の第一セリーで、これは哲学史上の重要問題で、『クラテュロス』における議論にみることができると言う。クラテュロス（Cratylus）、ヘルモゲネス（Hermogenes）、そしてソクラテスの三人の間で交わされた議論である。事物の名前とそれが事物を指示するものは始めから決まっているのか、それとも取り決めによって決まるのか、どちらなのかという問題である。これは、言葉の意味を考えた時には避けて通れない問題で、ドゥルーズが意味をどのように論じているのかを確認できるところである。ドゥルーズは言葉の本質は絶えず変わっていき、固定した形で与えられているものではないと考えるが、その発想の原点は『クラテュロス』（プラトン411）の中のヘルモゲネスの発言にある。

『クラテュロス』にある議論というのは、クラテュロスは一つの名前は一つの事物にしっかりと対応していて、名前によってその本質が表現されている。そして、事物につけられた名前はあらかじめ決まっていると主張する。これに対して、ヘルモゲネスは事物の名前は最初から決められているわけではなくて、人間が取り決めによって決めたものだと言う。前者の考えは「自然説」、後者は「慣習説」とも言われる（ハリス＆テイラー 1989）。この二人の論争にソクラテスも加わるが、三人の議論では、ヘルモゲネスが主張するような事物を指示する名前は習慣と慣用によって決まるという説に対して、ソクラテスは個人の意思で名前が与えられるものではないと反論する。そして、ソクラテスは個人の数だけ私製の言語があるとなると思想の伝達は不可能になり、言語の社会的機能は失われるし、言明の真偽判断もできなくなる大問題が生じると主張する（水地宗明『クラテュロス』解説 p.414）。ソクラテス、クラテュロスは名前は存在するものに固定的に対応しているという「言語実在説」であるが、「自然説」対「慣習説」の論争はその後の言語の起源をめぐる長い論争の出発になっている。

「指示」されているものは言葉の意味と同一であるとする考えは、その後の言語研究でも引き継がれてきた。さすがにその後の近代哲学では言語と事物とを直接的な関係とみるような単純な発想から脱して、外的対象と照応性を持った観念とつながる形で言語記号を考えるようになる。ここから意味は事物を指示するものと同一視することに対する疑義が生じてくる。フェルディナン・ド・ソシュール（Ferdinand de Saussure）の『一般言語学講義』（1910）の第Ⅱ部第三章「言語を構成する具体的な実体は何か」の中にある例からこのことが分かる。列車がコルナバンから毎日5時25分に発車する。我々はその列車を同じであるとみなしている。あるいは戦争について語る時、一五回、二十回と「戦争」という語を繰り返し、それを同じものとみなすことがある。だが、そこには同一なものはなく、ただ概念的に同一であるだけだとソシュールは言う（『一般言語学講義』邦訳 p.104）。たしかにそうなのである。駅のホームにいて発車を待っている電車は次の日の同じ時刻にみた電車を5時25分発の電車と呼び、同じ意味をこの対象を指示するものとして使っている。だが、電車も乗務員も違っている可能性があり、まったく同じとは言えない。固有名として意味が対象を指示し、同一であるとしても、対象は同じではない。ドゥルーズが言うように、意味は「指示」によって充足されないのである。

（ii）「表出」と意味

言葉の意味を「表出」と同一とする考えは言語の「自然説」と「慣習説」のうち、後者の立場である。「表出」は意味の生成可能性を示すものということで、後者の立場である。ドゥルーズも意味の生成という視点から、意味＝「表出」に近い立場を取っている。だが、「表出」だけで意味を説明することはできないというのが彼の主張でもある。

意味は表出されたものであるとするのはバートランド・ラッセル（Bertrand Russell）である。彼は、意味は文として話者が表出することにあるとする「記述理論」を言う。「フランス王は禿である」とか「ペガサスには羽がある」という文章は、フランス王もペガサスも実際には存在しないので、対象を指示する文としてはあり得ない偽の文である。

だが、文章の意味の真偽はともかくとして意味は存在する。意味は指示される対象が存在しなくても、表出されることで成立するというのがこの理論の骨子である（中川 2002; 服部 2003）。この考えを具体的に表したものがルイス・キャロル（Lewis Carroll）の『鏡の国のアリス』（1871）のハンプティ・ダンプティの発言である。ドゥルーズは『意味の論理学』で、このハンプティ・ダンプティの主張は意味とは表出であるとする考えを誇張を込めて表したものであると言う。ハンプティ・ダンプティはアリスに向かって「不誕生日」という言葉や「名誉とはこてんぱんに言いまかすことだ」といったように、言葉に自分勝手に意味を当ててしまっている。アリスは「そんなふうにことばにやたらにいろんな意味をもたせていいの？」と訝るが、彼はお構いなしに人をばかにした口調で言い放つのである。「ぼくがことばを使うときは、だよ、そのことばは、ぴったりぼくのいいたかったことを意味することになるんだよ。それ以上でもそれ以下でもない」と。続けてこうも言う。「問題はだね。どっちが主導権をにぎるかってこと——それだけさ」（邦訳 p.112）。

ハンプティ・ダンプティのこの意味の専制君主的な振る舞いに対して、作者自身のルイス・キャロル、ドゥルーズ、そして我々読者の代表者でもあるアリスは狼狽し、かつ反発をする。どこかおかしいと。だからドゥルーズは世界の概念体系を背景にした意義＝語義をまるで無視してしまうような「暴走」はできないことだと諫めるのである。意味を「表出」することだけで論じるには無理がある。これがドゥルーズの二つ目の考えである。

(iii)「意義（語義）」と意味

ドゥルーズは意味生成の可能性を否定しているのではない。ハンプティ・ダンプティが「ジャバウォッキ」の詩で多発させた造語や、同じルイス・キャロルの『スナーク狩り』（1876）に出てくる謎の動物「スナーク」やこの別名である「ブージャム」といった言葉は、固定的な意義（語義）に支配されないで言葉に自由な意味を与えている格好の例である。「ジャバウォッキ」の詩に出てくる「しなねば」は「しなやかでねばっこい」という二つの言葉を一つにしたものであり、「ほさめずる」も「吠える」と「さえずる」の中間の音のことである。このように、一つの言葉に二つの意味を旅行鞄のように詰め込んでしまっていることから「カバン語」と称していた。

『スナーク狩り』の「スナーク」はまさに隠語のようなもので、そこに独特な意味を与えてしまった「秘教語」である。ルイス・キャロルの作品にはこの種の言葉がたくさん出てくるが、個人あるいは限られた集団の中で生まれ、使われ始めることはしばしばみられることである。ソシュールが意義（語義）の意味体系から抜け出たものとしてパロールを位置づけようとしたことと通じるものである。

「語の語義」は決して固定されたものではないという事実から、ドゥルーズが「語の語義」で意味を説明してしまうことはできないという彼の三番目の主張が出てくる。彼は意味を固定化してしまう「語の語義」でもって言葉の意味が決定されたり、その生成のはじまりを語義に求めることには満足しなかった。生成の過程で起きていることが不問にされてしまうからである。時には、「スナーク」を探すことが無謀であるのと同じで、ルートウィヒ・ウィトゲンシュタイン（Ludwig Wittgenstein）が言うように「意味」を探すことは無謀なことだとなるのかもしれないが、ドゥルーズはやはり意味の生成の問題にこだわった。それでは、ドゥルーズは、言葉の意味はどのように生成されてくると考えたのだろうか。

2　ドゥルーズ――意味の生成論

ドゥルーズは、人間の意味世界は物質世界とは違って、外的対象とは直接結びつくことがない内的な世界であると考えた。それはいわば物質対象がリアルの世界であるとするならば、ヴァーチャルな世界である。それらは「表象」や「表現」という形で存在する。だが、この意味の生成の過程には、人間が現実の世界の中で、物質対象と直接関わったり、経験したことで作られる「出来事」がある。ドゥルーズは「出来事」から意味を抽象化していくことで意味世界が生成されていくと考えた。

(1) 意味の単位としての「出来事」

言語的記号はソシュールが言うように、シニフィアン（能記：記号表現）とシニフィエ（所記：記号内容）が表裏一体の関係になっており、どちらを欠いても記号としての意味を成さない。「リンゴ」という言葉は、実際の果物のリンゴという概念的意味を指している。だから、前の節でみたように、言語記号の意味を指示と表出、そして意義（意味作用、あるいは語義）という機能と性質で説明してしまうことがあった。もう一度確認するが、指示は語が特定の事物や状態を特定化し、表出は対象や事物に対する感情や欲望、信念を表すものである。「語義」と意味作用はソシュール言語学ではラングに相当し、一つの言語体系の中の言語規則である。「リンゴ」の意味は言語的な規則として決められたラングにもとづいていることになる。だが、「どうしてリンゴのことをリンゴと言うのか?」と問われたり、自問をしてみると、ラングでは説明ができなくなってしまう。「リンゴ」には「語義」という言語的な規則とは別次元の個人的な意味が含まれており、それが言葉の意味の内実を作っているからである。ソシュールはこれをパロールと言い、ラングと区別をした。だが、ソシュールはもっぱらラングの世界を中心に言語を論じ、ラングの優位性を説いた。もっとも彼はパロールについても研究は行ってはいたが、彼の言語論の中にそれを位置づけて体系化するには至らなかった。

ドゥルーズは、意味は「語義」と意味作用とは別次元のものであること、だから意味そのものがどのような形で生成されてくるのかを問わなければならないとした。これが『意味の論理学』の第三セリー「命題」で意味を問うた出発点であり、「意味生成論」の論議である。はじめに彼の主張の骨子を確認しておこう。「意味は何ら命題の属性ではなく、事物や事物の状態の属性である。事物の属性とは、動詞であって、……この動詞によって表現される出来事である」(邦訳文庫版(上)p.50; 宇波版 p.29)。これが、「意味は出来事である」として、「出来事」としての意味をみていくことによって意味の生成過程を明らかにすることができるという考えである。これはストア派の考えによるもので、ストア派は命題を非物体的な生成の出来事としてとらえている。例えば木が緑であるとするのではなく、木が緑になっていく(緑化する)こととして論じているように、変化を伴った「出来事」が意味の内実を成している。ドゥルーズが命題や対象を「出来事」としてみる視点、出来事という非物質的なもの、つまり意味としていく発想の原点である。もちろん、この「意味としての出来事」は事物そのもののことではなく、あくまでも動きと変化のことである。だからドゥルーズは「出来事」を、動きのない時間と空間を作り出していくようなものとしてとらえてはならないと注意を喚起する（邦訳文庫版（上）p.51；宇波版pp.29－30）。人間にとっての「出来事」は何かが生まれ、作られ、変化していくことであり、この作られていくこと、変化していくことそのものは物質ではない。そこにあるのは意味である。このように「出来事」は「何かになっていくこと」であり、そこに意味が生まれるとしたならば、それは時間という変化も同時に伴っている。その変わり続けているものを一時的ながら時間を超えて表現したものが意味というものである。ドゥルーズの「出来事」についての考えは前の章の第4章で既にみてきた。

（2）準－原因と特異性

「出来事」が意味として立ち現れてくることと、物質である事物の発生が原因－結果という因果関係の中で起きていることとは性質を異にしている。前者の場合は、何が結果の原因なのか、原因から結果を予測できるような原因と結果の間の一義的な関係を見出すことは難しい。現実の「出来事」には偶然に何かが起こったり、それが結果を生んでいる可能性がある。これがドゥルーズの「準－原因」の考えである。外部にある物体が原因としてあって、それによって結果が生まれてくるという世界とは別であるという意味で「準－原因」である。「準－原因」は、「出来事」を具体化しているものである。だから「準－原因」は「何か」が「何か」になっていくという偶然を伴った過程の中で起きている「出来事」の特徴でもある。ドゥルーズは「準－原因」は、「出来事」という非－物質的なものを取り込み、これらの「出来事」どうしの働きかけ合いが「出来事」を作る原因になっていると言う（第二十セリー、邦訳文庫版（上）p.251; 宇波版 p.181）。

「出来事」の世界では、原因よりも結果として起きたことが中心である。瞬間として何かが立ち上がったこと、その結果を受け入れざるを得ないからである。「出来事」は、予測（予言）をしない。ドゥルーズは『差異と反復』でも、偶然の中で本質的なことが起き、生まれてくることを強調する。彼はしばしばこれを「骰子《とうし》一擲《いってき》」という言葉で表現した。「サイコロ」が振られたことですべてが始まる。この「サイコロ」の目に具体的な世界が表れており、この偶然がコトを決している。ここに表れているのが「特異性（singularite, singularity）」であり、変化が起きてくる「特異点」である。瞬間で起きているこの「特異性」は具体的なリアリティを持ったものであり、同時にそれは意味を表してもいる。だから、個体だけには還元されない前個体的なものでもある。いわば具体的なものでありながら、そこに理念的な意味が込められている。

ドゥルーズは第二十一セリーの「出来事について」で、俳優の例を使いながら「特異性」について述べている。俳優が演ずるのは「出来事」の構成要素によって作られるテーマであり、意味である。そこで表されているものは特定の個人と人物ではなく、具体的でありながらもそこに普遍的な意味を込めた「特異性」である。ドゥルーズは次のように指摘する。「俳優は、非人称的・前個体的な役割を演じることが出来るようにするために、瞬間のなかに彼の個性のすべてを投入する。そのために彼は、つねに他のさまざまな役を演ずる立場にある」（邦訳文庫版（上）p.262：宇波版 p.190）。俳優は瞬間的現在の演技によって自己を表現しながらも、それは単なる個人の演技という個別具体を超えて広い意味を表現しており、それが可能であるからこそ他の演技に入っていくことができる。演劇は個人の表現行為でありながら、そこで表現しているのは個人を超えた世界である。

このように、ドゥルーズは「特異性」が「出来事」の性質を表したものであり、そこには具体的な表現形態を保持しながらも個別具体を超えた理念的なもの、意味を持ったものがあると言う。「出来事」は概念とは違う「特異性」なのである。「特異性」については、前の第3章でも、子どもの遊びを例にしながら述べておいた。

彼が『意味の論理学』で「特異性」について述べていることをもう少し詳しくみてみよう。第八セリー「構造」、第九セリー「問題性」、そして第十五セリー「特異性」である。彼の言う「特異性」とは、「出来事」という意味を構成する「集まり」で、いわば具体的な「出来事」に含まれている意味を担っているものである。第一に、「特異性」は事物について、事物そのものについてではなく、その「状態」を特徴づけているものである。あるいは心理的状態やその人間の道徳的人格を特徴づけるものでもある。もちろん、心理的状態や道徳的なものと言っても、これらは決して個人レベルの人格性でなく、また命題の形で指示されるような事物の状態のような一般性でない。だから彼は、「特異性は本質的に前‐個体的であって、人格的ではなく、非‐概念的である」(邦訳文庫版(上)**p.104;** 宇波版 **p.69**)と言う。「特異性」は固定されているものではなく、変化をしていく。各「特異性」はまとまった集合となって「出来事」を作っているが、「特異性」どうしが関係を組み変え、再配分をしてもいる。

第二に、「特異性」は意味作用として働いている指示、表出、そして意義とは別次元のものである。

むしろ、「特異性」は「意味するもの」と「意味されるもの」の二つの側面を同時に含んだものである。ドゥルーズは第八セリー「構造」で、「特異性」は「シニフィアン（意味するもの）」と「シニフィエ（意味されるもの）」という言葉の意味の二つを関係づけていると言う。言葉の意味は「シニフィアン」と「シニフィエ」という二つのセリーで互いに意味の贈与をし合い、「互いを相互に連結させ、相互に反射させ、交流させて共存させている」（邦訳文庫版（上）pp.102 – 103; 宇波版 p.68）。それが可能になっているのは「特異性」という機能が持っている構造があるからである。ここからは意味の世界にある「深層」と「表層」の議論へとつながっていく。

（3）「出来事」は意味を伴っている

「出来事」と意味の関係について、ドゥルーズと似た発想を取っていた人物がいたことを取り上げてみたい。イギリスの哲学者・オズワルド・ウォーコップ（Oswald Stewart Wauchope）である。ここで、みるのはウォーコップの哲学の中でも、日常の出来事から意味が立ち上がり、出来事こそが意味の原初的形態としてあると論じた部分である。ここからは、意味の生成を論じていく時にどうして出来事が重要になるのか、その理論的意味を確認することができる。

一見すると目の前で展開されていること、あるいは自らの活動によって生まれてくる出来事は、時間的な流れや、前後の関係という空間的な関係とみえる。だが、実際には出来事として生まれているものは、目の前で時間と共に順次消えていくものである。そこに過去としてあったこと、そして今現在で起きていることを我々が時間的、空間的な連続としてあるものと想定しているにすぎない。だから、今という現在的な出来事はまさに瞬間という時間や偶然的なもので、そこには因果関係などはないし、空間的な位置に固定的にはめ込まれているものでもないことになる。このように「出来事」を定義したのがウォーコップだった。彼の唯一の著書『ものの考え方』（1948）では、以下のように述べている。「出来事をば、単に時間においてのみ在り、もしくは空間においてのみ在るとして語ることが窮極においては無意味であるとはいえ、現在的出来事をば、時間・空間において同時に在るものとしてすら語ることもまた無意味なのである」（邦訳 p.151）。ウォーコップは純粋の時間、純粋の空間というものは考えることなどできないと言うのである。それは結局、「出来事」という形で我々がそれを感じている形でしか存在しないということである。そういう意味で、「純粋なもの」はないということである。

それでは、彼はどうしてこのように考えたのだろうか。ここが重要なところである。彼はこの本の第七章「感覚」で、我々の知覚というものが持っている本性について語っている。彼は、物を知覚するということは、我々がその物が何であるかを知ることであるという。このこと自体は、知覚の本質を述べたものとして特別、不自然な物言いではない。だが、この後からウォーコップ独自の主張が展開されてくる。物質は「出来事」だとする考えである。彼の発言である。「すでにわれわれは、物質という言葉が普通に使用されている意味では、物質というような物はない。在るものはただ出来事である、ということを知った。同様に光というようなそんな物はない、在るものは、視る・出来事である」（邦訳 p.164）。要するに、彼は物質といった客観的な物などはないと言うのである。それで、我々が何を見ているのかというと、それは物質をモノとして、彼の表現では出来事として見ているというのである。しかもそれは先に確認したように、時間的、空間的に安定した形で存在などしているものではないのである。このように、我々が見ているものは、我々にとって意味を持っているもの、認識の対象としているモノであり、それは出来事にほかならないということである。彼がここで言う「出来事」を、五十嵐沙千子（2015）は幾分、分かりやすい例で説明している。「『出来事』とは『われわれが見ている〈もの〉』のすべて、例えばわれわれが今現に『見て』いるこの『椅子』、この『教室』、そのすべてが出来事だということになる。なぜなら『物質というようなものはない、あるのはただ出来事』なのであるから。だとすれば『椅子』とは『椅子』という出来事なのである。そこには『椅子』があるのではない、『椅子』という出来事があるのであり、われわれがそこに見ているのは『椅子』という出来事に他ならない」（p.4）。

ウォーコップのユニークな発想を広めてくれた研究者に、精神医学の安永浩がいる。彼は『精神の幾何学』（1987）で、精神の病理的現象を世界についての「パターン」としてとらえる営み、そのとらえ方に統合失調症の人の特異性があると説明するのである。この「パターン」を、まさにウォーコップの言う出来事として、さらには意味としてとらえるということで、安永はこれを「ファントム空間」と称している。こういった発想の根底には、ウォーコップの考えがある。だから、安永は『精神の幾何学』でも、「純粋の時間、純粋の空間、というものは考え得ない。あるのは『パターン』としての時・空である」（p.107）と言うのである。

ここまで確認をしてきて、なぜ、我々が出来事というものに注目し、出来事はそれ自体、意味として立ち表れているとしたのかを確認できる。しかも、この「出来事」は単に外部に存在するものだけでない。「椅子」が「出来事」としての意味を表している時には、この「椅子」と関わっている、我々当事者の活動がある。行為的関わりである。あるいは対象と身体的な関わりの中で出来事は生まれている。身体行為から創り出される出来事、それは自己にとっての意味生成でもある。人間は出来事についてそれを意味として再解釈し、意味としてその出来事と行為を把握する。そこに自己の意味世界の生成があり、それはまさしく自己としての世界である。時にはそれは身体的自己とも不可分なものでもある。このことを深く追究し、一つの理論的枠組みとして「世界内存在としての身体」というメッセージを提示したのがメルロ＝ポンティであり、彼の『知覚の現象学』であった。

3　ヴィゴツキーの言葉の意味の生成論と残された問題

ヴィゴツキーはドゥルーズとは違った視点で言葉の意味の生成を問題にした。彼は『思考と言語』の第五章「概念発達の実験的研究」で、子どもが対象的事実を意味づけていくことをそこで使用している概念変化から論じている。彼は、子ども自身が外的対象と世界を表現していくための概念＝意味世界を独自の方法で作り出していく発達的変化を、詳細に追跡している。そこでは、外からあてがわれた概念や意味の体系ではなく、子どもの独自の生成活動として論じている。彼はあくまでも生成の問題を発達という視点からみている。子どもは大人が使用しているような完成された概念の使用に至るまでには、自分自身の力で世界の事象をまとめようとする。そこでは不完全な概念ではあるが、自分なりに関連づけていく「コレクション的複合」や、「連鎖的複合」などを経て、概念作用に近い

「擬概念」へと進んでいく。そして最終的には正しい概念作用へたどり着くが、要は子どもが主体的に概念作用を展開しているということである。もちろん、ここでは、発達を論ずる枠組みとして、発達のゴールである大人の意味世界や概念体系が想定されているのは間違いない。実際、ヴィゴツキーはこの章で、子どもは紆余曲折を経ながら、最終的に大人の概念的思考の世界へと向かって行くと言う。

他方、ドゥルーズの場合は安定した意味の社会的体系である「語義」に枠づけされない独自の意味の世界とその生成の可能性、その条件を論じている。あるいは、言語記号の「上澄み」の下にある言語以前の身体的、感覚的経験を位置づけていくことで言語的意味の発生過程にある多重な関係や構造を想定する。そこに意味の生成を複雑かつ、複眼的な視点からみていくことの必要性が論じられている。ここが重要なところである。ヴィゴツキーとドゥルーズを比べた時に、ヴィゴツキーには身体運動や情動的体験を言葉の意味生成に位置づけていく発想が不足していた。もちろん、ヴィゴツキーの中に言葉の意味の発生に非言語的な身体活動などがまったくなかったわけではない。

ヴィゴツキーは『思考と言語』では、主に言語的思考を中心に論じているために、言語の背後にある非言語的活動である身体や情動の問題について詳しい説明をしてはいない。だが、『思考と言語』より少し前に書いた『文化的・歴史的精神発達の理論』の第五章「高次精神機能の発生」では、非言語的な記号の機能である「指さし」の発生とその機能的意味の獲得を論じている。ヴィゴツキーが「指さし」の機能を子どもが獲得していくことを説明したのは、既に前の第2章でもふれておいた。子どもが物を取ろうとして手を伸ばすという身体的活動に、母親が子どもの欲しいものを確認するために対象に向かって指を指し示す動作をみせる。この母親の「指さし」や「指示身振り」を通して子どもはこの身体動作の働きの意味を知っていくのである。「指さし」の機能的意味は、母親との関係という社会的なものの中で発生するというのがヴィゴツキーの説明であった（邦訳 p.180）。ここでは、別な観点からこのことを考えてみると、子どもが主体的に対象に手を伸ばすという活動や前にある対象が欲しいという欲求がなければ、「指示身振り」の意味の発生は起きないということでもある。そこには言語へと向かっていくようになる「指さし」の発生の背後には主体の身体的活動と情動があり、これを社会的意味へと変換させていく大人の存在と関わりがある。そこには主体の活動とそれを社会的なものの中で発生していくという二つの側面がある。実は、ヴィゴツキーはこのように社会的な発生のためには主体の側の能動的な関わりという条件が必要であることを指摘していた。ここには、言葉の意味の獲得の前には親と子どもの間の行為や体験の共有・感動の共有があり、これが意味の共有へと向かうものを創っていくということである。ヴィゴツキーの研究からは、ここまでのことは明らかになっている。だが、ヴィゴツキーは、行為の共有からどうして言葉の指示的意味を知っていくのかということを説明していない。残されてしまった課題である。

ヴィゴツキーの死後、ずいぶん後になって、言語学者のウィラード・クワイン（Willard Quine）が『ことばと対象』（1960）で、人ははたして言語の指示的意味を理解することができるのか否かという問いを出している。例えば、現地の人が使っている言語を理解できない探検家がいたとして、一匹のウサギが草むらから飛び出してきて、現地の人が「ギャヴァガイ（gavagai）」と叫んだ時、探検家はこの言葉が何を指しているのか分かるのかということである。実際、この言葉がウサギという固有名詞のことなのか、白いことを言っているのか、あるいは四つ足で動く動物のことを指しているのかは決められないのである。だからドゥルーズが問題にしたように、意味は指示では説明できないことがここでも当てはまる。クワインが出したこの「ギャヴァガイ」問題は、実は母子の間で言葉の指示的意味は伝達、共有可能なのかという問題も含んでいる。母親と幼児の会話の場面に置き換えて考えてみよう。母親がケージの中にいるウサギに対して「これはウサギよ」と子どもに言ったとする。これを聞いた子どもは「ウサギ」という言葉は何を指しているのかを、そのままでは分からないのである。たまた人参を食べる動物のことなのか、どれなのかはそのままでは確定できない。子どもはそこで語の意味としてあり得そうなものを推論し、経験を通してこの言葉が指している対象の可能性を絞っていくのである。

「ギャヴァガイ」問題に一つの説得的な答えを出しているのが、マイケル・トマセロ（Michael Tomasello）である。彼は、『コミュニケーションの起源を探る』（2008）の中で、クワインの出した問題を形を変えながら次のように説明している。言葉が通じない所を訪問した人に現地人が何かを指して「ギャヴァガイ」と言ったとする。この時、現地人が川に魚を捕りに行く時にバケツと竿を使っており、このことを訪問者も知っていた。魚を捕るために現地人が竿を持って外に出て、現地人が訪問者を川に誘い「ギャヴァガイ」と言った時は「バケツ」のことを言った可能性があるということである。さらに小川に着くと「ギャヴァガイ」と言って物を持ってきて欲しいと意思表示をした時に、やはり「ギャヴァガイ」は「バケツ」のことだと確認できるようになる。この例でトマセロが言おうとしていることは、ヒトは話し手が何をしようとしているか、その目標と意図を理解することで、そこで発している言葉の意味を理解することが可能になるということである。そのためには、相手と一緒の活動と経験を共有して、状況の意味を了解していくことが必要である。ヒトは「他者の意図を理解する能力」や経験や活動を共有する「共有志向性」を持っており、大人も、そして子どもの場合も、行為の意図を推測していくことで言葉によって表現している意味を理解していけるということである。

このように、言語的指示が何を意味しているのかを確定するためには行為の共有や状況、体験の共有という、言語以前にあるものが前提になっている。言語の指示的意味を言語という範疇の中で行われているものを超えて考えなければならず、そこでは改めて行為から言語的意味が生じてくることを問わなければならない。ヴィゴツキーはこの問題を十分に解くことはできなかった。ここにトマセロの議論の重要性がある。

4　具体と抽象のはざまで生きる人間

(1) ヴィゴツキーの具体・抽象論

ヴィゴツキーは『思考と言語』で、言語的意味の生成を問題にしたが、彼の中心的な課題は、人間が世界を言語といういわば抽象的な枠組みでもって理解していく様相を明らかにすることであった。それでは、ヴィゴツキーは人間の抽象作用だけをもっぱら議論していたのかというとそうではない。彼は実は、抽象的思考活動の背後に人間の活動として具体的なものとの関わりや経験があることにも意を注いでいた。

ヴィゴツキーが人間精神の中にある具体性に注目していたことをみていこう。彼が草稿メモとして書いた「人間の具体心理学」がある。草稿メモとして書かれているので、内容が正確に把握できない部分もあるが、彼が人間の精神を個別具体的なものとしてみていこうとする視点が表れている。彼は人間が現実の社会生活の中で体験し、感じたこと、あるいは活動したことを「ドラマ」と称した。それは個人の人格の内面世界そのものである。この論文で彼はいくつかの問題提起をしているが、彼の取った人間発達や学習についての基本的な立場は、自己の経験内容や学習によって得られたことを言葉によってその意味を再構成していくことである。このことによって学習したことを内的世界に定着させていく。だから、彼は人間の学習を行動主義心理学でいうような運動的習熟と同じようなものにしてはいけないとする。言語があるから学習の本質を自分なりに理解し、意味レベルでとらえることが可能になるというわけである。彼は『思考と言語』の第五章「概念発達の実験的研究」で、子どもが対象的事実をどのように意味づけていくかということを、そこで使用されている概念変化と関連づけている。外的対象を子どもがどのように意味づけていくかということである。子ども自身が外的対象と世界を表現していくための概念=意味世界を独自の方法で作り出していくこと、つまり外からあてがわれた概念や意味の体系ではなく、子どもの独自の生成活動として論じたのである。

行動主義心理学では言語の発生を説明していくことができないことを「指示身振り」を例にして考えてみよう。前の節でも取り上げた言語哲学者のクワインは、『ことばと対象』で「指示対象の発生学」を論じている。彼はここで子どもが言語対象に対してどのように意味付与をしていくか、その発生を問題にしている。クワインはここでは行動主義の立場から言語を論じており、子どもの対象と記号との間の関係はオペラント学習の原理の条件づけによって作られるという。例えば、目の前にいる母親を「ママ」と言い、「赤い紙」を目にして「赤」と言った時、そこにいた親は「ママだよ」、「赤い色だ」と言ったり、子どもが同じように言ったことに対して「そうだね」と反応し、承認の報酬、つまり強化を与えていく。ここで作られた「赤いもの」－「赤」という言葉は、当然のことながら類似的な把握へと発展する。オペラント学習で言うところの「汎化」の原理である。対象が文章の場合も同じである。「これはウサギだ」という文を「ウサギ」を前にして言われた時には肯定的な刺激意味を受け取るし、別な動物に対しては「ウサギ」は否定的な刺激意味となる。さらにこれが名詞から代名詞、数量などの記号といったさまざまな言語の指示機能の場合にも当てはめることが可能であって、こういう形で対象と言葉の意味の対応を学んでいくというのである。これがクワインの言う「指示対象」の「意味」を形成していく原理である。だが、ここでやっかいなことが起きる。それは、実際の対象に関する文、これをクワインは「場面文」と言っているが、これに対して実際に実物がないもの、つまり指示対象がなくて言語を別の言語に言い直すといった場合に起きる典型的な事態の「根底的翻訳」では、意味と指示対象はまったく結びつくことはなく、不確定なものになってしまう。

ヴィゴツキーはクワインのような行動主義の立場を取らないで、子どもが対象に対して「自分が欲しいもの」、あるいは「自分が知っているもの」、さらには「前に自分が見たものと同じもの」といった認識作用、つまりは指示対象として認識することが絶対に必要なことだとする。それは条件づけでは説明できない。

クワインは意味発生の原初には対象に向けられる指示作用があることを明らかにしたが、指示対象は具体的な事象や事物だけでなく、人間は実在しないものをも意味として示してしまう。だから、クワインも指示作用では扱えないものがあること、記号で扱える世界の不確定性を言わざるを得なかった（伊藤 1986）。あるいは、ここから言えることは、言葉の意味として表しているものは、この言葉を意味として使用している人間の現実の状況や状況を共有している者の間ではじめて確定していくことができるということである。これが満たされた時、この限界を超えて人間は意味の世界を広げていく。このことをトマセロも指摘していたことは、既に前のところで述べたとおりである。

ヴィゴツキーと同僚で、彼の言語発達の研究から大きな示唆を受けたルリヤが行った双生児を使った研究をみてみよう（『言語と精神発達』1956）。ルリヤは言語発達に遅れがある一卵性双生児Gと構音障害になっていた。そこでルリヤは双生児二人を別々の正常な言葉を使う集団に3か月の間置くという実験的研究を行い、言語能力の変化をみている。ここで明らかになったことは、他の子どもたちと言語的コミュニケーションを取っていくこと、そのためには他児にも理解可能な形で適切な言葉を使用することを促すことになったことである。ここからは、言語獲得やその使用の問題は、オペラント学習などではまったく説明できるものではなく、子どもたちが正しい言語使用を意識的に考えていくこと、その状況に置かれることでいわば主体の側が変化するということが分かる。そして子どもの言語の改善は彼らの心理生活の全体を変え、仲間との遊びにも大きな改善をもたらしたのである。発達主体の意識変化が言語発達に大きな影響を与えていたことを、この研究で改めて確認でき

（ユーラとリョーシャ）は彼らの間でしか使えない独特な言語を持ってしまい、かなり遅れた言語発達

る。ルリヤはこの本の英語版（1959）の序でも、「この本について自分の気持ちを述べることを許してくれるなら、この本に書かれている人達に対していくつも感じている温かい気持ちを述べておきたい」と言い、また、「この研究から受けた数年間の経験は実に鮮やかなものであった」とも述べている（pp.5-6）。ルリヤ、そしてヴィゴツキーの研究の姿勢は、いつも具体的な問題や事象に真剣に向き合い、そこで起きている問題の本質として理論を作り出していこうとするものであった。

ヴィゴツキー、そしてルリヤは、人間精神の中にある「具体性」に注目していた。ヴィゴツキーは「人間の具体心理学」で、人間は現実の社会では予想しないような出来事に遭遇したり、あるいはその中で心理的な葛藤に悩むこともある。それを彼は内面世界で起きている「ドラマ」であり、そこでは複数の心理システムの衝突が起きていると言う。人間心理の諸機能間では、恒常的で固定されたヒエラルキーなど存在しないのである。このことを前提にして「心理学の人間化」を目指さなければならないと彼は言う。

ヴィゴツキーが人間精神を語る場合に、具体性のレベルで議論すべきだとした姿勢は、最初期の研究である『芸術心理学』にも表れている。この著書は１９２５年に書かれたが、実際に刊行されたのは彼の死後１９６８年である。『芸術心理学』では、当時のロシアで主流であった文芸運動のロシア・フォルマリズムを批判的に論じているが、もう一つ重要なことは、「ハムレット」という具体的な作品を題材にしながらこの作品の中で展開しているのは、読者の中に生じる情動的反応である。まさに文学作品を通して人間心理の具体的世界のあり様を展開したものであり、このアイデアは彼がその前に書いた『デンマークの王子ハムレットについての悲劇』（1916）にはっきりと描かれている。このことについては、本書の第8章でみていく。

『芸術心理学』を「人間の具体心理学」としてみていく時、注目しなければならないのは演劇における俳優の問題である。俳優の演劇表現は俳優個人の内的感情の表現なのか、個人の内的なものではなくあくまでも演技なのか、二つの可能性を持っているが、彼はここで、結局は単なる演技として俳優の演劇表現を論じることはできないことを示唆している。彼は俳優の演劇の問題を、最晩年でも再び問題にしている。これが「俳優の創造の心理学的問題について」(1932) の論文である。この論文では、演劇表現として表れているものには俳優個人の内的感情や個人的生活の経験が当然のこととして含まれているが、同時に、それが優れた演劇表現を可能にするためには、これらに感情を精製していく表現技法が加わることが必要になっているとも指摘する。ヴィゴツキーが晩年になって俳優の演劇表現を問題にしたのは、俳優の表現している世界はまさに現実の中で生活している人間の具体的な精神世界を明らかにできると考えたからである。だから、「人間の具体心理学」でも、俳優の演劇表現の問題についても言及している。彼は晩年になると人間の心理の具体性を考えるということは、個人の内的体験を具体的な表現行為を通して形にしていくことであると考えた。

ヴィゴツキーの「人間の具体心理学」と呼応しながら彼が後半期になって主張するようになったものに、本書でも取り上げている「心的体験 (ペレジヴァーニエ)」がある。「心的体験」は環境の経験を自分なりに意味づけ、また感情的な意味合いを込めて自分の体験としてまさに内在化させたものである (「児童学における環境の問題」)。そうなると、人間精神の営み、さらには思考と言葉の相互性によって展開される意識活動を個人の内的世界から支えているのが一人ひとりの人間の具体的な生活の中で作り出されている「心的体験」ということになる。

ヴィゴツキー自身は子どもの直観像に興味を持ち、研究をしていたことがある。ヴィゴツキーと直接会った日本人に森（山下）徳治がいる。森はドイツのエーリッヒ・イエンシュ（Erich Rudolf Jaensch）の下で直観像の研究を行っていたが、ヴィゴツキーはその時に森に子どもの直観的思考の実験的調査を頼んでいるのである。このあたりの事情は森の「ヴィゴツキーの想い出」（1962）に書かれている。ヴィゴツキーの『文化的・歴史的精神発達の理論』でも、第9章「ことばと思考の発達」の第四節「ことばの発達以前の思考」のところで、ことばと深く関わっている表象について実験的に検討したものとして直観像を持った子どもにふれている（邦訳 pp.306-309）。

（2）文化の中で生きる人たちにある「具体性」

ヴィゴツキーとルリヤは、彼らの研究初期から一貫して、人間精神の中にある「具体性」を問題にしていた。それがはっきり表れているのは、彼らの中央アジアのウズベキスタンの住民を対象にした認識能力の比較文化研究である。これはルリヤによって『認識の史的発達』（1974）としてまとめられている。この本が刊行されたのは１９７４年であるが、彼らがフィールド研究を始めたのはモスクワ大学の実験心理学研究所における最初の仕事として１９３０年前後からである。この研究は、辺境の地で生活している人たちの知性の改善が教育改革によってどこまで可能になっているかを明らかにしようとしたものであった。その後何度かにわたる調査が行われたが、彼らが明らかにしたことは、文明人からすると未開人として扱われていた人たちが持っている思考の「具体性」は、人間がその本質として持っているということであった。例えば、三角形や四角形の図形を見せて、それをどのように命名するかを尋ねると、彼らはそれらを範疇的なカテゴリー名で答えずに、「ウズベクのお守り」とか、「鏡」や「ドアー」といった自分たちの周りにある事物の名前で呼んでいる。あるいは、三段論法を使う推論課題でも、自分たちが見たり、経験したことだけを判断可能な基礎にしている。「綿は暑くて乾燥した所だけに育つ。イギリスは寒くて湿気が多い。そこでは綿は育つだろうか？」という問いには、彼らは「分からない。私はカシュガルにしか居たことがないからそれ以上のことは分からない」と答えるのである。このようなウズベキスタンの人たちの思考様式を無視して中央で作った教科書や教育を持ち込んでも、教育改革の実が上がることなどはなかった。ヴィゴツキーとルリヤがこの調査から得た教訓は、たとえ教育改革に手を着けたとしても、そこに住む人たちの文化とそこでの具体的な実践のあり様を尊重しながら進めなければならないということであった。

彼らは決して知的障害の人でも、子どもでもない。むしろ、人間の認識の本質部分を持っていた人たちであった。ヴィゴツキー、そしてルリヤの共通の問題意識は、共著である『人間行動の発達過程――猿・原始人・子ども』（1930）でも確認できる。ヴィゴツキーが類人猿と原始人の行動について、ルリヤは子どもの行動について書いているが、彼らは人間の心理的発達を歴史的な発達という視点を入れて考えていこうとするもので、系統的発達、歴史・文化的発達、そして個人の発達という個体発生の三つの異なった時間変数の中で論じていくことで、人間発達が変化していく様相を明らかにしようとしたものである。同時に、彼らは原始人にみられる表象活動はまさに人間の記号表現の原初形態として存在していることも示している。そこには人間心理の根源として「具体」のレベルで世界をとらえ、理解していく人間の姿が明らかになっている。ここを基礎にして、人間はさらに言語による抽象活動とその世界へと向かって行った。

欧米のヴィゴツキー研究の第一人者であるマイケル・コール（Michael Cole）はルリヤが存命中にモスクワ大学に留学し、ルリヤから直接、指導を受けた人物である。当然、彼はここでヴィゴツキー派の研究の重要性を認識することになるが、特に彼がルリヤから学んだことで後の自身の研究へとつながっていくのが、先の中央アジア・ウズベキスタンで行った研究である。ルリヤとヴィゴツキーから学んだのは、上からの教育の押しつけは失敗するということであり、人の営みの基礎にある彼らの社会・文化的基盤を無視しては何も彼らのことを理解できないということであった。そこでコールは、その土地に特有の文化はそこに住む人たちの日常の実践を支えており、この実践過程から人間心理と活動を解いていかなければならないとして「文化的実践理論」を提唱する。これが彼の『文化心理学』（1996）である。

ヴィゴツキー、ルリヤの影響を強く受けながら独自の心理学研究を展開したジェローム・ブルーナー（Jerome Bruner）も、実は、『意味の復権――フォークサイコロジーに向けて』（1990）で、人間の心理的活動の中心にあるのは外からのあてがいぶちの「規範的なもの（canonical）」ではなく、自己の主体的な経験を自分の言葉で語っていく「物語的なもの（narrative）」にあることを強調している。自分の言葉で出来事を語ることは、具体的なものを通してそこで感じた感情や想像という内的世界に入り、自分の心的世界を形にしていくことを可能とする。具体的なものには、感情や意味という人間心理の基本単位にあるものを与えることが可能になっている。ブルーナーが「物語る」という行為で言っていることは、ヴィゴツキーが「人間の具体心理学」で指摘していた人間のリアルな心的世界の存在や「心的体験」という具体的な心理的内容を自分の言葉で形にしていくことを述べたものである。その後、ブルーナーはいくつかの著書で、この「物語ること」という人間心理にある具体的なものを重視した考え方を述べている（『教育という文化』1996;『ストーリーの心理学』2002）。

(3) 人間精神にある深層と表層

ドゥルーズは、人間の精神には言語という幾分か抽象的な形で世界をとらえ、表現する世界と、言語以前の身体、感覚に属する具体の世界の二つがあると言う。この二つは相即的な関係になっており、具体が抽象を支え、また抽象作用があるから具体を意味づけることを可能にしている。

現実の世界は事物や「出来事」が具体的な形となって表れ、複雑に錯綜した形で起きている。あるいは、我々の個人レベルでも自らの身体によって感覚としてとらえ、他者と衝突し、触発し合っている。そこでは複雑な形で展開されている。ドゥルーズは、人は物体との関わりを直接体験し、そこから身体感覚や感情を得ているとする。彼はこのような人間精神にある前言語的なものを「深層」あるいは「下層」と呼んでいる。そして、これに対して、言語の意味、命題の形としてあるものを「表層」あるいは「表面」とし、両者を区別している（この章では「表層」を用いる）。大事なことは「深層」が意味という「表層」を下支えしているということであり、また両者は二分されずに境界で重なり合っている。ドゥルーズがこの「深層」と「表層」の二つの層の境界で生じてくることを想定しているのが「声」である。

「声」はまさに、感情や身体的反応と呼応しながら発せられるもので「深層」のレベルから始まっているると同時に、そこから離れていくことで「声」は言語的意味を得ていく。「声」は二つの層の間を行き来し、二つの境界で活動をしている。言葉のいわば「表地」と「裏地」を成している。意味もこの境界にある。ドゥルーズは次のように言う。「意味は、命題の中に存続する表現されるものと物体の状態にやって来る出来事として、表面で二つの側に同時に配分される」（第十七セリー「論理学的な静的発生」、邦訳文庫版 p.223; 宇波版 p.159）。意味は個別・具体的な固有のもの、他のものには還元してしまうことができないものであり、同時に、それは命題の中で「出来事」という形で存在している。ドゥルーズが「声」という活動に注目したことは、言語の生成を考えた時に重要な意味を持っている。言語学で「声」に注目したのはバフチンたちであった。彼らは「声」は人格や意識が具体的な形になって表れており、日常生活における個人の言語活動の現実的最小単位となっているとする。しかも「声」は主体の個人的な活動でありながら、そこには社会・文化的意味を帯びたものとして存在している。日常生活の中では人は文脈や状況に合わせながら言葉を使用している。バフチンらが「言葉のジャンル」や、「社会的言語」と言っている社会階層や方言等の枠組みの中で具体的な発話や声という形で言語を展開している。

言語活動の最もリアルな単位として「声」に注目することは、言語の発生を議論していくための大事な作業である。ヴィゴツキーの言語発達論でも、たしかに言語を話し言葉とその役割から始めている。それはコミュニケーション活動という社会的活動が個人の言語使用の前駆的なものとしてあると考えたからである。だが、彼は、個人の言語活動の現実的な最小単位としての声や発話とその意味まで降りて議論することはなかった。だからヴィゴツキー派のジェームズ・ワーチ（James V. Wertsch）が『心の声』（1991）で注目したように、ヴィゴツキーの言語論を補完するものとしてバフチンたちの日常的な言語活動の論議が必要なのである。あるいはドゥルーズが指摘している言葉の意味を支えている「深層」あるいは「下層」の存在と役割についても、同じような位置づけができる。

ドゥルーズは第十六セリー「存在論的な静的発生」で、「深層」と「表層」の二つで起きていることを生物学者のヤーコプ・フォン・ユクスキュル（Jakob von Uexküll）の「環世界論」を援用しながら説明している。ちなみにユクスキュルは彼の著『動物の環境と内的世界』（1921）の第四章「機能環」で、あらゆる生物種は環境と機能的に関わっていくことで生存にとって意味と価値のある世界を構成していくとした。そこでドゥルーズは、この「環世界」を深層である「第一の複合体」とした。

ドゥルーズは意味が生成されていくのは「深層」と「表層」という密接不可分な関係にある二つの段階で行われているとし、「深層」における生成活動を「第一の複合体」、「表層」におけるものを「第二の複合体」と呼んでいる。「深層」＝「第一の複合体」では、世界と事物の状態について個人が関わり、記述していくことで意味の第一段階が形成される。このことをドゥルーズは『意味の論理学』の第十六セリー「存在論的な静的発生」で次のように説明をしている。「第一の複合体をなすのは、収束円の中で特異性を組織する環境世界（Umwelt）、そして、世界と、事物の状態と、個体の混在や集塊とを表現する個体、さらに、これらの状態を記述する分析的述語である」（邦訳文庫版（上）p.209；宇波版 p.148）。これが「表層」の言葉の意味を支えるものになっており、「深層」の「第一の複合体」の上に「表層」である「第二の複合体」が構成され、現れてくる。ここでは世界に共通するいわば常識と言えるような意味世界である「世界（Welt）」が作られている。「第二の複合体」をなすのは、複数の世界、あるいはすべての世界に共通する世界（Welt）、「何か共通のもの」を確定する人格、人格を確定する総合的述語、そこから派生するクラスと特性である。いわば主観的なものに色づけされた「第一の複合体」から「第二の複合体」によって形成される語の意味の世界である「世界（Welt）」に人は向き合うことになる。個人の経験を超えた「普遍的な意味」である。

ドゥルーズは「深層」と「表層」を区別しながら、同時に両者は互いに切り離されることなく相互嵌入が起きているとする。だから、「出来事」としてコトが進行していく過程では、現実的な「深層」部分と、「出来事」の意味的部分を担った「表層」とは縫い付けられ、連結されている。両者は別の顔を持ち、一方は事物の状態の方を向き、他方は命題の方を向いている。ものの違う側面を互いに担い、相互補完することが可能になっている。そもそも身体と言語、事物の状態と命題との間を結ぶ境界があって、そこで互いが結び合ってこそ言語と命題は組織されるのである。彼は、第二十四セリーの「出来事の交流」でも、同じように「深層」と「表層」の二つは「溶解」し、「結合」して、同じ意味、同じ潜在的意味を持つようになると言う。もちろん、ドゥルーズは両者を「同一のもの」とするような簡単な説明をしているわけではない。違う両者であるからこそ二つが存在するのである。「深層」は「表層」に上がってくると性質を変え、個人的な同一性とは別の非人称的で前個体的な特異性を創り出してくる。

ドゥルーズは『襞』でも、ゴットフリート・ライプニッツ（Gottfried Wilhelm Leibniz）のモナド論を使いながら人間の精神にある二つの階と、両者の間の不可分な関係を論じている。『襞』の第八章

「二つの階」では、人間精神の上位にある魂や精神は、実は下位に位置する具体的な身体・運動レベルによって支えられていると言う。上の階は理性の世界で、「窓」を持たない閉じた世界で、下の階の感覚的・身体運動的な行為から情報を受け取り、理解している。

ドゥルーズは、この上位にあるものと下位にあるものとは連節しながら一つの人間精神が形づくられており、両者の間の境界はないとする。上の階の「支配するモナド」は下の階の「支配されるモナド」へ、つまり身体や運動的なものを統制しながらも、下からの情報を得ることで理念や魂は形を成していく。つまり、「現働化」することが可能になっている。支配するもの（魂として原働化された世界）と支配されるもの（身体として実在化されたもの）とは互いに折り畳まれている。「間－襞」「二襞」の状態である。モナドの下の階にある物質と運動、身体レベルのものが「イデア＝意識」を形成する一つの要因になっている。

この種の話は、ともすると抽象論議のように聞こえてしまうかもしれない。このことを具体的な場面で考えると、子どもの遊びの世界でも「深層」と「表層」の二つの世界の往還はいつも起きている。子どもが遊びの中で実際にモノと関わり、それらを使いながら遊びの世界を作っている。そこではモノに直接触れ、これらの素材を使って活動していくことで、そこに機能的意味を感じ、遊び仲間どうしで意味を共有していく。身体的活動を伴った物体的なものを基礎にした「第一の複合体」レベルの意味の生成である。だが、同時に彼らは、今目の前で展開している遊びに象徴的意味を与えていく。「病院ごっこ」であり、「家族ごっこ」という名称である。そこでは「深層」を超えた「第二の複合体」としての意味を創り上げている。子どもの遊びで起きている「出来事」＝意味の世界については前の第3章、第4章で詳しくみてきたが、意味の生成の問題とこれらは深く関わっている。

(4) ドゥルーズ——意味生成の原初的活動

ドゥルーズは『意味の論理学』の後半部分では、意味発生の原初的な姿を幼児期の活動から探ろうとする。彼が力動的な意味発生を展開しているところである。彼は第二十七セリー「口唇性」で、発達初期の子どもは大人の発する声に引き込まれていく中で言葉の意味に気づいていくと指摘している。乳児は自分の口が物を食べ、自分の中へと取り込むだけであったものが、次には大人の声に自己同一化し、さらには言葉になっていない曖昧なものであるが声として外に発していく。そのことによって、自己の意志を表す自己参照的な表現を示し始める。口は身体の一部であり、フロイトやジャック・ラカン(Jacques Lacan)の言うように口唇愛的な自分の欲動を担っている部分である。この身体と情動という深層の世界で口が音を作り、声として外に向け始めていくことで、次第に大人の声が表す意味に気づいて、自分も意味の世界へと入っていく「とば口」に立ち始める。ドゥルーズは意味の生成の出発をこのように語る。彼はこの第二十七セリー以降の複数の箇所で、発達初期の幼児は深層のレベルで親との肯定的な情動関係を享受し、摂取しながらそこで起きている情動的関係を親に投射していき、この投射が今度は声という形になって外に発せられていくと言う。この外に向かっていく情動的な声に外部から言葉の原初形態がつけ加えられていくことで、意味の生成が始まっていくというのである。ドゥルーズは、第二十七セリー以降はメラニー・クライン(Melanie Klein)、そしてラカンの考えなどを使いながら論を展開している。これらの各セリーでドゥルーズが述べていることは、彼の意味の動的発生の根幹になっている部分である。彼が書いていることは理解が困難なところもあるので、彼が主張しているポイントだけをまとめてみよう。

乳児にとっては大人の言っていることはまさに「分からない言葉」＝「無－意味」な言葉でしかない。そして自分が発する言葉も、これまた意味不明のナンセンスのものである。だが、大事なのは、このナンセンスな言葉は身体的なまなざしや身体的振る舞いで何かを指しており、モノでもないものがそこで起きていることに気づくということである。そして子どもは自分で言ってみることから、何かが変わり始める。意味という身体から離れた境界へと動き出す。乳児は声を自分の身体と情動の呼び掛けに応じて発する。つまり、前－言語的な深層の働きから声が出てくる。そして、声＝音は自分の身体からも、そして物体からも切り離された「自己表現する主体の表出」になっていく（第二十六セリー、文庫版（下）p.17；宇波版 p.228）。誰に言われるのでもない「出来事」の世界で経験したことをあえて深層から表層の意味へと向かって声を出していくのである。そこではまた、表層から深層へと向かう逆向きも起きる。言葉が正しく言えるようになっても自分が何を言いたいのか、また言葉で正しく表現できなくなった時には、人は深層へと向かう。沈黙するのである。それは、子どもでも大人でも関係なく起きている。

人は自分の言葉探しをいつもする。そして沈黙をする。そしてまた声を発する。ここで起きていることが意味の生成の現実の出来事だとドゥルーズは言う。いわば言葉による表出は、深層の身体の世界からの決別である。そしてまたそこに戻る。大げさな表現を使えば、言葉をめぐる「死と再生」の過程である。

私たちは自分の言葉で深層の世界を表現し、はっきりさせようとする。だが、私たちはいつも言いよどむ。言葉をつまらせてしまう。この言葉と意味を生み出していこうとする瞬間こそが重要だとドゥルーズは言う。彼は『批評と臨床』(1993)の第十三章「…と彼は吃った」で、偉大な作家は、自己表現を行う言語においては、いつも異邦人のような存在だと言う。つまり、自分にしか備わっていない未知の沈黙したマイナー性から力を得ようとするというのである。ドゥルーズの発言である。「自分の言葉の内側に、それまでには存在したことのない外国語を刻み込むのである。言語をそれ自体の内部で叫ばせ、吃らせ、口ごもらせ、つぶやかせる」(邦訳 p.219)。ドゥルーズは『意味の論理学』で何度も吃音者が言葉につまりながら一つの形にして表出していくまさに深層から表層へ向かっていく瞬間にこそ、意味の生成があることを述べる。ルイス・キャロル、ことチャールズ・ドジスン(Charles Lutwidge Dodgson)は吃音に悩んだ人物であったし、ドゥルーズは『批評と臨床』の最後の部分で、アンドレイ・ベールイ(Andrei Belyi)、オシップ・マンデリシュターム(Osip Mandelstam)、ヴェリミール・フレーブニコフ(Velimir Khlebnikov)といった優れた作家も吃音者であったと言う(邦訳 p.225)。

ここまでドゥルーズの『意味の論理学』をみてきて、彼は人間精神を複雑なシステム的連関としてみていたことに気がつく。意味の生成の過程にある深層と表層という二つの間の往還である。この発想ときわめて類似したことをソシュール言語学者の丸山圭三郎がかなり以前に、人間には言語を含めた世界のとらえ方、あるいはそのような活動を行っている人間の中には「二重分節構造」があると指摘していた。一つは「身分け構造」であり、それは、人間が持っている生の機能としての種独特の外界のカテゴリー化であり、〈身体と心の分化以前の〉身の出現とともに外界が地と図の意味分化を呈する「環境世界（Umwelt）」である（1984, 1985）。丸山が指摘するように、「身分け構造」はユクスキュルの「環世界」の概念に対応するものであり、また、現象学のメルロ＝ポンティが指摘した「ゲシュタルト的秩序」とも連続するものである。人間も動物も、それぞれの環境の中にいる存在である限り「身分け構造」の中に生きている。だが、メルロ＝ポンティが『行動の構造』（1942）で指摘したように、人間の「環世界」としての「ゲシュタルト的秩序」は、他の動物と異なる「人間的秩序」という「象徴的行為」によって生を営んでいる。丸山の言う「言分け構造」である。丸山は「身分け」に加えてもう一つのゲシュタルトを「過剰」に人間は持ってしまったが、この「過剰」という意味は、「言分け」が身の延長であり、また人間しか持たなかった「意味」を人工的な道具である言語で実現したということである（丸山 1984, p.74）。

ドゥルーズは意味の生成を論じた時に、身体的、情動的な前－言語的世界の深層と「出来事」＝「意味」の表層という二つの次元の往還から生まれてくるとして、深層－「環世界」、表層－「世界」と対応させてそれぞれの特徴をまとめた。これは、丸山の言う「身分け構造」と「言分け構造」とも対応する。そして、丸山は「言葉と世界の分節化」（1985）で、記号＝シンボルによる生み出された文化を生産物として固定化することなく新しく創造していくものとしていくことが必要で、「その新しい『読み』はパラダイムを超えた〈コードなき差異〉発生の現場で起きることだ」（p.62）とも言う。その運動は生成変化へと拓かれる〈変態〉がもたらす「カオス・破局」と「秩序・リズムの萌芽状態」であるとして、ドゥルーズについて言及している。ドゥルーズの「差異と反復」の思想を前提にしたものであり、また『意味の論理学』でドゥルーズが主張してきたことと重なってくる指摘である。ドゥルーズが意味の生成を深層‐表層の間の連続的で往還的な過程として考えた前提にあるのは、人間は根源的に意味を生成していくということである。ここにはドゥルーズが思想的な影響を受けたベルクソンの考えがある。ベルクソンの「存在論的基礎」の考え方であり、ドゥルーズは多分にこの考えを援用しながら意味の生成を論じている。ベルクソンは『物質と記憶』（1896）で、人は過去を想い出す時に、いちいちイメージだとか記憶表象だとかといったものを経由することなく、過去の領域に「一気に身を置く」と言っている。これを受けてドゥルーズは、同じような「存在論的基礎」とか「存在論的飛躍」が言語の意味の生成の場合にもあるとする。つまり、人は音やイメージをいちいち経由することなく意味の中に「一気」に身を置くということである。ドゥルーズはこのように、意味の生成を可能にする「言語の存在論的基礎」（『千のプラトー』）を人間は持っており、これが出来事から直ちに「意味」を見出すことを可能にしているとした。そして、意味は前田英樹（2000）が指摘するように、「事物や記憶のいかなる状態によっても示し得ないいわばそれ自体の超越論的な領域に生じる」（p.96）のである。言語それ自体が事物や身体とは異なる次元に「存在する対象」ということである。このことは、次の第6章でも取り上げる。

人は対象の持っている意味に「一気に身を置く」ということについて、ユクスキュルが『理論生物学（Theoretische Biologie）』（1928）で、アフリカに住む少年が梯子の働きを一気に知った例をあげて説明している。この子どもは梯子を見たことも，使ったこともなく、横に棒がわたしてあるだけのものでどうして木に登れるのか理解できなかった。だが、他の人間が一度だけ使って木に登ってみせると、すぐにそれをうまく使い出したのである。横棒がわたしてあるだけの対象が持っている機能を直ちに理解できたのは、木に登ることの目的と合致することで、どう使っていくかという対象と行為の関係が成立したのである。それは一気に行われた。

意味は我々が何かを語り、表現しようとする意図や目的の下で生まれてくる。モノを語り、他者と関わろうとする指向性と深く関わる中で意味は存在する。言語とその意味は複雑な関係の中で生じている。人間は活動している。生命があり、目的を持っている。だから意味を生成させている。人間にはこのような根源的なものがある。ドゥルーズの、意味の生成を可能にするものとして人間が持った「言語の存在論的基礎」があり、これが出来事から直ちに「意味」を見出すことを可能にするとした説明は魅力的である。だが、同時に、彼の言う考えを人間発達の視点から検討しなければならないだろう。人間はいったい発達の何時頃から、どのようにして意味の生成を始めるのだろうか。

ドゥルーズの『意味の論理学』は基本的には、意味の生成を直接論じたものであるが、実はそこで目指されたことは意味という人間のみが持ち得た独自の世界で生きている人間存在と文化にまで及ぶ議論であった。しかし、ドゥルーズはあえて、大上段に文化の問題を論じることをしていない。だが、文化という記号の存在とその中で生きる主体としての人間を考察していくことは、全体的な条件となっているはずである。あえてドゥルーズは『意味の論理学』では論じることをしなかったものの、それについては彼の他の著作群でみていくしかないだろう。言葉の意味の問題に関しては、ドゥルーズと対比する形で言えば、ヴィゴツキーは、いつも文化的存在としての人間を考えてきた。ヴィゴツキーからは、ドゥルーズとは別な視点を得ることができるだろう。

ドゥルーズは意味の生成の問題をあえて発達的視点をほとんど入れないで論じている。ただ一箇所だけ第二十七セリーの「口唇性」で、クラインの論を使いながら発達初期の子どもの言葉の発生を論じている箇所がある。同じ言語圏で人間の発達のことを論じてきたメルロ＝ポンティ、そしてアンリ・ワロン（Henri Wallon）の研究についてもドゥルーズはほとんど取り上げていない。それはドゥルーズのユニークなところであり、彼の研究の特徴なのだろうが、同時にそれは彼の研究上の問題でもあるだろう。あるいは、時代的にも言語上の制約もあって無理なことであったのかもしれないが、本書の中心的な問題としているヴィゴツキーについてはもちろん、まったく言及などない。二人の研究を交流させることは、今、ドゥルーズとヴィゴツキーという二人の研究について知ることができる我々の課題でもある。

第6章　人間精神の内と外の間にあるもの

ヴィゴツキーとドゥルーズは共に、人間の精神的活動やその生成変化は外的世界との関わりによる直接的経験からはじまると考えた。彼らは、人間が精神を生み出していくのは、まずはじめは具体的な外部世界の出来事からであるが、外的対象や経験がそのまま人間の精神になっていくとは考えなかった。それらは、自己の精神を形成していくための素材であって、外的世界を自己の独自な意味世界へと翻案していくことが人間精神の基本にあることだとした。

実は、彼らの研究の前に人間精神は、人間の外部世界にあるものと人間精神の内部世界との二つの間で展開される過程の中で生成されていくとした研究者がいた。ベルクソンである。彼は、時には唯心論哲学者であると批判されることもあるが、実際は、人間の精神的活動を哲学的に論じながらもそれを実証的な証拠や知見を支えにして研究を展開した人である。ヴィゴツキーは複数の箇所でベルクソンの研究に言及している。そして、ドゥルーズもベルクソンに思想的な大きな影響を受けている。

この章では、ヴィゴツキーとドゥルーズが先達のベルクソンの理論をどう読み、批判したのか、そしてその思想をどう継承・発展させようとしたのかをみていく。ここから、ヴィゴツキーとドゥルーズが人間精神と外部世界はどのような相互連関的な関係になっているとしたのか、確認していくことができる。そして、ベルクソンの研究をヴィゴツキーとドゥルーズがどのように論じていたのか、その違いから二人の考え方の違いもみえてくる。

1　ヴィゴツキーはベルクソンをどう読んだか

ヴィゴツキーがベルクソンを読んでいたことがこれまで取り上げられることは、ほとんどなかった。ヴィゴツキーがベルクソンについて詳しく述べているのは未完の著『情動の理論』の最終章「ベルクソンと自然主義情動理論」で、残りのものは短い論評が大部分だからである。だが、それらはかなりの数にのぼる。ヴィゴツキーは、ベルクソンの『意識に直接与えられたものについての試論』、『物質と記憶』、そして『創造的進化』を詳細に読んでいた。『物質と記憶』は１９１１年にはロシア語版が出ているが、その他のベルクソンの著書を原著でも読んでいる。

（1）ヴィゴツキーのベルクソン研究法批判

ヴィゴツキーは、心理学では人間心理を主観的な心理過程としてみてしまう観念論的傾向がある一方で、生理学的神経過程で説明してしまったりしていたと言う。彼は、これらのどちらか一方だけで論じることは間違いで、人間心理はこれら二つの過程を統合していくことで正しい研究が可能になるとした。これが彼の言う弁証法的心理学で、このことを論じているのが「心理と意識と無意識」である。

ヴィゴツキーが主観的側面と客観的側面とはどちらなのかといった議論は止めるべきだと言ったことは、外部の物質的なものと関わりながら主体が内的世界を形成していく過程として論じていくべきだという主張でもある。これがヴィゴツキーの人間の精神的活動を考える中心にあった。ここで、ヴィゴツキーが心理学の取るべき方法として言ったことは、実はベルクソンが目指そうとした「実証的形而上学」の確立と大きく重なっている。だが、ヴィゴツキーはベルクソンの研究方法には懐疑的な立場を取っている。だが、それはかなり誤解によるものである。

ヴィゴツキーは『心理学の危機』の中の「心理学の危機の歴史的意味」の複数の箇所で、ベルクソンが取った研究方法を批判する。ベルクソンは『物質と記憶』でしばしば用いている数学的手法を使って人間心理を表現しているが、心理学では依然としてどのような形で人間心理を研究すべきかが確定していない状態の中で、ベルクソンのものは内容が伴わない形式的な議論になっていると言う。しかも、時には彼は自然科学的手法を使って心理学を研究しようとしたことは、研究としては実現不可能だと批判する。そして、この論文の最後の結論部分である第十六節「将来の科学としての心理学」では、ベルクソンが哲学（形而上学）を実証的な資料を用いいながら研究しようとして「実証的形而上学」（ヴィゴツキーの著書の邦訳では「経験的形而上学」）を標榜し、それは心理学にほかならないものとしてしまったと言う。ヴィゴツキーは、ベルクソンをはじめ当時のエトムント・フッサール（Edmund Gustav Albrecht Husserl）などが「直観的心理学」と言ったりして、「〇〇心理学」と称したことは机上の空論で、心理学にただ新しい名前をつけているだけで、どのような心理学を目指そうとしているのか不明なままだと言う。ヴィゴツキーは、心理学が本来目指すべきものは、了解心理学やフッサール現象学、そしてベルクソンの研究などの哲学では得られないと言う。ヴィゴツキーはベルクソンを含めて当時の心理学、あるいは哲学研究について、ルートヴィヒ・ビンスワンガー（Ludwig Binswanger）の『一般心理学の諸問題への入門（Einfuhrung in die Probleme der allgemeinen Psychologie）』（1922）を参考にしているが、他方、ヴィゴツキーはベルクソンが言う「実証的形而上学」にも言及しているところから『物質と記憶』をきちんと読んでいたことが窺える。ビンスワンガーの単なる受け売りではないことが分かる。

（2）ベルクソンの「実証的形而上学」

それでは、ヴィゴツキーが批判したベルクソンの研究の特徴である「実証的形而上学」はどのようなものなのだろうか。

ベルクソンの学問的姿勢を一つの言葉で表現すると、「実証的形而上学」の確立である。「実証的形而上学」という言葉は、ベルクソンが複数の教育機関で講義したものをまとめた『ベルクソン講義録Ｉ』（1990）の「前置き」で、アンリ・グイエ（Henri Gouhier）が使ったものである。[1] これは、自然科学と同じような科学的な形而上学として哲学を確立していこうとするベルクソンの学問的目標を端的に表している。彼の研究姿勢は晩年の『思想と動くもの』（1934）の「緒論（第一部）」にみることができる。ここで、彼は次の文章から始めている。「哲学に最も欠けていたものは正確さである。哲学諸体系はわれわれが生きている現実の寸法に合わせて裁断されてはいない」（邦訳 p.9）。哲学は抽象的な概念でもって説明し、それを拡張してしまうために、概念の「正確さ」、具体性が欠けてしまっているということである。生物学者が実験と観察による実証科学として行っているように、哲学者も科学者と同じように振る舞う必要がある。もちろん、人間を扱う哲学は自然科学と同じようには研究できない。そこでは独自の研究のスタイルと方法が用いられなければならない。心理学が扱う人間精神は脳の振る舞いとする生理学や生物学だけで論じることはできないというわけである。ここにベルクソンが解くべき課題があった。

『ベルクソン講義録Ⅰ』には、「心理学講義」がある。そこでは、心理的事象は二つの原理で解かなければならないと指摘している。このことを後に彼が書いた著書で確認すると、一つは、原理を事実によって確証していくという方向で、『意識に直接与えられたものについての試論』(1889)である。ここで論じられているのは二つである。一つは、外的対象と直接関わるものとして、「知覚」、そして意識があるということである。ここには、意識を外的世界と関わることがないような観念的な発想で考えないという彼の基本的姿勢がある。もう一つは、人間の心理生理的過程と同じに扱うことはできないということである。ここで、ベルクソンが人間の精神活動の中心に置いたのが「直観的省察」である。これが、『物質と記憶』の内容である。この著書には、知覚と記憶の連関を扱う以外にも、もう一つ彼の重要なメッセージとして、失語症に関するもの(第二章「イマージュの再認について」)がある。ベルクソンは当時までの大脳生理学の知見、あるいは失語症に関する理論を詳細に検討したうえで、言語に関わる記憶は脳に局在的に蓄積されてはいないと結論する。彼は感覚性失語や運動性失語をウェルニッケ領野、そしてブローカ領野という脳の局在における単なる記憶の欠損ではなく、そもそも言語活動は複数の領野における連関による機能的な活動であると言うわけである。

失語という言葉で私たちがイメージとして持つのは、言葉を司る脳の特定の部位が損傷し、言葉の機能を失ってしまっているというものだが、彼はそうではなくて、言葉を形にするその適切な方法を失っていることによるのだとする。語を操る機能の障害が失語症だと結論したことに、人間の意識は生理学という自然科学的手法では解けないとするベルクソンの姿勢が表れている。

ヴィゴツキーが批判したベルクソンの「実証的形而上学」は、実際にはヴィゴツキーが心理学研究で目指そうとしていたものと同じであった。ヴィゴツキーにとって、ベルクソンは形而上学（哲学）者としては映っていなくて、心理学者のような姿を見て取ったのかもしれない。そして、次のようにヴィゴツキーは、ベルクソンの研究には歴史・文化的な視点がないと批判をする。

(3) ヴィゴツキーのベルクソン批判——歴史・文化的視点の欠如

ベルクソンは、人間が他の動物とは異なった知的活動を展開していくことを可能にするものとして、人間は対象の実在に直接到達する認識を本来的に持っており、それがまさに進化を可能にしているものだとした。これが彼の有名な「生の飛躍（élan vital）」で、人間の精神活動の本質としたものである。この「創造的進化」を実現するものが彼の「本能」という考えであった。もちろん、これは従来言われているような「本能」と同じ概念ではない。

ベルクソンは『創造的進化』（1907）で、生命的活動を営んでいる人間の本質にあるのは、現在から過去へ、そしてさらに未来へとつながっている「持続」、つまり生きていることをとらえていくことであるとした。それを人は「直観」として感じ取ると言う。この生命と持続に関わる認識に直接到達するものを人間は根源的に持っているという意味で、それを「本能」という言葉で表現した。彼は「本能」と区別して「知能」をあげているが、「知能」の方は、空間と無機物の対象をまさに分析的にみていく認識であって、それは生命をとらえていくことはできないとする。このように、ベルクソンの言う「本能」は通常言われるようなものではなく、生命活動にある持続を「直観」として把握していく認識、あるいは理性の側面を言ったものである。それは人間の認識の本質としてあるもので、それは生得的であることを必ずしも意味してはいない。

ベルクソンの「生の飛躍」や「本能」の考えをヴィゴツキーはどう批判したのだろうか。ヴィゴツキーは「子どもの性格の動態に関する問題」(1928)で、性格の発達の原動力になっているのは何かを議論している。表題からすると、子どもの性格とその発達が問題になっている印象を持つが、実際にはここでは発達一般が論じられている。ここでも、ベルクソンの『創造的進化』の中の「生の飛躍」を取り上げ、批判している。ヴィゴツキーはこういったベルクソンの考えでは人間にある内的なものだけが言われるだけで、発達へと駆り立てるものが何もない中で発達を論じてしまっていると反論する(英語版第2巻所収、The dynamics of child character, p.155)。大切なことは、発達の原動力が何であるかを明らかにすることであるとヴィゴツキーは言う。そして、彼はこう言うべきだとする。「この問いに対する唯一の答えである:人間の生活にとって基本的、かつ決定的に必要なものは、歴史的、社会的環境の中で生活し、環境が求めていく要求に合うように生活体の機能を改造していくことが求められていくなかにある。人間の生活体というのは一定の社会的な単位(ユニット)でのみ存在しており、そこでのみ機能することができる」(同上ページ)。

この論文の結論部分でも、ヴィゴツキーは、ベルクソンその他の哲学者は問題を個人の次元へとすり替えてしまい、彼らは歴史的視点を持たなかったと言う。ヴィゴツキーの「人間の具体心理学」の冒頭でも、彼は、「重要　ベルクソン（チェルパーノフに対する論文集）」という文に続いて、本能が人間の知的活動（つまり「知能」）を動かしている原動力だと位置づけるような間違いをしているとベルクソンを批判する。ここで、ヴィゴツキーはベルクソンの主張に大幅な改変を加えて、道具という社会・歴史的なものを手段として使い、知的活動を展開する能力こそが本当に人間の中にある本能、まさに「ホモ・ファーベル」だとする。ベルクソンにはこのような視点はなく、あくまでも本能を人間が内在的に持ったものとしてしまったと言う。

2　ベルクソンの「直観」、「持続」概念とドゥルーズの思想的継承

ヴィゴツキーがベルクソンの哲学について、その研究法、本能概念を批判したことをみてきたが、ここではベルクソンの人間精神の本質にあるものとした「直観」、「持続」の概念をみていく。そして、ドゥルーズの思想にはベルクソンの影響があったことを確認する。

(1)　ベルクソンの「イマージュ」、「直観」、そして「持続」

前の節でみてきたように、ベルクソンは、人間精神を唯物論でも、また唯心論的な観念論で説明することもできないとしてきた。そこで彼は、『物質と記憶』では、外的対象の知覚対象でも心的世界

としての表象のどちらでもない中間的な存在として「イマージュ」の概念を提出する。だから「イマージュ」は観念論で言う表象ではなく、また実在論の事物そのものでもなく、事物と表象の中間に位置づけられるものである。彼の「イマージュ」と、心理学で使われる心的表象としての「イメージ」とは名称こそ同じだが、その意味内容は異なっている。

ベルクソンはこの「イマージュ」の成立を支えているものとして「直観」の働きを位置づける。これは連合主義のように経験を寄せ集めることで何かが分かってくるといった機械的なものではなく、主体が本質的なものを一気にとらえ、了解していくことで得られるものである。ベルクソンの「直観概念」をドゥルーズが意味生成の原初的活動の根拠にしていたことは、本書の第5章の最後でふれておいた。次に、「直観」と密接なつながりがあるベルクソンの「持続」についてみていこう。

ベルクソンは、心理的事象は時間の中で持続する形で起きており、これに対して、物理的事象は空間の中に分割されているとする。だから物理的事象には時間的な延長や持続はないとした。心理学事象は時間的な持続を持っているということで、物理的事象のように一つひとつが関連を持つことなく単体で空間の中に置かれているものとは明確に異なっている。ベルクソンは、「直観」の概念によって「持続」という人間の根源的な活動が持っている意味をとらえることを可能にすると考えた。「持続」は、ベルクソン哲学の中心にあるものだったし、彼の時間論の特徴でもある。この問題は、後にドゥルーズへと引き継がれている。

ベルクソンの哲学は唯心論だと言われたりするが、それは間違いである。現実的知覚は記憶や表象という内的な潜在的活動のために必要な情報を提供している。彼は、外的対象と無縁な形で人間の精神を論じるような唯心論の立場を取っていない。それでは、彼は唯物論者かというとそうでもない。ベルクソンは人間精神を物質の現象と同じ脳という一種の道具で説明するとか、脳の物質的活動を分子レベルの集合体で説明するような絶対的な唯物論とは一線を画していた。

もちろん、彼は人間精神の問題を、時には厳密な生理学的研究から吟味していくことも怠らなかった。そのうえで、なお人間を明らかにするためには思考し、意識している人間の現実の生の姿をとらえるためにはどうすべきかを追究した。例えば、『物質と記憶』では、この当時までの心理学研究、そして生理学的研究を丹念に調べ上げている。また、「持続」という彼にとっては最も重要な時間の問題についても、時間を空間に置き換えて議論することができないことを数学の知識を駆使して論じた「持続と同時性」(1922)という長大な論文がある。ここでは彼が学生時代に親しんだ数学の世界でどこまで時間を論じることが可能なのかを、難解な数式まで持ち出して説明している。これらにはベルクソンが行った精緻な唯物論的思索の足跡がある。それを経てもなお、唯物論だけでは説明できないものが人間の意識の世界にはあるとした。ベルクソンの時間論は第8章でふれる。

(2) ドゥルーズの思想の背景にあるベルクソン

ドゥルーズは経験を単に外から与えられたものとして論じるのではなく、主体がこの経験内容を意味づけ直していくと主張した。まさに自分の外にある「外的世界」と自己の内部で展開される「内的世界」とは重なり合いながら展開されている二重の世界である。彼は、これまでの「外と内」との間に境界を置く考え方を超えようとした。彼が外的対象の経験という範囲を超えるものとして参考にしたのはベルクソンの『物質と記憶』であり、知覚と記憶との間の連続的な関係、つまり、「現働化」と「潜在化」という二つの活動である。ちなみに『物質と記憶』というタイトルの「物質」は外的対象と直接関わることで得られる知覚とその活動に直結するものであり、「記憶」はまさに過去という記憶からの「想起」を含み、過去と現在、さらには未来へつながっているものである。

ドゥルーズは早い時期からベルクソンに注目し、それを自己の研究の中に取り込もうとした。彼は複数のベルクソン論を書いている（『ベルクソンにおける差異の概念』、『ベルクソン1859－1941』、『ベルクソンの哲学』）。ドゥルーズの背景にはベルクソンの姿が見え隠れしている。『差異と反復』の数年前に書いた『プルーストとシーニュ』は、ベルクソンの名前こそ出てこないが、明らかにベルクソンの考えを敷衍する形でまとめたものである。『プルーストとシーニュ』については前の第2章でも取り上げたが、ベルクソンの記憶論の延長として、潜在的な記憶の領域から、今という現在の思考、そして未来へと向かっていく現働化の活動を論じたものであった。ベルクソンの言う現働的なものと潜在的なものの往還として人の精神や思考をプルーストの作品を使って展開している。

ドゥルーズは1957年に、ベルクソンの複数の著書の重要部分を独自の視点で編集した『記憶と生』を書いている。その約十年後の1968年に彼の主著である『差異と反復』を出している。前のところで、ベルクソンの思想にある「持続」の概念をみてきた。ベルクソンにとって、人間の心理的事象や心理的活動の本質にあるものは生きて活動していることで、それは連続的な時間の流れ、つまり時間が途切れることなく続く「持続」という形でしか表せないものであった。しかもこの連続的な活動は単純な同じことの反復ではなく、絶えず変化をしていく。人が生きていくことの本質は、絶えず変化が起きている時間的な流れにある。

このように、ドゥルーズはベルクソンの「持続」の考え方を『差異と反復』の中で継承する。彼が言う「反復」もベルクソンの言うように単純な反復ではなく、常にそこに新しいものが生まれながら展開していくという意味での「反復」である。あえて「反復」という表現を使うのは、時間の連続をそこに込めたいからである。ドゥルーズはベルクソンの思想を継承しながらも、『差異と反復』では、「反復」には新しいものが生まれてくるという創発的な意味があることを論じ、『意味の論理学』でも、意味の生成というベルクソンが深く議論することがなかったことに踏み込んでいった。ドゥルーズは、いわば、ベルクソンが出した理論をよりいっそう精緻化し、再構築することを試みたということである。

(3) ベルクソンの「直観」と「存在論的基礎」、そのドゥルーズ的拡張

ドゥルーズがベルクソンから継承した重要なものが「直観」の概念である。ベルクソンにとっては、「直観」は持続という人間の根源的な活動の意味をとらえるためのものだった。ドゥルーズは何度も「直観」の重要性を言う。ドゥルーズが自らの『ベルクソンの哲学』のアメリカ版のための後書きとして書いた「ベルクソンへの回帰」(1991) でも、ベルクソンは直観を筆舌に尽くせない呼びかけ、感情的関与、あるいは生きられた同一化とし、それはまぎれもない方法として考えたのだと指摘する。『ベルクソン1859-1941』(1956) でも、ベルクソンの独創性の一つは「直観」を人間が本質

をとらえるための「真の方法」であることを明らかにしたことであり、あらゆるものの中にある「持続」を探し求め、持続に訴えかけ、持続を必要なものとして求めることができるのは「直観」だけだと言う(邦訳 p.171)。

ベルクソンは人間の意識形態の本質的特徴として「存在論的基礎」をあげるが、これは、例えば過去のことを想い出す(心理化する)ことで現在の知覚や行動と結合させていくことを考えると、この過程の中で過去という存在へとまさに「一気に身を置く」ことを人が行っているということである。「存在論的飛躍」であり、これを可能にする「基礎」を人間は持っているという主張である。ベルクソンは『創造的進化』でこのような考えを展開した。ベルクソンは生命的活動を営んでいる人間の本質にあるのは、現在から過去へ、そしてさらに未来へとつながっている「持続」、つまり生きていることをとらえることであり、それを「直観」として感じ取ることである。そして、この生命と持続に関わる認識に直接到達するものを人間が根源的に持っているという意味で、それを「本能」という言葉で表現したのだった。

3 人間の生をめぐるベルクソン、ヴィゴツキー、そしてドゥルーズの議論

現実の中で人が生きている姿や活動に注意を向けていくことをはじめると、情動あるいは情感の問題に注意を向けるようになる。ヴィゴツキー、そしてベルクソンも、人間の具体的な生の単位として情動を問題にしている。そして、ドゥルーズも、人間の中にある理性的な層の下に感情を置いていた。

(1) ヴィゴツキー『情動の理論』

ヴィゴツキーの『情動の理論』は、未完の書だが、全二十章という大部なものである。ヴィゴツキーは研究の後半から次第に人間の具体的世界の問題を集中的に論じるようになるが、その考えがこの著書に表れている。『情動の理論』の概要を確認すると、前半はジェイムズ－ランゲの身体情動理論批判で、第十章以降の後半は、デカルトの情動論と心身二元論に対する批判である。この中にベルクソンの情動論が入っている。

前半までの内容を概略すると、ジェイムズ－ランゲの情動理論ではジェイムズの有名な言葉、「悲しいから泣く、怒るから殴る」のではなく、「泣くから悲しい、殴るから怒る」のように、情動を身体運動感覚の反応や血管運動神経の振る舞いで説明することがあったが、これは末梢に情動の起源を求めるものであった。結論を先取りすれば、ヴィゴツキーは、人間の感情や情動は意志や思考という上位に位置づけるべきで、個人の活動を高めていく意欲といった高次な情動を扱うべきだという主張である。こういう観点から、ヴィゴツキーはジェイムズ情動論を批判する。ヴィゴツキーがジェイムズの情動論として用いているのは『心理学の原理(*The Principles of Psychology*)』のロシア語版の第二十五章「情動(The Emotions)」で、『心理学の原理』の概要は邦訳の『心理学』(1892)の第二十四章に書かれている。

ちなみに、ジェイムズは類似の情動理論を出したデンマークのカール・ランゲ(Carl Lange)のものとまとめて「ジェイムズ－ランゲ説」としている(「純粋経験の世界における感情的事実の占める位置」)。二人は共に心臓や血流などの自律神経系の変化が情動反応を起こすと考えたが、そこには違いもあった。ランゲは自律神経系と血管の変化をもっぱら問題にしたのに対して、ジェイムズは身体的な反応全般を考え、感情の表出行動やある動作を起こす道具的行動などもそこに入れていた。そして、大きな違いで、かつジェイムズ情動論を理解するために見逃してはならないのは、ジェイムズは身体的変化が起きることを感知することで情動が起きると考えた点である。ジェイムズはあくまで経験から得られる身体的な変化を直接感知することで説明し、そこに意志などの人間精神の上位レベルによる統制などを考えなかった。ランゲの方は身体的反応そのものを情動の原因として考えた。「ジェイムズ－ランゲ説」としてヴィゴツキーが論じているのは、このランゲの説に近いものであった。

ヴィゴツキーの『情動の理論』の後半は、デカルト情動論の批判である。デカルトの情動論は次のようなものである。情動変化は動悸や血糖値などの身体的変化となって表れ、これらが「動物精気」とデカルトが呼んでいるものに反映していく。そして、この動きが脳内の「松果体」に変化を伝え、情動反応を感知していくというものである。この「松果体」はいわば理性の中枢で働くもので、人間の自由意志がここで展開されている。いわば理性の分身である。デカルトの説明は彼の『情念論』（1649）の第一部にあるが、ここには機械的原理と自由意志に言う唯心論的原理の二つが混在している。まさに「心身二元論」として、精神を身体や運動と切り離して論じ、精神だけを別ものとする「唯心論」であり、「観念論」である。ヴィゴツキーが強く批判するのはここである。ヴィゴツキーはデカルト情動論には、彼の精神に関する唯心論的学説と身体に関する機械論的学説とが混在していると言う（『情動の理論』邦訳 p.154）。

（2）ヴィゴツキーのベルクソン「情動論」批判とそれが意味するもの

ヴィゴツキーは、『情動の理論』最終章の第二十章「ベルクソンと自然主義情動理論」でベルクソンの情動論を取り上げているが、ベルクソンのそれはデカルトの情動論の心身二元論を踏襲したものだと批判をする。これが正しい批判なのかどうかはこの後でみていくことにして、ベルクソンの考えを確認しておこう。

ベルクソンの情動論は、『意識に直接与えられたものについての試論』の第一章「心理的諸状態の強度について」で書かれている。ここでは、情動は筋肉収縮の系に還元されることや、恐れや叫びという行動は一つの情動と化していくと指摘している。ベルクソンは、喜びや苦しみ、欲望や嫌悪といったものは、意識が感じる自動的反応に伴う数々の運動から生じているとも言う（邦訳 p.42）。だから、ヴィゴツキーは、ここに、ジェイムズ－ランゲと似たような、情動を喚起するものとして身体感覚の反応があると言うのである。あるいはベルクソンは『物質と記憶』の第四章では、注意の緊張や心的緊張の力は情動の集中性であり、それは筋肉の緊張と同じものだと指摘したりして、ジェイムズ－ランゲの血管運動神経と同じような発想をしているところがある。ベルクソンの情動論には、下位の情動を問題にする情動観念があった。ヴィゴツキーが『意識に直接与えられたものについての試論』を直接読んで、ベルクソンの情動論にはジェイムズの影響が強くあるとしたのは、実に的確な指摘というべきだろう。

他方、同じ『意識に直接与えられたものについての試論』で、ベルクソンは、仮に身体反応などが起きない場合であってもなお、怒りの感情のような情動は起きるとも述べている（第一章「心理的諸状態の強度について」)。ヴィゴツキーはこの説明に注目する[2](『情動の理論』邦訳 p.368)。この部分で、ベルクソンは身体とは独立した心、情動観念があるとしている。ヴィゴツキーはここに唯心論の発想があり、それはデカルトの心身二元論と同じことだと批判する。

ここまでは、ヴィゴツキーがベルクソンの情動論を批判的に論じたものである。それでは、ベルクソンはジェイムズ－ランゲやデカルトのように情動を身体運動的なものだけに帰因すると考えていたのだろうか。実は、ベルクソンは上位の意志などを情動に含めて議論をしているところがある。ベルクソン講義録Ⅱ(1992)の「Ⅳ心理学講義」の第四講「感情」である。これは、彼がアンリ四世校で1892年から93年までに講義したものをまとめたものである。この講義内容の前半部分は注[2]に記してあるが、後半部分では次のように述べている。「もっと穏やかな情動の場合はどうだろうか。ここでは、中心的観念の周りに集まって、観念を感情に変えるのは、身体に発する感覚ではなく、開始された行動、とは言わないまでも少なくとも想像された行動であるということが分かる。例えば、後悔とは、犯した過ちの意識を伴った、開始または想像された行動と善意との体系なのである。後悔とは、すでになされたことを破棄するために、いわば逆戻りする運動なのである。激しい情動の場合のように、すでに行われた行為ではなく、意識のうちで前もって形造られ、素描され、あるいは指示される行動の体系が、穏やかな情動の場合には、心理状態を感情に変えるのである」(邦訳 p.232)。

このように、身体反応を伴わない穏やかな情動が取り上げられているが、この場合は、いわゆる下位の情動系ではなく、上位の情動系の振る舞いが扱われている。この時には身体から起きる感覚に支配されるのではなく、行動とそれに伴う意識が情動反応をもたらしていることを指摘している。ベルクソンは情動として、上位に位置するものも同時に想定していたのである。ヴィゴツキーがベルクソンの情動論を批判して、彼は怒りや恐怖などの下位の感情をもっぱら論じていたとしたが、必ずしもこの批判は正しくないことが分かる。

ヴィゴツキーの情動論で彼が重視していたことは、この「上位」にある情動とその役割であった。ヴィゴツキーが「人間の具体心理学」で、仮想的な例として罪を犯した妻を裁かなければならない夫の裁判官の葛藤は、まさに社会的使命と個人的な感情とのはざまで悩み、揺れ動いているまさに「上位」の情動を物語っているものであった。こういう感情や情動を扱わないと、本当の人間のリアルなもの、具体を扱えないと言った。彼は、スピノザの情動論のように上位の情動を問題にしなければいけないという主張をしているのであるが、実は、ヴィゴツキーとベルクソンの情動、感情論は重なった議論をしている。

ヴィゴツキーが、ベルクソンの情動論にはデカルトの心身二元論があると批判していたことが正しかったのかを考えてみよう。ベルクソンは『物質と記憶』の第七版（1911）への序文の冒頭で、本書は精神と物質についての二元論を論じたものであると宣言をしている。だが、そのすぐ後で、彼はこれまで、二元論によって生じてきた多くの理論的困難を解消しようと試みてきたとも言う。彼はデカルト的二元論をそのまま継承しなかった。彼は、第四章「イマージュの境界確定と固定について」でも、はっきりと二元論的発想を取らないと述べている（邦訳 p.259）。

それでは、彼は、二元論の隘路をどのように抜け出そうとしたのだろうか。『物質と記憶』では、身体と精神の関係について、身体はいつも人が働きかけていく対象を指し示しており、それによって身体と精神の間では相互作用をしていると言う。「相互作用説的二元論」である。どういう相互作用だろうか。彼は、物質と直接結びついている知覚は記憶と同時に生成され、二重化が起きている、そして、二つの間で相互的な関わりが生まれていると言う。あるいは、彼は知覚と記憶の二つの境界にあるものとして「イマージュ」の概念を出し、二元論的発想を超えようとした。そして、身体・知覚と精神の間の連続として「持続」を言った。

二元論を超えることとは、精神と物質とを同一視することでも、身体と精神とをひとまとまりにすることでもない。要は、二つを独立に存在するものとして並べてしまうことの間違いである。ベルクソンはそれを回避しようとした。

ヴィゴツキーはベルクソンの『物質と記憶』や『意識に直接与えられたものについての試論』を読んではいたが、『情動の理論』では、ベルクソンとデカルト的な心身二元論とのつながりに力点を置いたものになっていた。たしかに、ベルクソンにはヴィゴツキーがこのような解釈をしてしまうような側面があったことは事実である。だが、ヴィゴツキーが行ったように、デカルトの視点だけでベルクソンをみてしまうと、大事なものを見落としてしまうことになる。ヴィゴツキーのベルクソンの扱い方は不十分である。ただ、ヴィゴツキーは『情動の理論』の終わりで、ベルクソンの研究について一定の「留保をしておく」と書いている。デカルトが言う身体と精神をめぐる唯心論と唯物論の二つの立場を対極として論じ、ベルクソンもその中で扱った。だが、そこには身体と精神に関するベルクソンの学説の分析は含まれていないとあえて述べている。いわば、ベルクソン哲学の是非については論じるべき余地を残しているかのようなまとめ方である。実は、ヴィゴツキーが研究の構想や、論文の草稿的なものをメモの形で遺したものがある。『ヴィゴツキーのノート（Vygotsky's notebooks）』（2018）で、著書や論文の背景にあった彼の思考過程を知ることができる。このメモからは、彼の著作の背景にあった考え方や着想の様子が分かるが、ベルクソンについても、複数の著書を詳しく読みながら思想的な検討をしている様子が書かれている。

（3）「人間の具体心理学」と生命論

ここまで、ヴィゴツキーはベルクソンの情動論に対しては批判的な論を展開していたことをみてきた。だが、ヴィゴツキーの人間心理のために取ろうとしていた姿勢とベルクソンのそれとは、まったく別のものだったのだろうか。むしろ、二人には重なり合う部分があったのではないだろうか。例えば、ヴィゴツキーは「人間の具体心理学」では、本来の人間心理を解き明かしていくために何が必要であるか、その将来構想を述べている。それは心理学の「人間化」であり、人格の研究として心理学を位置づけることであった。人間を理性的、論理的に振る舞う存在として認識だけを問題にするのは不十分だと考えた。

ヴィゴツキーの晩年の論文の一つである「児童学における環境の問題」では、アルコール中毒になってしまった母親の言動を前にした時の年齢の異なる三人の子どもの受けとめ方を取り上げている。この論文については前の第3章でも取り上げているが、ここでは別の視点からこの論文から示唆されることをみてみよう。三人の子どもの反応と解釈の違いについてである。年齢的に中間にいる子どもは母親への愛情を持ちつつも母親が子どもに虐待をしたり、異常な行動をしてしまうことが理解できず、内的葛藤を起こしてしまった。これに対して、年長の子どもは、母親の狂乱状態になること、その病気を理解し、どのように振る舞うべきかを理解し、母親の気持ちを鎮めたり、年下の子どもたちを母親の異常な行動から守るといった行動を起こしていた。この例は、子どもの年齢の違いによって彼らが感じた「心的体験」とそこから起きる行動の違いを論じたものであるが、情動の例として見直してみると、一番年上の子どもと二番目の子どもが持った情動は、「上位」の情動か、あるいは「下位」の情動によって支配されてしまったかという違いを示すものと読むことも可能である。

ベルクソンにもドゥルーズの思想にも、人間の現実に生きている姿を問題にすることが根底にある。ベルクソンの哲学では「人間の生」を学問の基本的課題と据えている。それは生命論でもある。ベルクソンの生命論は、まさに科学はどこまで人間の生命を論じることができるのかという問題、そして人間の生に科学としてどう問いを立てるべきなのかという、まさに科学的認識の本質を論じている。ベルクソン研究者の澤瀉の『ベルクソンの科学論』(1979)では、ベルクソン哲学の中心にあるのは「生命論」であり、人間は持続の相の下にその存在があり、実在するということは「動き」であるとしたのがベルクソンの哲学的直観なのだとしている。

ドゥルーズは直接、ベルクソンの情動論を議論してはいない。だが、ドゥルーズは人間の意識世界の背後には感情や情動的なものがあることを指摘している。例えば、彼が後半になって精神分析家のフェリックス・ガタリ(Félix Guattari)と一緒に書いた『千のプラトー』では、精神分析で強調される無意識や情動の世界を人間の意識的な精神世界と関連づけることをさかんに議論している。『意味の論理学』でも、言語的意味世界を支えるものとして人間の身体や情動といった、いわば深層の世界の存在とその役割を強調していた。このように、ドゥルーズも人間の具体性を論じるために情動的な世界を正しく位置づけようとした。

4 人を言語の生成に向かわせるもの

ここでは、ドゥルーズがベルクソンから影響を受けたものとして、「存在論的基礎」があり、それを拡張する形でドゥルーズが言語の生成に当てはめていったことを取り上げる。ベルクソンの「存在論的基礎」については前の節でもふれたが、ドゥルーズはベルクソンの哲学的な基盤とも言える人間が持っている「存在論的基礎」を言語にも当てはめて、「言語の存在論的基礎」を人間の中に見出そうとする。ベルクソンは主に「直観」を知覚（現在）と記憶（過去）の把握を中心に考えて、言語についてはあまり多くを語ってはいない。だが、人間の「存在論的基礎」として言語の存在について論じているところがある。実際、ベルクソンは『物質と記憶』では、人間の活動の特質として言語の問題を論じている。『物質と記憶』という書名から言語とは関係のない知覚や記憶のことを論じているかのような印象を持つが、この本の第二章のイマージュの再認では、失語症を言語の再認活動が制限されたものとして論じている。この「再認」という用語も単なる記憶再認という意味を超えて、イマージュを現実の場面（知覚）に送り返していくという積極的な認識活動の意味を込めている。ここに言語の問題を論じていく背景が用意されていた。

ドゥルーズは、人間は自分が体験した出来事を意味としてとらえ、それを言語の形で表現していると言う。ベルクソンの場合は、言語やその意味活動を記憶、つまり潜在的な持続の領域に留めて議論していたが、ドゥルーズはその制限を超えようとした。

(1) ベルクソンは言語をどう論じたか

ベルクソンには、言語に関する記述は少ない。人間の知性の源泉としてあるのは物質の存在で、そこから得られる知覚と外的・直接的な経験を時間的に圧縮したものとして記憶を考えるからである。彼は言語については幾分軽視する傾向があった。『思想と動くもの』の「緒論第二部」では、言語は時には固定化された社会規範を伝えるもので、人をして同じような行動をするように暗示させる働きがあるとする。あるいは、社会的思考を蓄えている単語によって私たちにすべて分かったようにさせてしまう。このような言語を操る「言語人（ホモ・ロクワクス）」は、私に反感を起こさせると言い（邦訳 p.126）、同じく『思想と動くもの』の「哲学入門」でも、「哲学は記号なしにやろうと志す学である」（邦訳 p.254）とまで言っている。

ベルクソンは、言語や物質が人間の精神に何かを一方的に押しつけ、安定と機械的な反復を生み出してしまうようなものだとしたら、これらは打破しなければならないとした。これらを乗り越えていくことは、結局は、絶えず変化を遂げる人間の生の現実とそこで流れている時間をとらえていくためだと考えた。

ベルクソンが言語の中でも、特に批判を向けたのは、概念や文字というものが動きつつあるものを表すことをせずに固定させてしまう点だった。それではベルクソンは人間の知性について言語の役割をまったく考慮に入れなかったのかというと、決してそうではなかった。人間の知性を考えた時、多くの異なった事物に共通の記号を当てはめることや、意味を文脈や状況に応じて拡張させていくという言語の働きを人間が獲得したことが、動物と人間とを隔絶させたと言う。『創造的進化』でも言語がなかったならば、知性は、自分が関心をもって考察していた物質的対象のうえに、おそらく釘づけにされていたことであろうし、言語は知性を解放するのにおおいに貢献したと言う（邦訳 p.185）。

ベルクソンが人間の知的活動に果たしている言語の働きとして重視するのは、主体が行うある対象から他の対象へと転移させていく意味化の活動であり、ここから知性に反省作用、つまりは思考活動が可能になると言う。このことをベルクソンは言語が持っている「動性」という言葉で表現している。つまり、言語は具体的な事物を記号的に表示するだけでなく、観念の表現にまで拡げるということである。言語や記号を決して動かない、安定したものとするのではなく、人が生きて、活動しているという生命活動、つまり「持続」という側面を言語は持つべきなのである。

ベルクソンが言葉の意味の発生をどのように考えたのかを確認できるものがある。『思想と動くもの』の「哲学的直観」である。「私たちがものを時に、単語を探し、次にそれを何からの思考によって一緒に縫い合わせると信じているかもしれない。だが、本当は、単語の上、文の上には、それらよりもっとはるかに単純な何かがある。それは意味である。意味は、考えられるものというよりは、思想の動きであり、動きというよりは一つの方向である」（邦訳 pp.186-187）。

（2）ドゥルーズの言語論――「存在論的基礎」から「言語の存在論的基礎」へ

ドゥルーズは、ベルクソンの哲学的な基盤ともいえる「存在論的基礎」を言語に当てはめて、「言語の存在論的基礎」が人間にあると言う。ベルクソンは、記憶について知覚から記憶へと進むのではなく、記憶という過去の中へおのれを一気に移行させていくとした。あるいは、逆に記憶という潜在的なものを想い出して現実的な場面へ向かわせる時でも、それを一気に飛躍させて進めている。これが「存在論への飛躍」で、それが人間を人間とする「存在論的基礎」を成しているものだった。

ドゥルーズは『ベルクソンの哲学』の第三章で、次のように指摘している。「われわれがひとから話されることを理解する仕方は、ひとつの記憶内容を見出す仕方と同じである。耳に聞かれた音声と、それに連合するイマージュとから意味を再構成するのではなく、われわれは意味の要素のなかに、それからこの要素のひとつの領域のなかに、一気に位置を占めるのである。これは存在のなかへの真の飛躍である。そのあとで意味が知覚された音声と、この音声に心理的に連合したイマージュとのなかに現実化されるのである。ここには、意味の超越のようなものと、言語の存在論的基礎とがある」（邦訳 p.58）。

『意味の論理学』の第五セリー「意味」でも、人は音やイメージをいちいち経由することなく意味の中に「一気」に身を置くと言う。ドゥルーズはこのように意味の生成を可能にする「言語の存在論的基礎」（『千のプラトー』）を人間は持っており、これが「出来事」から直ちに「意味」を見出すことを可能にしているという。

前田（1994/2000）は「『言語の存在論的基礎』について」で、ベルクソニスムから「言語の存在論的基礎」という問題を引き出してみせたのは、ドゥルーズ本人にほかならないと言う（２０００年版p.105）。ベルクソンは『物質と記憶』で、人の声を聞く者は一気に対応する観念の中に身を置く（第二章「イマージュの再認について」邦訳p.156）とし、記憶の世界へと一気に進むとしたが、そこでは言語の意味理解にまで踏み込んで議論することはなかった。ドゥルーズは言語に関して、人は言葉の意味を一気にとらえていくことがあると考えた。ドゥルーズは、ベルクソンが言語活動について十分に説明しなかった部分に踏み込んでいった。

ドゥルーズは、言語の意味の起源を「出来事」に求める。彼の言う「出来事」は、身体や活動、事物という具体的なものを含みながらも行為することであって、そこには意味が含まれている。言語を「出来事」として展開すること、つまり単に身体活動ではなくて意味を付随したものであるから言語という側面が出てくる。言語学では、ソシュールの言うパロールであり、さらにはヴィゴツキーが重視した個人の経験に根ざした語の「意味」である。ドゥルーズはここにこそ、意味の生成の基礎があるとした。

ドゥルーズは物質的なものに由来することが精神的なものになるとは考えなかった。『差異と反復』でも物質－身体的活動にもとづく「物質的反復」と、言語的や概念化作用による「精神的反復」とを連続を持ちながらも区別していた。『差異と反復』の第二章では、物質的反復は裸の反復であり、精神的反復は着衣の反復であると言う。だから、前者は諸部分の反復であり、後者は全体の反復であり、前者は現実的な反復であり、後者は潜在的な反復なのである（邦訳p.139）。このように、ドゥルーズはベルクソンから「存在論的基礎」の考えを受け継ぎながら、それを言語的活動の起源にまで持っていこうとした。

ドゥルーズが言う出来事が、言語的な意味の生成の根底になっていることを確認しておこう。出来事として行為をすることは表現である。外に向けられた表現行為が直ちに意味を形成するものではない。出来事やその表現は直接的なもので、外的なものであるのに対して、意味は間接的な思惟活動である。だから出来事やその表現形態と意味世界とは区別されるものであり、出来事が直ちに意味の生成になることはない。出来事から意味へと向かわせるものは、動詞である。あるいは行為と言ってもよいだろう。言語学者のギュスターヴ・ギヨーム（Gustave Guillaume）は、動詞は名詞の体系の中での関係というものを与えていると言う（エドモン・オルティグ（Edmond Ortigues）『言語表現と象徴』1962 より）。つまり、出来事の言語的表現である。動詞の働きは、意味（命題）間の関係を表し、連結する働きをしている。これが意味の中核になっている。さらに、動詞は一つの過程を指示している。動詞は出来事の言語的な表現の中心になっているものであり、それは同時に内的世界の意味の生成をもたらしている。

実は、ベルクソンは『物質と記憶』で失語症を論じていた中で、フロイトの失語症論を参考にしながら失語症の患者がはじめに言葉を失っていくのは固有名詞からであり、次に普通名詞、形容詞、副詞であり、最後が動詞と進んでいくと指摘していた。言語機能の優先順位を辿っているかのような変化である。ここからも意味の中核を担っているのは動詞であり、この動詞は出来事という具体的なものを意味の形で表している。

（3）日常の活動から生まれる言葉の意味

言語は存在する対象である。だが、言語は物質のような対象として扱うことができないもので、抽象的なものである。たしかに、言葉は発声という物理的な空気の振動としてその形を成しており、文字にしても紙の上に鉛筆という物質を遺した痕跡となってその具体的な形を表してはいる。だが、言語そのものは振動でも痕跡でもない。具体的な対象としての性質を持っていない。ましてや、言語の意味となると命題が指示する対象でもなければ、主体が表出する思考内容そのものでもない。だから前田は『在るものの魅惑』（2000）で、「意味は、命題が指示し、表出する存在のなかでのみ表現される。しかし、それにもかかわらず、意味は事物や記憶のいかなる状態によっても示し得ないいわばそれ自体の超越論的な領域に生じる」（p.96）と言う。言語それ自体は「存在する対象」であるとしたのは、こういう意味からである。

言語学では、言語を形式としての形をなした音声的イメージによる体系であると論じることがあった。ソシュールの言語学がその代表である。ソシュールのラング論に代表される構造言語学は、言語を言語形式とこれらを構成する音素や記号素などの機能的関係で説明した。だが、この種のいわば社会が契約としたものからは言語の具体的な活動は説明できない。そこで、止むを得ずソシュールはパロールをラングに対置してみたが、結局はパロールの実体には迫れず、ラング－パロールの二項対立を生んだ。この不毛の区分をバフチンが強く批判して、現実の人間の言語活動では両者はきわめて密接に絡み合って、区分などできないと指摘したことは承知のとおりである。

そして、ヴィゴツキーはあえて語の語義と語の意味を区別しながら、語の意味世界の独自性を主張した。だが、彼は言語の意味の生成については具体的に説明をしていない。語の意味活動を通して人間の意識世界を形成することは指摘したが、ほぼここまでに留まっている。

言語を形式から考える構造言語学とは異なった視点を取った時には、日常の言語経験の実相を問題にする必要がある。言語の中でも話し言葉という側面とそれを使った対話活動である。バフチンがソシュール言語学を批判し、それを乗り越えるものとして位置づけたのが日常の対話活動であり、意味の生成であった。それは何もバフチンだけではなかった。古くはヴィルヘルム・フォン・フンボルト（Wilhelm von Humboldt）の対話論があったし、ヴィゴツキーの対話論、そして彼の話し言葉への重視は、言語の形式ではなくその実質、内容の解明を目指したものであった。だが、ヴィゴツキーの研究にしても相互作用や対話活動に向かう指向はありながらも、対話過程から言語の意味の生成を十分に議論することはなかった。ここにバフチン言語学の「一日の長」がある。それと関連して、言語経験の実相を重視しながら「言語過程説」を論じた日本人の言語学者がいたことにも注目しなければならない。時枝誠記の言語学であり、彼の国語学である。

時枝は『国語学原論・続篇』（1955）で、「言語は、行為であり、活動であり、生活である」（p.28）と言う。時枝言語学の中核にあるのは、言語に対する「構成主義的態度」への反発である。言語を眼の前にある物のように扱う「構成主義」では、言語を小さな単位（音素、形態素等々）に分けたり、客観的な言語体系として言語をまさに規則としてみてしまう。時枝はこういう言語ではなく、言語的事実としての言語主体の意識、活動に求めた。言語主体の表現行為であり、理解過程にこそ言語の本質があるとした。文字や音声を客観的な分析対象とするのではなく、これらを媒材として活動する言語行為でなければならないと考えたのである。そうなると言語学の研究としては、あくまでも言語に対しては「主体的な立場」を取り、その活動の様子と過程をみていく「観察的立場」に立つことになる。このように、時枝にとっては、言語学というのは、個々の言語経験とその観察・分析から得られてくる言語という実在の性質を明らかにしていくものだということになる。これが彼の「言語過程説」である。

時枝は実に多くの言語活動の実相を取り上げ、その研究は多岐にわたっているが、そのエッセンスは彼の『言語学原論』（1941）や『国語学原論・続篇』で知ることができる。彼が『言語学原論』で、言語の部分（単位）と全体（陳述）とは相互に連動しながらの運動とし、言語を過程としてとらえていたことを具体的にみていこう。彼が、『言語学原論』の中で文法論として論を展開しているもので、「詞・辞の過程的構造形式」と呼んでいるものである。「詞」は事物や事象の概念化作用によってできる言葉であり、通常は名詞、代名詞、動詞、形容詞などである。「辞」は助詞に類似した働きをする「てにをは」の類いである。これは詞をつなぐもので、「辞」があることで、「詞」が何かを言い表し、また誰の言葉として出たものであるかがはっきりとしてくる。このように、「てにをは」の働きが、言葉に生きる心を示してくれる。全体（陳述）は「詞」と「辞」が連携し合い、言語表現という運動の中で生まれてくる。これが「言語過程」としての言語の本質であり、姿である。ソシュール研究者の前田が、時枝言語学について解説をしていることも注目すべきである（「時枝誠記の言語学」、「時枝誠記のプラグマティズム」、いずれも『深さ、記号』所収 2010）。

注

［1］ベルクソンが逝去する四年前に遺言として、自分が公刊した著書以外のすべての出版を厳しく禁じたことは有名である。だが、今はその禁が解かれ、書簡や未公刊のもの、そして『講義録』も読むことが可能になっている。ただ、この『講義録』を読む時には、書かれているものがベルクソン自身のものではなく、あくまでもこの講義を聴いた者が書いたノートであることに注意しなければならない。だからグイエが指摘しているように、「ベルクソンがこう言った」と書き込むのは間違いで、精確な言い回しは「ベルクソンはこう言ったのかもしれない」ということである（邦訳 p.i-iv）。もっとも、講義録を編集したアンリ・ユード（Henri Hude）が序文で指摘しているが、ベルクソンは急ぐこともなく、また言い直すことなくよどみなく話をしているので、残されたノートはほぼ文字通りの口述筆記であったようだ。そして彼の講義内容は深く考え抜かれ、練り上げられたものだったとも言われている。なお、Bergson の日本語表記として、かつてはベルグソンが広く使われていたが、近年はベルクソンの表記が多くなっており、本書でもこちらを使用する。

［2］『意識に直接与えられたものについての試論』（1889）の該当部分は分かりにくい文章である。ほぼ同じことを比較的平易に説明しているのが、ベルクソン講義録Ⅱ（1992）の「Ⅳ心理学講義」の第四講「感情」である。彼は次のように説明をしている。「感情とは何だろうか。それは大抵、身体がある観念を実現しようとして描き出す運動によって多数の感覚が引き起こされ、それらが中心的な観念の周りに組織されることである。また別の場合、感情とは、ひとつの共通の観念のもとで同時に表象される可能な諸行動の体系である。例えば、恐怖とは何か。それは、逃れるべき危険ないしその危険の表象と、逃げようと行為する瞬間に身体から発する感覚の総体を合わせたものである。事実、神経の震え、循環器と呼吸器の障害といった感覚を、恐怖という感情から取り去ってみると、もはやこの感情のうちに残っているものは、逃れるべき危険の観念や表象といった純粋に知性的な状態でしかない。したがって、これらの感覚の総体こそが、純粋な観念、純粋に知性的な状態を、情緒的状態、感情に変化させるのである。ここから、感情そのものは、その感覚が身体であり、その観念が魂であるような一種の有機体のごときものだと結論することができる」（邦訳 P.232）。

第7章　中間世界としての人間精神

人間の精神世界は自己の外にある外部世界と関わり合いを持ちながらまさに相即的な過程の中で生まれ、展開している。このことを精神の生成と発達の問題として具体的に論じていたのが、ヴィゴツキーとドゥルーズである。

1　人間の中の「二重世界」と主体の意味生成

ヴィゴツキーとドゥルーズが人間精神とその活動はさまざまな要因が重なり合いながら展開していると述べていたことを、具体的な場面に照らしながらみていくことにする。ドゥルーズは人間の精神は外部世界と心的な内部世界とは折り重なって「二重に分節化されている」と表現した。はじめにこの「二重の分節化」の考えを確認し、次に具体的な例として言語の生成で起きていることと、人間にとっての内と外をつなぐものとしての「出来事」の概念を取り上げる。

（1）人間精神と言語の二重分節

ドゥルーズとガタリは、『千のプラトー』の第三章「道徳の地質学」で、人間を含めてあらゆる自然は複数のものが「折り畳まれる」形で起きていると言う。彼らがこの章のタイトルとして「地質学」という言葉を使っているのは、この世で起きているあらゆる現象は、地層になぞらえると複数の地層が二重に分節されていると考えるからである。そして、地層は順々に堆積されるだけでなく、地層間でねじれの力が加わる「褶曲作用」が起きているとする。

ドゥルーズとガタリは、地層の「褶曲作用」や「二重化」の現象と同じことが、人間の場合には言語で起きていると言う。ここでドゥルーズらが『千のプラトー』で説明として用いているのが、デンマークの言語学者、ルイス・イエルムスレウ（Louis Hjelmslev）の言語理論である。イエルムスレウ（1943）は、ソシュール言語論から出発しながらも言語の形式と意味の実質とは表裏一体であり、これらが互いに意味内容を具体的な形にしていくことで意味は表現されるとする。またその形式の中に内容を入れ込むことで意味が生成されてくると説明する（『言語理論の確立をめぐって』）。このいわば形式と実質は明確に区分されず、無定型なカオス状態のような素材（言語素）から生まれてくること、そこに意味（meaning, purport）の起源があると考えた。ここに意味の生成を説明する一つの可能性があり、ドゥルーズらは、言語の形式と内容を二項対立ではなく、相互に折り畳まれ合っているものとする「二重分節」的な相互作用に言語の動的な生成の可能性を求めた。

イエルムスレウの「言語素論」あるいは「言理学」とも訳されているGlossematicsの考えは、言語の最小の形態がどのようなものであるかを問うたものである。イエルムスレウの言語理論はユニーク、かつ難解なものだが、林（1959）や竹内（1985）の解説（イエルムスレウ『言語理論序説』、『言語理論の確立をめぐって』の竹内と林の訳者・解説）をもとにしてそのポイントを述べると、彼はこれまでの言語学では言語の内容である意味と対比して、音声は形式的側面として分けていたこととは別の発想を取っている。彼は、意味（内容）と音声（表現）の両方に形式と実質（意味）の二つが同時にあり、これらは二重に組み込まれていると考えた。これが彼の言う言語の最小の形態である。イエルムスレウはソシュール言語論の流れを汲みながらも、ソシュールのラングとパロールの二つを同時に組み込んだ独自の言語理論を展開した。ここで、ドゥルーズらが主張するような言語の「二重分節」や、人間精神の中の「二重世界」が確認できる。

(2) 出来事——人間の「内」と「外」をつなぐもの

ドゥルーズは個人の意識の外にある事物が出来事として展開した時、またその出来事を自己が生み出した時に、意味という理念に属するものが生まれてくると考えた。彼は理念や意味の生成を出来事という具体的な事物の状態変化に求めたのである。だから『意味の論理学』の第四セリー「二元性」で、意味は事物の状態の属性であって命題の属性ではないと言い、また出来事は言葉の中で存続するが、事物にもやってくるとした。つまり、出来事は事物と言葉・記号の二つが連節されたものである。事物と言葉・記号という一見すると「二元性」であるかのようなものが、出来事の中では二つを区切る境界が消える。これがドゥルーズの思想の根幹にあるもので、彼の考えをトータルに理解するものが「出来事」という概念である。

ドゥルーズは人間という存在は外に開かれていて、人間の内的世界は外部世界にある物質と無縁な形では存在できないことを強調した。このことを『千のプラトー』では、人間は物質、記号、そして生命の側面で重層的に絡まっていると言う。ドゥルーズは、人間は物質という非生命、外的な形である記号、そして生命依存しながらも、同時にこれらの「非人間的なもの」とは違うものがあると言う。だから「人間的なもの」と「非人間的なもの」との「あいだ」にあるものが、「コト」＝「出来事」が持っている本質的な意味である。

（3）新しいものを生み出す力（ピュイサンス）

ドゥルーズの「ペリクレスとヴェルディ──シャトレの哲学」（1988）がある。これはリセ（高等中学校）時代の親友であったフランソワ・シャトレ（François Châtelet）の死去に際して書いたものである。シャトレは全八巻から成る『シャトレ哲学史』の編者として知られている哲学者で、ドゥルーズも複数の論文をこのシリーズに書いている。ドゥルーズはシャトレの哲学の本質にあるのは、人間は自分たちの社会を実現していく可能性を持っていること、それは理性によって成されることだというものである。この実現可能性はあらかじめ方向づけられているものではなく、そこには多様なプロセスがある。時には、そこではさまざまな条件や障碍を受けながらも理性がそれを乗り越えようとする。この論文ではこれらの実現可能性としての理性を「可能態（puissance）」というアリストテレス由来の用語で表現しているが、ドゥルーズ自身はこの「ピュイサンス」を『差異と反復』では何度も使っている。ドゥルーズはこの言葉に「力」や「力能」、あるいは「力＝累乗」といった多様な意味合いを込めている。

を込めているが、要は可能性のあるものを引き寄せて自己のものとして実現していく生成の力能や構想力のことである。シャトレの言う「可能態」も同じ意味である。ドゥルーズがこの論文でなぜ、ペリクレスとヴェルディを引き合いに出したかというと、それは、シャトレの最初の書物が『ペリクレス』であったことと、作曲家ヴェルディがペリクレスを題材にしたオペラをシャトレ自身が好んでいたからである。ペリクレスは紀元前五世紀にアテネをギリシャの文化的中心にした、いわゆるペリクレス時代を造った哲学者であり、政治家であった。シャトレはペリクレスにその哲学的理想を求めた。ペリクレスは、市民による直接民主政治を実現したが、ここでもシャトレは個人の多様性を尊重しながら集合的な形成を実現していく、まさに「理性の多様性」をペリクレスに見出した。

ドゥルーズはシャトレを論じながら、そこに自己の主張を重ねていく。理性はプロセスであり、「可能態」＝「力能」によって何かを生成していく過程とは、さまざまな物理的条件や人間的関係、あるいは歴史的条件との遭遇、それらの障碍を乗り越えていくことにほかならない。そこにはまさに多様なプロセスがある。ドゥルーズ＝シャトレは「多様性としての理性」を、マルクス哲学の本来の弁証法的唯物論と重ねる。それはいわば「不確定な唯物論」であり、多様性を担保した生成のプロセスとしての唯物論である。この「不確定な唯物論」という言葉は唯物論を決定論としてだけでなく、非決定論も取り込んで偶然の出会いを理論的に位置づけたルイ・アルチュセール（Louis Althusser）の言葉である（『不確定な唯物論のために』1988）。

ドゥルーズは複数の矛盾を一つにまとめ上げて、最終的な真理を強引に導き出そうとするような弁証法には反対した。そうではなくて、差異と矛盾を緊張のままに置いておくことを可能にする「高次の弁証法」を説いた。ヴィゴツキーとのつながりで考えてみると、ヴィゴツキーも人間主体が対象に積極的に関わっていく実践的な行為を通して新しいものを生成していくことが弁証法の本来持っている意味であり、この視点から心理学を構築していく「弁証法的心理学」を目指していた。弁証法的唯物論について、ヴィゴツキーとドゥルーズが共にあるべき思想としてどのようなものを求めていたか、その共通性を確認できる。二人は弁証法に、本来持っている生成とプロセス的思考を求めていた。

2　概念や知識構造による一元論的説明の疑い

心理学の理論は、人間の行動と意識を体系的に説明することを目指している。その時に、過剰に一つの理論でもってすべての現象を説明することがある。例えばヴィゴツキーが問題にした「条件反射学」やフロイトの「精神分析学」である。ドゥルーズとガタリも『千のプラトー』で、フロイトとクラインの精神分析による解釈を取り上げて、彼らの理論的解釈には過剰な一般化があったと批判する。あるいは、一時、隆盛を極めた構造主義や構造主義言語学も同じように、一つの理論で多くの現象をまとめて説明してしまうことがあった。これらは実際の現象の中にある多様性を見落としてしまうことになる。人間心理を扱う学問が一つの理論でもって現象を過剰に一般化して説明してしまう間違いをしてきたことを、ヴィゴツキーとドゥルーズの発言からみていこう。

(1) ヴィゴツキー――心理学理論の過剰な一般化、その批判

ヴィゴツキーは彼の初期の論文「心理学の危機の歴史的意味」で、これまで提出されてきた心理学の理論の多くが、一つの理論で個別具体の現象をまとめて説明してしまう過ちをしてきたと言う。本来ならば、理論は一般科学として普遍的な原理で個別の事象を含めたトータルな説明を目指すものである。一般科学は、個々の現象や対象についての説明を目指す個別科学とは相互に補完し合いながら進めていくべきである。これが可能になって個々の現象や対象についても十分に説明できる普遍的な原理となる。だから、一般科学と個別科学とは決してどちらか一方に包含されてしまうものではない。いわば「上からの説明」と「下からの説明」とが統合されて、一般科学としての条件が満たされることになる。これは本書の「はじめに」でも述べておいたことである。

ところが、心理学の一般理論として知られているパブロフ反射学・行動主義心理学、ゲシュタルト心理学、ウィリアム・シュテルン(William Stern)の人格主義心理学、そして精神分析学という四大心理学理論は、一つの原理であらゆる心理現象をまとめて説明してしまった。ヴィゴツキーは、心理学には一つの理論で全体を説明してしまうという誤謬があって、それが「心理学の危機」になっていると言う。心理学が本来の人間理解を可能にしていくためには、この「危機」を克服しなければならないというわけである。ここでは、先の四大心理学理論の中でもヴィゴツキーがフロイトの精神分析学を批判したことに絞ってみていくことにしよう。

実は、ヴィゴツキーはルリヤと共に、ロシアにおける精神分析学に深い関わりを持っていた。特にルリヤは、自分の出身地であったカザンの精神分析協会の事務局長を務めていた[1]。ヴィゴツキー自身

も、ロシアの精神分析協会の役職についていた。ヴィゴツキーとルリヤはフロイトが１９２０年に著した『快楽原則の彼岸』のロシア語版に序文を寄せているし、ヴィゴツキーはフロイトの『日常生活の精神病理』にも強い関心を持っていた。このように、ヴィゴツキーとルリヤは精神分析学を十分に理解した上で、その問題点を複数の箇所で指摘している。だからヴィゴツキーは、精神分析学の内容を熟知し、またその考えについては一定程度評価をしながらも、人間精神についての説明原理としては間違った方向に向かったと批判する。

ヴィゴツキーは精神分析について、心理現象が潜在的な無意識なものに制約を受けていること、特に性欲的なものが人間の意識の背後に作用していることを明らかにしたものとして一定の評価をする。だが、この学問については、治療法としては実践上の信憑性が認められながらも、この特殊な発見を日常生活の精神活動や児童心理学の問題にまで広げてしまい、さらには宗教や芸術、文学の問題にいたるまで性欲で説明してしまう形而上学になってしまったと批判する。フロイトは、心理的なもの――ここでは、無意識的なもの――に他の何物にも帰着することができない特別な力を与えた。精神分析学は一つの巨大な世界観になってしまったと言う。ヴィゴツキーの言葉である。「キリスト教会、共産主義、未開の連中（引用者注：原始宗教を信じる人たち）は、精神分析ではすべて一つの源泉から引き出されるのである」（「心理学の危機の歴史的意味」邦訳 p.145. 一部、訳文を改変）。

ヴィゴツキーはモスクワ大学実験心理学研究所の同僚であったルリヤが１９２５年に書いた論文「一元論的心理学の体系としての精神分析（Psychoanalysis as a system of monistic psychology）」を、ルリヤとは幾分違った視点で解釈し、批判をしている。ルリヤは精神分析学が古い心理学が取った心をモザイクの寄せ集めのように考える要素主義や観念論的心理学とは異なって、心を無意識における性欲を視点に置いて全体的に把握する一元論的な心理体系を可能にしたと評価する。ルリヤが精神分析は人間を全体的にみていくことを可能にしたと評価したのに対して、ヴィゴツキーは、精神分析学は過剰なまでに一般化したと批判する。

ヴィゴツキーは他の論文でも、精神分析が個別の対象に対して一般法則を過剰に当てはめて説明してしまう過ちを犯していることを重ねて言う。「人間の具体心理学」では、未開民族のカフィール人が見た夢にお告げの機能を感じることと、自閉症患者の思考、そしてフロイトの言う神経症患者の夢にある性的要望、これらは本来は皆、別個のものであるが、フロイトはこれらを無意識の世界で起きている一般法則として論じてしまう過ちをしていると指摘するのである（邦訳 p.283）。ヴィゴツキーは、具体的心理学では現象に表れている個別性を扱うことを基本にしている。それはフロイトの過剰な一般化を目指すような理論とは相容れないものだった。

（2）ドゥルーズの「リゾーム」と「理論の一般性」への疑い

ドゥルーズが人間に対する思想として一貫してとっているのは、人間の中にある多様性である。彼は人間を理解する時、一つの理論で人間が持っている多様な側面を無視して、包括的にとらえて説明してしまうことを強く批判する。この姿勢は、基本的にはヴィゴツキーが心理学理論に対して取ったものと同じである。

ドゥルーズはかつて思想界で一世を風靡した「構造主義」に対して厳しい批判をしている。もちろん、「構造主義」に対して批判をするのはドゥルーズだけでない。多くの思想家も、「構造主義」にある理論体系は一種の「押しつけ」であると言う。例えば、日本でも、坂本賢三は『機械の現象学』（1975）で、「構造」があたかも自然や社会にア・プリオリに存在しているかのような発想をすることが、間違いであると言う。自然や社会にはじめから「構造」があったのではない。むしろ、人間が対象化の働きから引き出し、それらを抽象化したものを自然や社会、あるいは人間に適用したのであるが、はじめから構造化されたものが外側のどこかにあるかのように考えるのは間違いなのである（p.181）。

ドゥルーズとガタリが生成の側面を重視する視点から、「構造」が一人歩きをはじめてしまい、これを人間に機械的に当てはめてしまったと強く批判し、独自の論を展開しているのが『リゾーム』（1976）であり、『千のプラトー』の序文「序・リゾーム」（1980）である。『千のプラトー』にあるのは、単独の著書としてあった『リゾーム』を要約する形で収めたものである（「序・リゾーム」では、元の著書にあった注などは省かれている）。

ドゥルーズの言う「リゾーム」は、樹木のように系統的に事物が配置されている状態ではなく、異なった多様なものが連結し、展開している「根茎」のようなものである。ドゥルーズは、「リゾーム」という反「構造」の立場から、チョムスキー言語論を批判する。ドゥルーズはチョムスキーの文法理論は言語の多様性を否定し、一つの言語学的秩序でもって言語活動を説明してしまったと言う。言語的統辞法を固定的な標識としてしまい、言語の等質性を与えてしまった。文法的に正しい文章を作り、話すことは社会的な法に完全に従属するものであって、一つの体系的な「樹木」をイメージするチョムスキー的な「樹木」は政治的な権力の中に言語の統一性や等質性という定常的な関係を持ち込んでいる。だが、実際には言語的等質性などはなく、あるのは言語の多様性である。いわば多様な形で展開をしていく「リゾーム（根茎）」のようなものが存在するだけである。ここでは、「リゾーム」を説明するためにチョムスキー言語論を出したが、ドゥルーズは広く「構造主義」も批判する。

（3）ドゥルーズのクライン精神分析学批判

ドゥルーズとガタリの精神分析学批判をみていこう。彼らが主に取り上げているのはクラインであり、特にリチャードの症例分析である。彼らは『千のプラトー』の「序・リゾーム」で、クラインは精神分析の説明概念を機械的に当てはめる症例分析と解釈を行ってしまったと言う。

クラインが行った症例分析と解釈とはこういうものである。クラインは一人の少年、リチャードが抱えた対人恐怖や抑鬱についての治療とその原因分析を行っているが、彼女は、この少年の症状の原因を良き母親を傷つけようとする父親との間の葛藤にあるとする、いわゆる「エディプス・コンプレックス」という精神分析学の「お決まり」の枠組みで説明をしている。これに対してドゥルーズとガタリは、少年自身は別の問題としてそれを半ば自覚しているのにもかかわらず、精神分析学による解釈と治療を押しつけてしまったと批判する。

もう少しクラインの症例研究を詳しくみなければならない。このリチャードの症例分析とその全記録は、クラインが『児童分析の記録』（1961）としてまとめている。理論的分析についてはクラインの『児童の精神分析』（邦訳『メラニー・クライン著作集第二巻』1932）にもあるが、特に「早期不安に照らしてみたエディプス・コンプレックス」(1945) の論文で、クラインは早期不安の原因は父親へのエディプス・コンプレックス、そして父親と母親の関係をめぐる少年の葛藤と説明している。ドゥルーズらが問題にするのは、このいわゆる「エディプス的家族」という解釈である。父親の介入によって、リチャードと母親との直接的な合一が断念させられてしまうエディプス的な悲劇が、子どもの心的世界で演じられているという説明である。リチャードに対する治療過程とその分析・解釈は詳細な資料としてまとめられており、治療過程でリチャードが描いた七十四枚の絵についても分析の対象になっている。

リチャードが学校にまったく通うことができなくなり、強い抑鬱症状が起きたのは第二次世界大戦の勃発の時期からで、そこには戦争による不安感が背景にあった。特に彼はイギリスのウェールズに疎開していたためにドイツの空襲と爆弾に怯え、ヒトラーの占領に対する恐怖を抱いていた。彼が描いている絵には、ドイツの潜水艦や飛行機による攻撃とそれと戦うイギリス軍の様子が頻繁に登場している。リチャードは第二次世界大戦の情勢を彼なりにとらえ、国境や戦争機械、同盟軍、独裁者、そして政治家たちなどを絵に描いている。リチャードが描いたものは『児童分析の記録Ⅰ・Ⅱ』の巻末に載せられているが、それらをみると、一見してごちゃごちゃであるが、彼なりの世界を表現している(図4)。これをドゥルーズは「地図作製法」と呼んでいる。

この絵をクラインは、リチャードが世界情勢に抱いた不安の背景にあるものを母親と父親との間の性的交渉で受ける攻撃に置き換えたエディプス・コンプレックスと解釈している。イギリスが攻撃を受け、侵略された様子は母親の身体を表現し、父親や兄と母親の占有をめぐって戦っていると分析す

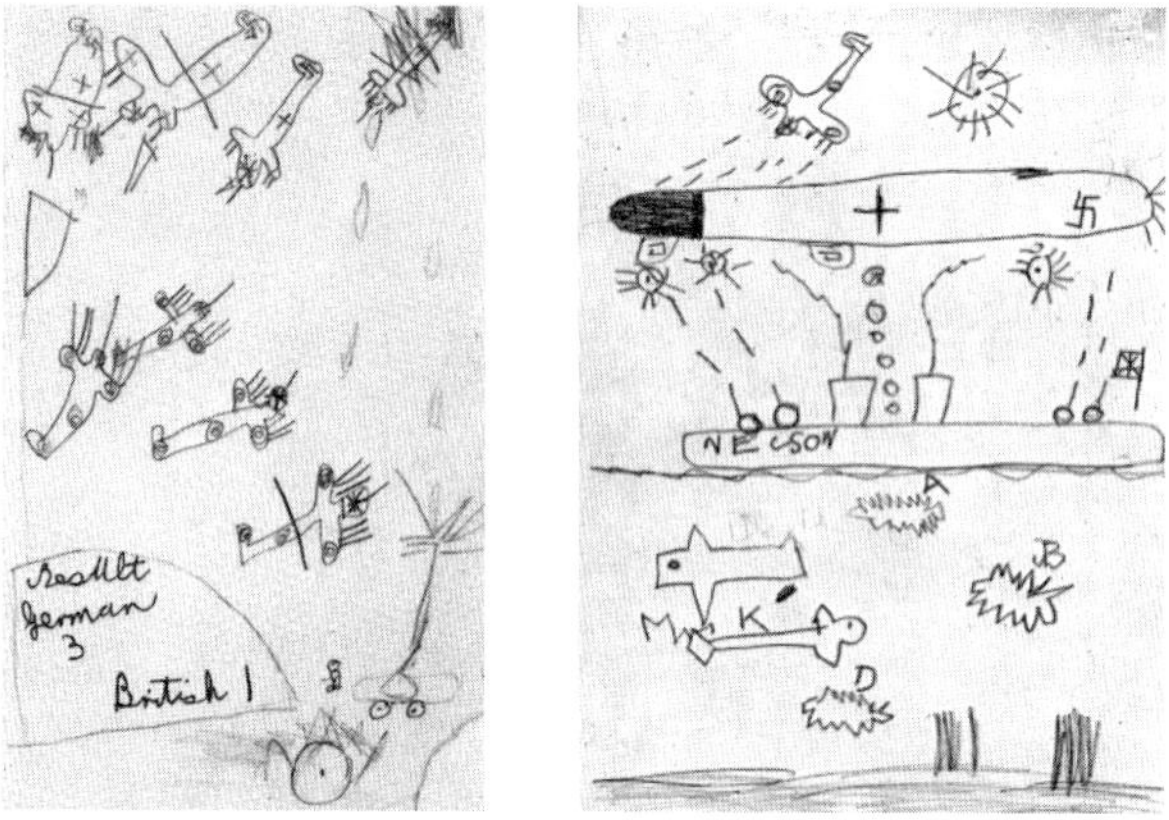

図4　少年・リチャードが描いた絵

るわけである。リチャードはと言えば、自分の心的世界で起きていることを彼なりの仕方で表現している。だが、この地図として表したものは、何度かの治療過程でクラインによって、母親が父親から受ける攻撃とその不安として意味を押しつけられ、それを絵としても描くようになってしまったものである。

ドゥルーズとガタリからすると、クラインは精神分析学の出来合いの「コピー」で説明を完結してしまっている。「児童の精神分析においては、他のいかなる精神分析におけるよりも、（リチャードが）いかに言表が押しつぶされ、窒息させられているかがいっそうよく見てとれる。何か言表を産み出すやいなや、それが出来合いの、すでにコード化された解釈用解読格子（グリッド）に当てはめられずにはいられない。子どもはそこから外に出られない――はじめから、『やられて』いる。精神分析は、真の欲望と同様言表のあらゆる生産をも妨げるための、恐るべき企てなのである」（『リゾーム』邦訳 p.45）。

ドゥルーズらはクラインのリチャードの症例だけで

なく、フロイトのハンスの症例でも精神分析学の共通の過ち、つまり、説明の単純な「当てはめ」を犯していると言う。ドゥルーズとガタリは、クラインの児童の精神分析については、「序・リゾーム」だけでなく、『意味の論理学』や、『アンチ・オイディプス』(1972)でも繰り返し批判をしている。

ドゥルーズによれば、人はむしろ自分の内面を主体的に描く地図作製者である。それがあのリチャードが行った自己の無意識を構築する活動だったというわけである。彼らは、次のように言う。「人は樹木、あるいは根−直根ないしはひげ根という表象的モデルから一歩も出ていないのだ(例えばチョムスキー的な「樹」がそうで、基礎のつながりに結びつけられ、二次元論的論理にしたがってみずからの産出の家庭を表象している)。実に古めかしい思考の変種にすぎない」(「序・リゾーム」邦訳 p.24)。

3　人の生の現実——中間世界、あるいは中動態

人は絶えず外部世界と関わりながら自己の内的世界を作り、また精神活動を展開している。この視点から人間の現実の姿を論じているのが、ドゥルーズとガタリの『千のプラトー』であり、「中間世界」の考えである。彼らがこの著書で論じていることの意味を確認し、同時にこの著書に触発された研究をみていこう。

(1) ドゥルーズとガタリの「リトルネロ」

ドゥルーズとガタリの『千のプラトー』第十一章は「リトルネロについて」である。「リトルネロ」

は聞き慣れない言葉である。「ritorno（帰ること、戻ること）」、「ritorare（帰る、戻る、再び帰る、再び戻る）」に由来するイタリア語の ritornello のことで、音楽用語では「反復符」となっている（野上・編『新伊和辞典』1964）。鈴木（2008）が『思想』（岩波書店）で「リトルネロ」の意味を端的に次のように語っている。「繰り返される小さな音楽、鼻歌からプルーストの描くヴァントゥイユのソナタの小楽節、さらにはジミ・ヘンドリクスのリフまで至るようなリフレインのことを意味する。小さな繰り返しとしてのリトルネロこそが、表現への生成変化としての芸術を実現する」（p.269）。

ドゥルーズとガタリは音楽では、「繰り返し」の行為が一つの音楽という感性的なシステムを作り出していくと言う。「繰り返し」＝「リトルネロ」はリズムという形で音楽の中で表れている。実際、音楽で繰り返されるものは単純な反復のように感じられてしまいがちだが、実際は、そこではわずかに違った音の積み重ねが連続的に展開されている。ここにはドゥルーズの『差異と反復』の中で言った「異なったもの」＝「差異」の「反復」から新しいものが生まれてくるとした差異の思想が表れている。

ドゥルーズらは、新しいものが生まれてくるのはさまざまなものの関係の「間」からであることを強調する。『千のプラトー』の「序・リゾーム」の終わりの部分では、リゾームには始まりも終点もない、いつも中間、もののあいだ、存在のあいだ、間奏曲 intermezzo であり、リゾームは接続詞「と……と……と……」を生地としていると言う。この接続詞には動詞「である」をゆさぶり、根こぎにするのに十分な力がある。どこへ行くのか、どこから出発するのか、結局のところ何が言いたいのか、といった問いは無用というわけである（邦訳 p.38）。これがドゥルーズのもう一つの重要な「中間」

という考え方である。リゾームでは「中間」として始まり、「中間」の中に出たり、入ったりしている。始まりも終わりもない「中間世界」であり、あるいは内と外とが一体になって展開される「中動態」としての動きである。それはプロセスとして、モノと出来事をとらえる視点でもある[2]。

ドゥルーズとガタリは、「繰り返し」＝「反復」の行為で形を外へと表し、場と構造を形づくっていくことを、「領土化」と言っている。動物を例にして考えると、鳥のさえずりであったり、地面に自分の縄張りを宣言する動物のマーキングの行動である。人間の場合は、立て札を立てたり、縄を張ること、芸術表現では音楽や絵画という記号表現を行うこと、あるいは、思想的なものを外部に示すことで、自分の影響範囲を表す。彼らはこのような広い意味の活動による場の生成を「領土化」と称している。

ドゥルーズとガタリは、「リトルネロ」とそれによる「領土化」の一例を、ウィリアム・ソープ（William Thorpe）が観察した「ハバシニワシドリ」という鳥の行動で説明している。この鳥は反復の行動によって周りの土地を自分の領土として表現する行為を行っている。詳しくはソープの『動物の学習と本能（*Learning and instinct in animals*）』（1956/63）でその様子が語られている（p.364）が、この鳥は毎朝新しい葉を切り取り、地面にその葉を裏側にして置く。そして、色の薄い裏側の葉を置くことで、地面の色と対照的になって、自分のテリトリー＝領土を表現している。

ドゥルーズとガタリが言うように、他の多くの動物も自分の縄張りと存在を表現するマーキングを繰り返し行っているが、宣言という表現を繰り返すことで領土が生まれてくる。もちろん、この「領土」や「領土化」は、地理的な意味だけでないことは言うまでもない。表現性をもったリズムが行う行為から慣習や典礼の形式が作られる。まとまった形を成していく「アレンジメント」である。それは記号化による意味の生成でもある。

(2) インゴルドの『ラインズ』

ドゥルーズとガタリの「リトルネロ」に触発を受けた人類学者がいる。ティム・インゴルド (Tim Ingold) である。彼は複数の著書で、「リトルネロ」の考え方を下敷きにして人間の行為を論じている。インゴルドは『ラインズ――線の文化史』(2007) や『生きていること (*Being alive*)』(2011) で、人間を含めすべて生きるものは環境との間の絶え間ない相互的関わりの中で活動を展開していること、その活動の痕跡である連続的な線が環境を独自に組み直し、意味を与えていくと主張する。人間にとって環境とは固定的なものでも、また自らとは関わりのないものでもない。インゴルドは人間も世界の流動の一部であり、人間自らが環境の中で行為し、そこで動きまわる「線（ライン）」であるとする。人間も含めて、生きるものすべての活動は生成する線（ライン）の絡まり合いである。

『ラインズ』では、音楽をはじめ、歩行することや文字表現、絵を描くこと、さらには建物を作るという活動が人間の自由な活動、まさに生きていることそのものの表れであり、それが軌跡となっていると言う。彼は、「ラインの制作 (line-making)」は、声や手足の使用――発話や身ぶり、移動の際の――と同じように、至るところでみられるばかりでなく、人間の日常的活動のあらゆる場面を包括していると言う (邦訳 p.17)。彼は複数の章で、人間は生きた活動を通して生活空間を構成し、それらがまさにラインに沿った運動として展開していることを、人類学や考古学、芸術、さらには建築学といった幅広い領域から実例をあげながら、人間が生きること、作ることの行為が持っている根源的な意味を問い続ける。それはドゥルーズとガタリが『千のプラトー』でも問題にしてきたことであり、インゴルドがあげる具体的な例から、ドゥルーズとガタリが「リゾーム」や「リトルネロ」で述べたことの実践的な意味を明確にすることができる。

もちろん、人間はこの世に生きている中で自由に自分の活動を展開しているわけではないし、社会に存在する慣習や制度に規定されてもいる。そもそも我々は環境の中で生き、またそれに依存してもいる。だから「線（ライン）」として描き出される音楽の場合でも、「記譜法」として表現の仕方が固定化されてもいる。あるいは、自由に自分の足で動きまわることも、「交通手段」として整備されてしまうと決められた「線（ライン）」に依存した活動になってしまう。

文字表現について、インゴルドはヴィゴツキーの「書き言葉の前史」を使いながら、次のように述べている。子どもたちは文字を書くことを始める最初の活動は、身ぶりで空中に書くことである。だから書かれた記号である文字は、いわば「定着した身ぶり」である（『ラインズ』の邦訳では「固定された身ぶり（fixed gesture）」）。ヴィゴツキーの表現に則して言えば、文字記号は子どもが自分で表現したいことを身体的な身振りとして表した視覚的記号であり、その起源の前史としてあるのは子どもの描画活動である（ヴィゴツキー「書きことばの前史」、『文化的・歴史的精神発達の理論』所収、邦訳pp.226-256）。もちろん、文字は自由に描くこととは違って文字記号として文化的に定着しているものを参照している。子どもの主体的な表現的行為をもともとは起源としているものを、教育の中では一定の決められた文字の形に沿うような方向づけをしてしまっている。これが現状だとインゴルドは言う。子どもたちは文字を書く訓練として、文字を書いていくための必要な手の動きを叩き込まれる。紙の上にきれいに文字の形を複写することが求められるのである。

それでは、現実としてある「枠組み」や「慣習」を無視することなどできない中で、どのようにして生きて活動する「ライン」を描いていけばよいのだろうか。この問題についてインゴルドは、『ラインズ』に続けて『生きていること』の中でひとつの方向を提示する。彼の基本的な考え方は、「作ること」は人とモノの二つが織り合わされているという発想である。モノを作る過程の中では、物質という対象は決して固定したものではなく、作る側がモノに関わることでモノ自体も変化を遂げていく。モノを作る過程では素材の特性や状態を見極め、その肌理に応じてなぞっていくことが必要である。そうなると対象、あるいは素材と一体になることがモノを作るということである。だからインゴルドは、生物学者のユクスキュルが言う人と環境とは一体になっているという「環世界」の発想を取り入れる。インゴルドは人類学者としてユクスキュルよりもさらに先を行こうとする。つまり、動物はモノを作り、環境を変えていくことはないが、人間は環境と一体になり、それらと絡まりながらモノを作り、またその活動の痕跡を「線（ライン）」として紡ぎ出していく。精神と世界とは一つの動きとなって束ねていくということで、人とモノの間には境界はない。「作る」という活動は人間の一方的な発想や心的なイメージを対象＝物質に型枠に合うように押しつけることでもなく、また主体である人間と対象とが独立しているようなものでもない。人間と対象・環境とは連続的に変化していく中で展開していく発展の経路を辿っている。

いくつかの具体的な例で確認をしてみよう。その一つが、私たちが子どもの頃によく経験した「凧揚げ」である。屋内ではテーブルの上にじっと置かれているだけの物である凧は、我々がそれを屋外で持って走り、風を受けて揚がっていく時、そこに生が吹き込まれる。そして人はこの凧と糸を通してその動きを一体感として感じる。走りながら凧を揚げている時には私たちは足に砂や地面の感触や風を感じ、それと凧の動きとは呼応し、また絡み合う形で運動の軌道として展開されている。それはまさに、私たちの活動と凧の動きという一体となっている過程、二つの間、つまり中間で起きている。

もう一つは、北海道の冬を舞台に行われた雪原に絵を描く「スノーアート」である。名前のとおり、雪の上を人が歩きながらその足跡で模様を描き出していくものである。北海道旭川市の郊外、東川町の広大なゴルフ場の雪原に人が「かんじき」を履きながら雪の上に足跡をつけていくことで絵を描いていく。英国人のサイモン・ベック（Simon Beck）は国内外でこの「スノーアート」のワークショップを行っているが、２０１７年の2月に町民も参加して巨大な絵を制作している（図５）。写真のように上から見なければどのような絵がそこに描かれているのか分からないので、歩きながら痕跡を雪の上に残している過程では何を描いているのか不明である。その時には絵を描くという感覚ではなく、ひたすら雪の上を歩くという感覚、まさに雪と一体になっている運動である。しかも雪に足を取られながら、時には雪との悪戦苦闘でもある。雪に足を取られてしまって描くべきものとは違った足跡をつけてしまうことも頻繁に起きてしまう。だが、雪原と自分の一歩一歩の歩みがまさに一体になって痕跡が生まれ、それが一つの絵を生んでいる。しかもこのアートはまさにスノーアートの名前のとおり、雪が新しく積もると消えてしまうし、また日光に照らされて雪が解けると消えてしまう一時的なものである。だが、何もなかった雪原に一つの芸術作品が、人の一歩一歩の歩みの痕跡から生まれて

図５　旭川市郊外・東川町に出現した「スノーアート」

いる。

インゴルドは自分の考えを理論的に確認するために、ドゥルーズとガタリの「中間」の発想を引用する。『千のプラトー』の第十章「一七三〇年――強度になること、動物になること、知覚しえぬものになること…」の文章である。「生成変化は常に〈中間〉にあり、これをとらえるには〈中間〉をおさえるしかない。生成変化は一でも二でもなく、一と二との関係でもなく、二つの〈あいだ〉であり、二つのものに対して垂直をなす境界、あるいは逃走や転落の線である」[3]（邦訳 p.337）。

インゴルドが言う生成変化としてラインを描いていく方法は、対象や環境と常に関わりながらもその制約に縛られることなく、対象から自由になりながら新しいものを作り出していくことである。あるいは物質の条件から逃避してみることである。

インゴルドは生きるものの本来のあり方として自ら活動し、新しいモノを作り出し、「線（ライン）」を束ね、生きた世界を構成していくことを担保していくべきであると主張する。彼は「点と点」というそれぞれが一つひとつの生きているものの活動を結ぶ「線（ライン）」が固定化され、制度化されてしまったことから逃避しなければならないが、ここでドゥルーズとガタリの「逃走」という考え方を援用する。ドゥルーズとガタリの言う「逃走」については、次章の構造主義批判のところでふれる。

(3) 幼児の描画――活動の痕跡を描く

活動の痕跡を絵として描いた実例をあげてみたい。幼稚園の年長児が幼稚園に全員で一泊するいわゆる「お泊まり会」で体験したことを絵に描いたものである。幼児が一枚の絵をどのような順序で描いていったのか、その様子をＶＴＲに録画した映像を分析するという方法を用いた。なお、この研究は佐藤と長橋の共同研究による（佐藤・長橋 2009）。

子どもたちは、昼間、遠足で札幌市内中央部の「大通公園」に出かけている。その後、幼稚園に戻って、夕食や園庭での花火を楽しんでいる。トシオが描いた絵は、公園で過ごしたことや、夜の花火を中心に、自分の活動したことを線で描き、まさに痕跡として表現している。インゴルドの言う「ライン」そのものである。そして、自分の体験したことや見たことの時間的経過を自分なりに物語として描いている。アンリ・リュケ（Henri Luquet 1913）やメルロ＝ポンティ（1969）は「絵物語」と呼んでいるが、一枚の紙の上にたくさんの出来事を重ねて描くという多層的表現を行っており、その表現順序は決してでたらめではない。いわば一枚の紙の上に描かなければならないという制約の中でいかにして自分たちが一日体験したことを「物語」として再現しようとしたかを示している。トシオ

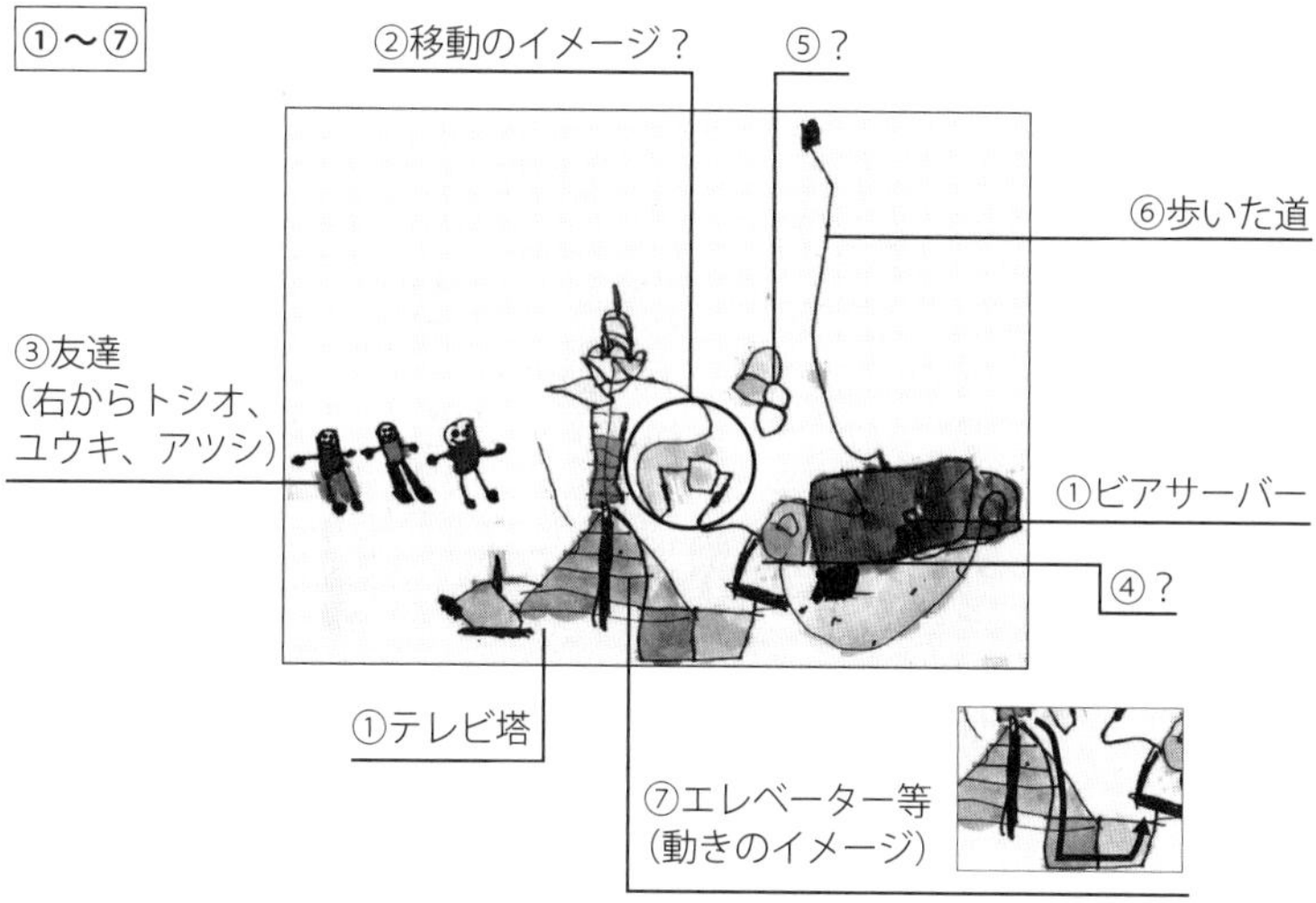

図6（1）　トシオの描画過程（1）

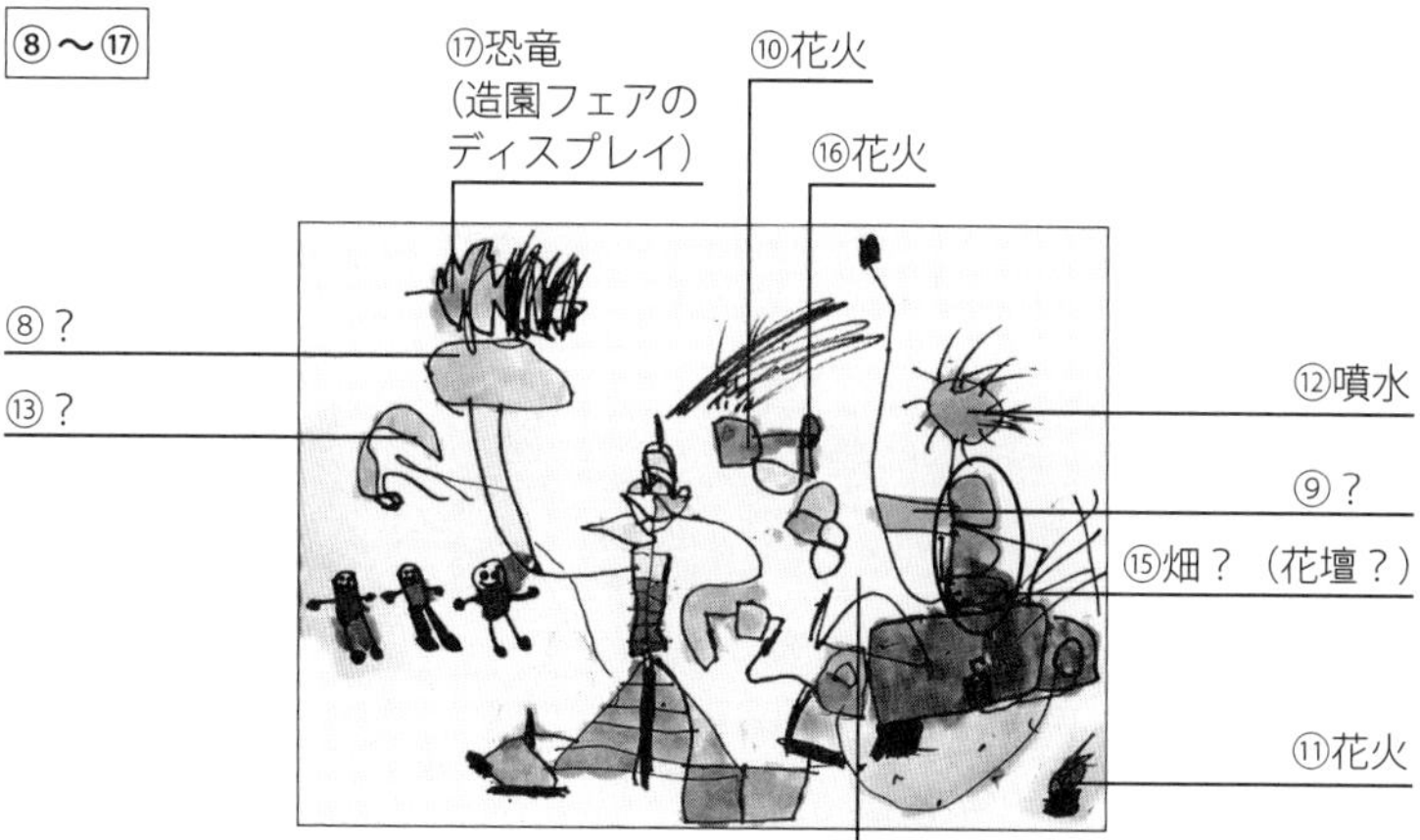

図6（2）　トシオの描画過程（2）

図6（3）　トシオの描画過程（3）

はどのような順序で活動の痕跡を紙の上に描いたのだろうか。

ここでは、彼はこの日に体験した多数の出来事を一枚の絵の中に同時に描いている。これらはいくつかの出来事とその時間経過を表現したもので、「継時混交型」とか、「多面投影法」と言われる。

トシオの絵は、はじめは大通公園で遊んだことや、テレビ塔にエレベーターで登ったこと、そして夏祭りのビヤガーデンのために置かれていたビアサーバーの機械など、珍しかったものに接しながら自分が移動した痕跡を線（ライン）で表している（図6（1））。次に描いたのは（図6（2））夜になって幼稚園の庭で楽しんだ花火で（⑩、⑪、⑯）、その前後に大通公園にある噴水（⑫）や花壇（⑮）、植木で作られた恐竜の模型（⑰）を描いている。図6（2）では幼稚園の夜の花火と昼の大通公園の出来事が混在しているが、最後の図6（3）になると、夜に園庭で花火をしたことが表されている。このように必ずしも厳密に出来事の時間順序どおりに絵が配置されてはいないが、自分にとって印象として強く残っていることを描いており、彼なりに意味を持った順番で絵物語を作り出している。

注

［1］ロシア、あるいはソビエト連邦における精神分析とその受容とルリヤの精神分析の関わりについては、國分と牛山がまとめている（國分 2005; 國分・牛山 2006; 國分・牛山 2007）。これらを通してロシア精神分析運動の一端を垣間見ることができる。ルリヤがまとめた活動記録には、ヴィゴツキーが文学との関わりから精神分析について研究会で研究報告を行ったことが記載されている。岩本の『フロイトとドストエフスキー――精神分析とロシア文化』（2010）にも、ロシアにおける精神分析運動についてふれているところがある。

［2］人間精神や人間の活動が展開される場として中間世界や中動態としてとらえる立場は、メルロ＝ポンティの思想にもはっきりとみられる。日本でも坂部恵や市川浩、木村敏などの識者も指摘している。これらについては佐藤公治（2012）の『音を創る、音を聴く』の最終章「中間世界」で述べている。

［3］『千のプラトー』の中の文章である。「生成変化の線は、それが結びつける複数の点によっても、またそれを構成する複数の点によっても規定されない。生成変化の線は、点と点のあいだをすりぬけ、中間でのみ芽を吹くばかりか、最初に識別された点に対しては垂直方向に、隣接する点や離れた点のあいだに局限されうる関係に対してはこれを横断する方向に疾走するのだ（引用者注：ドゥルーズは二つの間、あるいは隣接しているものの間から生成変化とその線が起きていることを原註として図を使って説明している）。点は常に起源である。ところが生成変化の線には始まりも終わりもなく、出発も到着も、また起源も目的もない。…：生成変化の線には〈中間〉があるのみだ。〈中間〉とは平均値ではなくクイックモーションであり、運動の絶対速度だ。生成変化は常に〈中間〉にあり、これをとらえるには〈中間〉をおさえるしかない。生成変化は一でも二でもなく、一と二との関係でもなく、二つの〈あいだ〉であり、二つのものに対して垂直をなす境界、あるいは逃走や転落の線である」（『千のプラトー』邦訳 p.337）。

第8章　生成という時間

人間の精神はどのような形で生成し、またどのような変化をみせるのだろうか。その過程は決して予測可能なものではない。そもそも世の中の出来事や人がそこで経験することは予定どおりには進まない。それでも、なお、人はこの偶然という時間の中で生を営み、自己の成長を実現している。

この章では、はじめに、ヴィゴツキーが人間の発達は小さな時間単位で起きていることと、それは決められた予定表どおりには進まないとしたことを取り上げる。次に、ドゥルーズが人間精神の生成過程で起きていることを時間という観点から哲学的に論じていたことをみていく。ドゥルーズは、人間の中で起きていることは、決して同じことの繰り返しではなく、そこから新しいものが生まれてくると考えた。人間精神の生成を論じた発達心理学者のヴィゴツキーと哲学者のドゥルーズは、共に新しいものが生成されていく過程として人間の活動を論じていた。

1　生成・変化していく時間をみる

ここでは、人間が精神を形成していく活動は絶えず新しいものを生成していく過程であるとした、ヴィゴツキー、ドゥルーズに加えてベルクソンの考えをみていく。ヴィゴツキーは、人間発達の視点から、人間精神の生成過程にあるものを考えた。そして、ドゥルーズは、人間精神の生成の問題を人の活動にみる反復と持続の過程を通して論じた。ここでさらにベルクソンを取り上げるのは、彼は人間精神の中心にあるものに持続という活動を位置づけているからである。そこにも、彼独自の生成論と時間論があった。この三人の研究者に共通にあるのは、人間精神の本質的なものとして生成し続ける活動であること、そして、その過程はあらかじめ決められた形では進まないという「反・予定調和」の考えである。

（1）ヴィゴツキーの「変化する子ども」

ヴィゴツキーの発達理論は、ジャン・ピアジェ（Jean Piaget）と共に人間発達の基礎理論として今なお存在し続けている。そして、二人は発達の方向として異なった考え方を取っている。それが端的に表れているのが、ヴィゴツキーが『思考と言語』の第二章で、ピアジェの初期の研究である幼児の言語と思考の発達を批判的に論じているところである。ピアジェは『児童の言語と思考』（1923）で、幼児期の子どもの思考の特徴として、自分の枠組みの中で考える「主観的なものの見方」があること、そのために他の子どもとの間で交わされる会話も互いに了解し合えない「自己中心的言語」を使っているとした。ピアジェが幼児期の言語として社会性の欠如を言ったのに対して、ヴィゴツキーは幼児でも仲間とのコミュニケーションは十分に取れるとして、決して社会性が欠如してはいないと反論する。そして、ヴィゴツキーは、ピアジェがみた幼児の言語の特徴は子どもが遊びの中で思考を展開していくために声に出しながら考えている時の言葉であると言う。いわば遊びの中で子どもが思考を展開する時に言葉を使っており、その言葉が外言の形で表れている。

このように、幼児の言葉をめぐって二人は違った解釈をしているが、そこには同時に発達変化の方向についても基本的な考え方の違いがある。ピアジェは、人間の発達は個人中心の世界から社会的な世界へと向かって進むとしたのに対して、ヴィゴツキーは発達の早い時期から人間は社会的存在であり、社会・文化的な中に身を置いており、社会的なもの、コミュニケーションという活動を行っていると考えた。そして、コミュニケーションという社会的活動としての言葉を、次には自分の思考活動を支えるためのものとして自分のものにしていく。これが人間の発達が進んでいく方向だとした。だから、そこでは、ピアジェのような発達の方向は当てはまらないとした。

ピアジェとヴィゴツキーでは、発達変化の予見性についても違っている。ピアジェは人間の発達は決まった発達のコースを辿っていくとした。だから、彼が人間の発達変化をいくつかの発達段階で区切って表現することは可能だし、一つの発達段階にある子どもの特徴は、少なくとも二、三年間にわたるその時期の子どもの思考様式の一般的な特徴を示すものということになる。ヴィゴツキーはそのようには考えなかった。

ヴィゴツキーは、人は社会的存在として外部の世界と変えず接触し、関わっていく中で発達が実現していくとした。そこでは、当然のことながら外部の影響を受けながら成長変化する、つまり個人の内的な要因による予定調和で発達を描くことはできないとした。ヴィゴツキーは、ピアジェが発達の法則を一般化して論じてしまっているが、実際は、社会的環境やその他の要因を受けながら発達の姿は変化している。だから、あらかじめ決められた枠組みで子どもの活動やその特徴をとらえることはできないと言う。彼はどの文化の中にいる子どもにも当てはまるような、理想的な、一般化された「永遠の子ども」としてその姿をみることに反対した。「永遠の子ども（вечнодетское 英訳では eternal child）」ではなく、社会・文化という人間が持っている歴史的なものに影響を受け、それに支えられながら発達していく「歴史的な子ども（историческидетское 英訳では historical child）」としてみるべきである。ヴィゴツキーは、ヨハン・ヴォルフガング・フォン・ゲーテ（Johann Wolfgang von Goeth）の言葉を借りて「束の間の子ども（преходящедетское）」、英語訳では「変わりつつある子ども（transitory child）」とも言って、変化し続ける子どもの姿を明らかにしようとした（『思考と言語』邦訳 p.96; 英訳 p.91）。

これまで私たちはともすると、子どもの発達の姿を予定調和的で、かつそれはどの文化でも普遍的な形で表れているものとして考えてしまうことがあったが、この常識では発達の本当の姿を見失ってしまっているだろう。ヴィゴツキーは、子どもの発達は絶えず変わっていくのであり、社会、文化の影響を受けながら絶えず変わりゆく子どもの現実の姿を取り戻すこと、これが発達研究の課題だとした。

（2）ベルクソン『創造的進化』の中の発達論

ドゥルーズは人間精神の生成・変化に偶然性と一回性を重視した反・予定調和があるとしたが、その前に彼に影響を与えたベルクソンの考えをみていこう。

ベルクソンは『創造的進化』で、人間成長・変化を系統発生的な進化の時間軸の中でみていく論を展開するだけでなく、もう少し短い時間単位で起きている人間の活動も取り上げている。つまり、今という時間の中で展開されている人間の活動とその発達の姿を予定調和としてみることはできないという主張である。彼は、人は絶えず変化を遂げており、その変化は時には瞬間で起きてもいる。『創造的進化』の第一章「生命の進化について」では、我々の人格は経験の延長にいながらも、同時にそれは一瞬ごとに形づくられており、絶えず変化をしているとする。各瞬間は予見不可能なものである。このようなベルクソンの背景には、人が生きていることの本質には絶えず変化が起きている時間的な流れがあり、それを生きている本人が「直観」としてとらえるという考えがある。彼は人の変化を単に経験したことを「足し算」のように積み上げられていくかのように考える「機械論」も、あらかじめ決められた設計図どおりに事が進むような「目的論」も、間違いだと言う。

『創造的進化』では、人間の生命進化についての議論が中心だが、後半では人間の成長・発達の問題へと論が進んでおり、第四章「思考の映画的メカニズムと機械論的錯覚」では、発達をどのように論じるべきかについて示唆を与えてくれている。そこでの主張は、ヴィゴツキーの発達論とも重なるところが多い。

ベルクソンはこの第四章で、成長について次のように述べている。私たちは「子どもが大人になる」とは言わないで「子どもから大人への生成がある」と言うべきなのである。「子どもが大人になる」の「なる」は、「子ども」の中に「大人」の状態があることを覆い隠すもので、子どもは大人になっていく方向を予定調和的に持っていることを含んでいる。だが、それは、あたかも変わっていくことを「なる」という言葉でカモフラージュしているだけである。実際は、生成していく活動、あるいは生成の過程そのものを主語としなければならない。だから、子どもからおとなに「なる」と表現してしまうのは、想像上の二つの発達の異なった時期が独立して別個にあることを意味してしまっている。そうではなくて、「生成がある」とか、「移り行き」というように、動態としてみるべきなのである（邦訳p.353）。

ここには、流動と変化こそが人間の実相であることを解いた生の哲学者ベルクソンの確信が鮮やかに語られている。こう指摘するのは、ベルクソン研究者で、ドゥルーズがベルクソンを論じた二つの論文（「ベルクソンにおける差異の概念」、「ベルクソン1859－1941」）の訳者、平井啓之である（p146）。ヴィゴツキーの言う「束の間の子ども」や「変わりつつある子ども」と、ベルクソンの「子どもから大人への生成がある」という表現には、「変化しつづけていく」姿として人間の発達をみていくべきだとする共通の問題意識がある。

（3）ドゥルーズ――生成・変化の一回性

ドゥルーズの基本にあるのは、「差異」の肯定、つまり違いと一回性を重視する発想である。人間はもとより自然現象も、同じことの繰り返しではなく、そこから違いが生まれてくるのが「本質」である。変化があるところ、動きがあるところではいつも新しいもの、「差異」が生成されている。ドゥルーズはこのように考えた。ドゥルーズは『差異と反復』で、人はいつも一般化、抽象化された概念や思考装置であらゆることを説明してしまい、個別具体の出来事から生まれてくる特異性を無視する傾向があると警告する。あらかじめ我々が説明装置として持ってしまった概念＝「表象＝再現前化」を使って差異を無視して同一化してしまうことは、出来事の中にある差異、つまり新しいものが生成されてくるという発生の現実を見逃してしまっている。

『差異と反復』でドゥルーズは、出来事としての偶然性と、同じことが起きない一回性を「骰子一擲」という言葉で表現する。ゲームで振る「サイコロ」と、それに運命に身を委ねる事態であり、偶然性の肯定である。「骰子振りの反復は、もはやひとつの同じ過程の頑強さに服従してはいず、ひとつの恒常的な規則の同一性も服従してはいない」（第四章「差異の理念的総合」邦訳 p.300）。「偶然性の肯定」は一つの思想につながる。それは現実として存在していること、そこからものごとを考えようという思想である。ドゥルーズの「存在の一義性」であるが、それはドゥルーズがスピノザから得たものである。

ドゥルーズには二つのスピノザ論がある。『スピノザと表現の問題』と、『スピノザ――実践の哲学』である。ドゥルーズがスピノザから導き出したものは、個別そのものに存在性があって、それを理念や概念で説明してしまわないことである。ドゥルーズが『スピノザと表現の問題』で言いたかったことは、人間の存在を個として表現されたものとしてみるということである。そこには個の存在自体が持っている意味、「存在の一義性」がある。ドゥルーズがスピノザを「表現の問題」としたのは、こういう意味からである。自己を作っていくのは自己の力、ドゥルーズの言う「力＝累乗（ピュイサンス）」である。

ドゥルーズの「スピノザ論」からは、「骰子一擲」が持っている「偶然の必然性」、個の独自性を受けとめること、そしてそこで起きている出来事には因果性も目的性もなく、また発生の確率を考えないという考えが導かれてくる。存在そのもの、個が持っている表現の力こそが、人間の活動の原動力の本質である。

もちろん、ドゥルーズは「骰子一擲」で、単にことの偶然性、一回性だけを言っているのではない。個別なものは内部から、そして他との連結からつながりを持ち、触発し合う中で「アレンジメント」が編まれていく。これはドゥルーズの「リゾーム」と同じ意味である。彼は個別性を担保しながら同時にそこから水平的な連関を生んでいくその例として、子どもが遊びの中で形態的に似たモノを結びつけていくことをあげているが、これは子どもたちがスピノザ主義者である良い例だと言う（邦訳 p.295）。子どもは遊びの中では長い棒を馬として使っていく。形が多少似たものであれば、それを他のモノとして自由にアレンジして使っていく。そこには決まった使われ方などはない。そこで新しく意味づけられたものは別の「アレンジメント」が生まれるまで持続する。カッコつきの無限の持続＝時間である。ドゥルーズが言う「現実的無限を構成する無限小」とはこういうことである。

あるいは、ドゥルーズはスピノザ主義とは、哲学者が子どもになることにほかならないとも言っているが、要するに、スピノザ主義は人間の本質を理解していくことを目指すということである。

ドゥルーズが『差異と反復』の最後の章の結論として、出来事や事物が持っている一回性は単にその場限りのものではなく、そこには永遠の時間が含まれているとして、次のように言う。蝶番から外れてしまった時間、つまりその時間に入り込み、これが最後という形で反復を止めさせ、一回しか反復を行わないが、そこにはことの本質が表れているということである。時間と出来事の一回性ではあるが、同時に永遠の時間、「永遠回帰」でもある（邦訳 p.442）。この時間は「第三の時間」である。つまり、現在という「第一の時間」、純粋記憶である過去の「第二の時間」、そして永遠に未来へと続く「第三の時間」で、「永遠回帰」とも言われる。それは、個別性を超えたもの、引き伸ばされた時間であり、そこには、個の特異性も含んでいる。特異性が凝縮されている。ドゥルーズが言う「裸の反復」、つまり単なる繰り返しとして現れる現象ではなくて、「着衣の反復」である（邦訳 p.305）。個々の特異性が共鳴し、反響し合って理念を形作っている。個の特異性どうしが配置されているものこそが、理念の本来のあるべき姿だとドゥルーズは言う。

ヴィゴツキーも、一つの事象を安易に概念や理念でもって説明してしまうことに強い危機感を示す。むしろ、個別なものは他のものとの間でつながりをもつ中で一つのシステム、機能的な連関が構成されていくと考えた。これが彼の「心理システム論」（「心理システムについて」）である。そして、このことを論じていく中で、ドゥルーズと同様にスピノザの考えを援用する。「スピノザの理論によれば、精神は、すべての状態が一つの目標に向かうようなことを達成できる。そこでは、一つの中心をもったそのようなシステム、人間の行動の最大限の集中が生じる。……人間は実際に個々の機能をシステムに取り込むだけでなく、システム全体のために一つの中心を創り出すこともできる」（「心理システムについて」邦訳 p.37）。そして、この論文の最後は次のように述べて締めくくっている。これまで自分自身の基本理念として持ってきたことは、人間精神にみるすべての現象はそれが一つの閉じられた機能内の変化で説明できるようなものではなく、むしろ個々の機能から生じる「結合の変化と無限に多様な運動の形態にある」ということである（同ページ）。そして、人間精神の発達の問題に則して言えば、「一定の発達段階で新しい総合、新しい連結機能、それらの間の新しい結合形態が生じるという信念である。私たちは、システムとその運命に関心をもたねばならない。私には、システムとその運命、――これらの二つの言葉のなかに、私たちの差し迫った活動のアルファとオメガ（根源）があるように思われる」（同ページ）。

ここで引用したヴィゴツキーの言葉は本書の第一章でも既に取り上げておいたが、この最後の指摘が、ヴィゴツキーが発達を説明する時に重視した発達の小さな現象間の結びつきから発生が生まれてくるとする「微視的発生」の視点である。そして、ドゥルーズとヴィゴツキーが共に確認しようとしたことは、人間の精神世界にある個別性とそれらの間の連関を創り出していく姿であった。

ヴィゴツキーには随所にスピノザの思想がみられる。ヴィゴツキーが人間心理を論じる時に取ったスピノザ的視点は、人間の主体的活動と自由を求めることが人間の本質にあることだった。子どもの遊びを論じたところでも、子どもたちが共同の遊びを作り上げていく喜びが彼らの最上の活動の目的であり、それはまさに「自由の王国」であり、スピノザが人間として本来持っているものを子どもたちは素直に実現しようとしていると言う。

(4) ハムレットの「蝶番が外れた」が意味すること――時間の断絶が生み出す変化と生成

ヴィゴツキーの最初期の仕事にウィリアム・シェイクスピア（William Shakespeare）のハムレットを論じたものがある。これは彼が１９２５年に学位論文としてまとめた『芸術心理学』に収められているが、「ハムレット論」は彼が１９１６年の二十歳の時に書いた『デンマークの王子ハムレットについての悲劇』（邦訳『ハムレット――その言葉と沈黙』）がもとになっている。『芸術心理学』では、この初期の「ハムレット論」を要約しながら、ロシア・フォルマリズムの問題や文学論、寓話論、演劇論などとあわせ論じている[1]。

ここでは、ヴィゴツキーの「ハムレット論」を論じることが目的ではなく、この作品で展開されている時間と、想定外の出来事が生み出されていくことの意味を議論する。特に注目したいのは、ハムレットが父親のデンマーク王を殺したのは叔父であることを知って、復讐を誓うが、狂気を装ったり、イギリスに旅行をしたりと復讐を実行しないまま時間が流れている部分である。この時間の裂け目は、それまでの日常の時間の連続に終止符を打ち、過去という時間に裂け目と断絶が起きた時に、次に新しいことが起きてくることを準備している時間であり、事態が動き出す瞬間である。この時間の断絶の中で、ハムレットは「この世の関節がはずれてしまった」と感じ、これまで自分が持っていた常識の世界とは別のことが真実としてあったことに気づく。それはまさに瞬間であり、予想もしなかったことである。だが、ここから新しいこと、物語の展開が始まってくる。そういう生成の力がここでもたらされたのである。

ドゥルーズも同じところに注目をする。ドゥルーズは『差異と反復』で二箇所（第二章と第三章）にわたってハムレットの行動の背景にあるものを取り上げている。ヴィゴツキーが言うように、ハムレットが父親を殺した叔父に復讐するという行動に出ることなく時間を過ごしていた間に、彼の中にはことの本質を見出す変化が起きたのである。現実という時間の流れ、ドゥルーズの表現では「単純すぎる循環的な形態」（邦訳 p.146）の拘束から外れ、自由になることである。そこから何をすべきか、大事なことに気づき始める。だからドゥルーズはこうも言う。「おのれの内容をつくってくれたもろもろの出来事から解放され、おのれと運動との関係を覆してしまうような、そうした時間であって、要するに、おのれを空虚で純粋な形式として発見する時間なのである」（同ページ）。後半の「空虚で純粋な形式の発見」という文章の意味が分かりにくいが、要するにことの本質を知った瞬間ということである。このように、人間の中で起きている時間はこういった「円環」であることを止めることだとも言う。フランソワ・ズーラビクヴィリ（François Zourabichvili）が『ドゥルーズ・ひとつの出来事の哲学』（1994）で、時間とはまさにハムレットのことばどおり、「アウト・オブ・ジョイント」（「ちょうつがいを外れて」）してしまい、そこではもはや目印をつけたり、規則的な曲線の環のかたちを強要することなどできない、つまり時間の基点がなくなったことだと言う（邦訳 p.156）。

ヴィゴツキーが「この世の関節がはずれてしまった」と言い、ドゥルーズもおのれの「蝶番から外れてしまった」と言う。ハムレットの中では、現実という共通感覚が支配していた「蝶番」が外れてしまったのである。そして、これが起きるためには「中間休止」（『差異と反復』邦訳 p.147）が必要だった。現実の世界で起きている出来事は決して単純な時間経過の連続の中で起きてはいないし、新しいことが起きるのは、まさに行動を起こす時間が止まっているかのような時＝瞬間なのである。

2　ヴィゴツキーの微視的発生論とドゥルーズの「ドラマ」

人間発達の研究は、個人の中で起きている生成過程と変化をみていくことである。そこでは変化していくという時間が論じられる。ヴィゴツキーは、人間の発達と変化として、三つの時間を考える。

系統発生的時間、歴史・文化的発達、そして個体発生的発達である。そして、彼は個人の発達である個体発生的な発達により小さな変化と発生の「微視的発生過程」を含めている。この「微視的過程」で、個人の発達に関わる外的要因と発達の内実を実現している個人の内的活動とが直接、関わりを持ちながら展開している。

他方、ドゥルーズも哲学の立場から人間精神の生成を論じ、人は外部にある環境との関わりを通して自己の精神世界を形成していく過程を小さな時間単位の中で論じている。

(1) ヴィゴツキーの微視的発生論

ヴィゴツキーがルリヤと書いた『人間行動の発達過程——猿・原始人・子ども』がある。この著書の副題が示すように、人間発達を系統発生、歴史・文化的発達、個体発生という三つの異なる時間単位の中で論じたものである。ヴィゴツキーは心理学の対象を含めてあらゆる事物の本性を明らかにしていくためには、その背景にあるものを歴史的・発生的な視点としてみていくことが不可欠だと言う。ヴィゴツキーは、人間発達の文化的形態として、複数の時間を総合的にみていくことで人間の発達が明らかになるとした。この複数の時間変数は、相互に関連をし合いながら人間の発達に作用している。

ヴィゴツキーは人間発達を論じていくうえで一番小さな時間変数である「微視的発生」を論じているところでは一貫して、子どもの発達を促している外部からの働きかけや文化的道具の役割と常にセットにして、子どもの成長・発達にどのように機能しているかを議論している。彼が取っている「子どもの文化的発達」の生成過程である。

この「微視的な発生過程」の分析では、置かれた環境の中で展開されている具体的な活動の様子を詳細にみていくことによって、個々の子どもが経験＝発達していくためには何を用意すべきかを明らかにすることができる。それはとりも直さず、子どもが自己の発達を実現していくために可能なものを設定していくことであり、子どもの発達を促していく「発達の最近接領域」を確定していくことでもある。ヴィゴツキー研究者のヤン・ヴァルシナー（Jaan Valsiner）とレネ・ファンデル・ヴェーア（René van der Veer）（2014）は「境界での出会い（Encountering the border）」で次のように言う。子どもの発達を可能にしていくための条件、「発達の最近接領域」がどのようなものであるかということを知るためには、子どもが今の状況でどのような行動をしているか、その様子を微視的にみていくことがまずもって必要であり、この微視的発生分析が子どもの発達を促す「発達の最近接領域」を設定していくことを可能にする。

ヴィゴツキーは、子ども自身の活動の様子を詳細に分析し、また子どもの変化の過程をみていくことで成長と発達を可能にしていく環境と教育の条件を設定できるとし、また最終的には子どもも含めて人間が現実の生活の中で変化をしていくことの可能性とその条件を明らかにしようとした。人間は自分の周りにあって自分の成長を刺激し、支えてくれるモノや人との「出会い」と「接触」によって変わっていく。それは時には個人的な経験の中での出会いで起きることかもしれないし、特別な場面と状況や出来事によって生じてくることもある。人間の変化は予定調和の形で起きない。偶然という時間が支配している。ここからみえてくるのは、ヴィゴツキーの発達論は「反・予定調和」ということである。

ヴィゴツキーは「児童学的な年齢の概念」の論文で、子どもの発達過程は複雑な様相をみせ、決して子どもの年齢変化と正しく比例して進まないと言う。「発達過程における変化は、年代順の時間の経過とそのまま、直接的に適合しているわけではありません。発達は時間の複合的機能です。・・・子どもが発達する行程は、時間の流れを刻む時計の文字盤の針のように、少しずつ同じ速さで動くということは決してありません。・・・発達の経過は直線に沿って進行するものではなく、簡単に言うと波形の曲線状になっています」(邦訳 p.2)。

(2) 発達の危機と安定、二つの相

ヴィゴツキーはピアジェに代表されるような人間発達をいくつか発達段階で区切ったり、その発達の移行がどの時代、どの文化でも普遍的にみられるというような考え方をとらなかった。発達変化を段階で区切るという発想には、それぞれの発達段階で必要となっているものを獲得し、安定した状態があるから発達の特徴が示せるという前提をもとにしている。ヴィゴツキーは、実際の発達では、できることとできないこととが相互に繰り返される、不安定な状態を抱えていると言う。これが彼の言う発達は「危機」と「安定」の二つの相が交互に現れてくるというものである。まだ不十分で、安定していない「危機」の状態こそが、より進んだ発達の状態へと進んでいく。ここで子どもは新しいものを形成していく。そして、子どもの発達の可能性を引き出していく外的働きかけは、この「危機」の状態にある時にその役割が大きく発揮される。未完成だからこそ、外からの働きかけが生きてくるのである。ヴィゴツキーが「教授・学習との関連における学齢児の知的発達のダイナミズム」

（1933）で述べている言葉である。「発達の最近接領域は、まだ成熟していないが成熟中の過程にある機能、今はまだ萌芽状態にあるけれども明日には成熟するような機能を規定します。つまり、発達の果実でなくて、発達のつぼみ、発達の花とよびうるような機能、やっと成熟しつつある機能です」（邦訳 p.64）。彼は「発達の最近接領域」の働きをこのように言う。ここからも分かるように、発達を完成された状態でのみ区切るという発想では、変化しつつある過程をとらえることはできない。大切なのは、これからでき上がりつつある過程とその変化である。これがヴィゴツキーの発達に対する基本的な考えである。

子どもの発達変化とその過程は、単線的な発達のコースを辿らない。そこには、主体の側の子どもの意志によって展開される過程がある。この過程の中で起きていることの本質は、子ども自身が活動の原動力になっている欲求や意欲によって環境からの刺激を再構築していくことである。

（3）ドゥルーズの現働化――潜在化、そしてドラマ

人は具体的なリアルな世界の中で生き、活動している。それは個別具体的なものである。人の精神世界とその生成の過程で起きていることをとらえ、理解していくためには小さな出来事に目を向ける微視的な分析が必要である。これは、ドゥルーズが取った基本姿勢でもある。ドゥルーズは、人間の精神世界は現実の生活の中で起きていることが基本であって、それを体験し、触発を受け、それを意味づけていくいわゆる「現働化」があり、またそれを生み出していく「力＝累乗（ピュイサンス）」を持っているとした。それでは、人の精神活動やそこから生み出されてくる精神世界は、小さな出来

事の積み重ねやそのつながりだけで説明可能なのだろうか。それだけではないと彼は言う。

ドゥルーズは、人は物質との直接的関わりや知覚世界での経験というリアルな世界である「現働的なもの」と、概念や記憶というヴァーチャルな世界である「潜在的なもの」とが同時に起きており、重なり合っていると言う。そして、人は最終的には知覚的現実の制約を超えた理念としての精神世界を持つが、それはあくまでもリアルな現実の世界を前提にしたものであると、ドゥルーズはクレール・パルネ（Claire Parnet）を相手にして自己の思想を論じた『対話』(1977) の中で言う。知覚の世界で中心にある個別具体的で、かつ微視的な生成が起きていることは、そのまま潜在的な世界をも同時に支えているということである。

そこで、ドゥルーズはこの「現働的」なものと「潜在的」なものとは「共存」していることを示すために、「ドラマ」という概念を提示する（『差異と反復』第四章「差異の理念的総合」邦訳 p.329)。「ドラマ」は、具体的な個的なもの、あるいは「差異」を含め持った概念であり、そして、「理念《イデア》」である。既に本書の第5章でもふれておいたが、ヴィゴツキーも「具体性の心理学」で、人間が現実の生活の中でみせるリアルな活動を表すために「ドラマ」という言葉を用いていた。

ドゥルーズは「ドラマ化」を概念や概念の中に含まれている「表象＝再現前化」の手前にあるものとして、理念や概念とを明確に区別している。「表象＝再現前化」という一つの「表象」＝概念やイメージを他のものに機械的に当てはめる「再現前化」や、同一化で個々の事象の違い＝差異を無視するのではなく、概念や理念に時空間の中で一つひとつの異なったものや出来事を内包したものとして「ドラマ」を位置づける。それは、「理念《イデア》」によって、個別性と多様性を持った個々のものを具体化していく力でもある。このように、理念を具体化していくと、そこでは現実の時間や空間の制約の下、モノ、人といった諸条件は、一回、一回異なったものになっている。当然、そこでは、あらかじめ決められた「モデル」との完全な一致などはない。モデルを忠実に写し取るような「コピー」ではなく、あくまでも似たものとしてそこに違い＝差異を担保した「シミュラクル」(「シミュレーション」)としての理念や概念でなければならない。「ドラマ化」には「現働的」なものと「潜在的」なものとが「共存」している。

3　人間の生の中で流れている時間

人間は絶えず運動し、思考を展開しており、時間という動く現実の中で生活をしている。ただ、やっかいなのは、この時間は、一瞬の間に新しいものが現れ、そして消えていくという不可視なものである。そこで人間は時間を時計という文字盤の上で動く針の動きと変化に置き換えて、共通な時間を持とうとする。だが、ベルクソンは、これは本当の人間のリアルな時間ではないと言う。人間精神の中にある時間を考えていく時、時計や暦で表されている物理的時間の「クロノス・タイム」ではなく、人の生の営みの中で起きている心理的時間である「カイロス・タイム」を問題にすべきなのである。ベルクソンの主張である。

「カイロス・タイム」は人が生きて、活動している変化そのものを問題にすることである。それでは、生活の中で人はどのようにしてこの「時間」と変化をとらえているのだろうか。ベルクソンの時間論と、ドゥルーズが時間を運動と空間の中で論じた「シネマ論」を中心にみていく。時間を問うことは人の生成活動をリアルにみていくことでもある。

(1) ベルクソンの時間論

ベルクソンは、人間心理を生の活動としてみた時、それは時間的に連続し、「持続」しているとした。これが彼の時間論の背景にある考えである。人の時間は物理的事象のように、空間配置や運動変化のようにそれらを構成している単体に分解し、寄せ集めることで表現されるものとは違うと考えた。そこに配置されたモノは「持続」していないからである。例えば、時計は、針の移動という運動として時間変化を表し、客観的な時刻を表示してはいるが、これは人の心理的な時間とは異なるというのがベルクソンの時間論である。

彼が分かりやすい例としてあげているのが、有名な砂糖が溶けていく時間である。『創造的進化』の第一章のはじめに、一杯の砂糖水をこしらえようとすると、砂糖が溶けるのを待たなければならないという有名な文章がある(邦訳 p.27)。ベルクソンは、「この小さな事実が教えるところは大きい」と言い、その意味は、溶けるのを待っている時間は数学的な時間ではなくて、「早く溶けるのを待っている」一人ひとりの個人の中にある時間としかとらえられないものだからである。この時間は人が本質的に持っている「持続」の一部を表しており、「生きられる時間」だと言う(同ページ)。時計で溶けていく時間を計測し、あるいはその動きを映像として記録したとしても、そこで起きている変化には「私の待ちどおしさ」と、その中で経過している時間は何も含まれていない。だから『思想と動くもの』の緒論（第一部）でも、持続する意識である砂糖が溶けるまで待っている時間を、映画ではフィルムを動かして、そこに展開されていく時間として表せると誤解してしまっていると警告をする（邦訳 p.26）。

ベルクソンが強調する時間というのは、人が空間のそのつどの時間化をうまく行っているのかどうかということなのである。つまり、空間の中で経験したことが、自分の時間という内的経験としての持続になっているかどうかということである。ここから連想されることに、画家のアンリ・ルソー（Henri Rousseau）の作品がある。彼は「ヘタウマ」と揶揄されたりした日曜画家であるが、彼のいくつかの作品には、朝焼けや夕焼けと分かる風景が描かれていながら、そこに居る人物の足元の影が描かれていないのがある。まるで周りの空間とは関係なく、この人物には別の時間が流れているような印象を与えるのである。ベルクソンの言う時間は、まさにこういうものであったのではないだろうか。

もちろん、人は時間というものを客観的な形に置き換えて理解しようとするし、時間知覚の心理学でも、運動速度や移動距離として時間を知覚していると指摘してきた。時間知覚の発達で、ポール・フレッス（Paul Fraisse）やピアジェは、ある年齢の子どもたちは、空間を移動する運動そのもの、あるいはそれに費やしたエネルギーで時間の長短を理解するといった特徴をあげているのはその例である（フレッス『時間の心理学』1957）。これらはいずれも、時間を外側から眺めたもので、人の内部で流れている時間とその変化ではないとベルクソンは考えた。

ベルクソンが言うように、時間は空間における運動から得られるようなものではなく、内的な世界に限定したものなのだろうか。ここに時間をめぐってベルクソンとアルベルト・アインシュタイン（Albert Einstein）との間で交わされた論争がある。アインシュタインはベルクソンの時間論を次のように批判する。アインシュタインの特殊相対性の理論では空間の歪みによって時間は影響を受けており、時間には空間の変数が介在している。ベルクソンの時間論ではこのことを説明できないと言う。これに対して、ベルクソンは『物質と記憶』の中で時間論を展開した後も、「持続と同時性」の論文で、アインシュタインに対して時間を客観的な方法、特に空間の移動で説明することはできるのかという疑問を出し、再び議論を始めている。[2] この論文には「アインシュタインの理論について」という副題が付いているように、アインシュタインの主張に対して詳細な数学的説明を加えて反論を展開している。この論文は長文、かつ内容も難解を極めている。ここで、この論文を理解し、紹介するのは本書の範囲を超えているので、二人の論点の違いを簡単に確認しておくだけにする。例えば、双子の一方が地球にいて、もう一方の双子の方が光速に近い速度で宇宙船あるいは弾丸に乗って旅行する場合を考えてみよう。二人の時間はズレており、最終的に地球に戻ってきた時には年齢が違っているという事態である。あるいは、最近の研究では、アインシュタインの一般相対性理論が示しているように、時間の流れは重力の影響を受けており、地上と比べて高いところでは、時間は早く進むことが「光格子時計」で測定されている。しかし、この時間変化はきわめてわずかなもので、実際に人が現実に感じる時間とは別のものである。

これらをどう説明するかということである。ベルクソンは、時間は空間の変化で変わることはなく、それぞれの双子の間の時間はあくまでも相対的なもので、そこでは時間の実在を論じていない。この「思考実験」はあくまでもパズルにすぎないものだとした。ベルクソンにとっては双子の中で起きている時間を外から眺めて相対的に見ただけで、各人の時間の流れそのものを問題にしていないというわけである。二人の時間的な持続という流れそのものは、空間の歪みによって何も変わっていない。ここで分かるように、時間＝持続に対するとらえ方、視点が、ベルクソンとアインシュタインでは違っている。

イリヤ・プリゴジン（Ilya Prigogine）とイザベル・スタンジェール（Isabel Stengers）は『混沌からの秩序』（1984）でこのズレを問題にして、両者は時間について別の説明をしていると言う。プリゴジンらはベルクソンの主張こそが時間の本質、つまり生きて動いている人間の時間の実在であるとして、ベルクソンの考えを一部は支持をする。だが、ベルクソンが『創造的進化』で、生命は時間の中で進化し、存続するし、それは非可逆的な流れであること、それは持続でしか理解できず、そこでは科学は無力だと指摘していたことに対しては、プリゴジンらはそれを科学の永遠の限界だとしてしまってはいけないと言う。だから、運動に結びついた時間を、物理学における時間だけでなく、ベルクソンが問題にした生命論の分野にも当てはめて、説明することができることを指摘する。「ベルクソンが批判した限界は乗り越えられ始めている。それは、科学的アプローチや抽象的思考を放棄することによってではなく、古典力学の概念の限界を認識し、より一般的な状況で成り立つ新しい定式を発見することによってである」（邦訳 p.146）。彼らは、ベルクソンの主張は、散逸構造としての非線形熱力学の中でも定式化できるとした。

ベルクソンの時間論を考えていく時に、参考にすべきもう一人の研究者がいる。精神病理学者のユージン・ミンコフスキー（Eugène Minkowski）である。彼にはベルクソンが『創造的進化』で人間の生を論じた思想を受けて書かれた『精神分裂病』(1953)もあるが、彼は『生きられる時間』(1933)で、ベルクソンの「持続」概念を背景にした時間論の正当性を言い、同時に、ベルクソンの考えには不十分なところがあるとも指摘する。『生きられる時間』でミンコフスキーは、ベルクソンが主張するように確かに時計の秒針の動きだけで我々が生きている中での時間を感じることはないと言う。だが、ミンコフスキーは、やはり我々は時間というものを空間や運動の変化でとらえていることもまた、事実だと言う。ここで空間というのは、実際に自分が身を置いている場所で起きている出来事や経験であったり、計測可能な空間の移動と同一視されるものである。ミンコフスキーは、現実には時間と空間とは密接に結びついている。だから実際には空間－時間的なものとしてあることに気づかないでいることが多い。このように、ミンコフスキーはベルクソンが取り上げることがなかったもう一つの側面も考慮しなければならないと言う。彼は、健常者は時間と空間の二つの関係にうまく折り合いをつけながら生きているが、時にはその関係を正しくとらえないことがあることを指摘する。幼児の場合はそうである。ミンコフスキーは自分の子どもを朝、学校に連れて行くのを日課にしており、いつも朝食を摂った後、煙草を一本喫ってから家を出ていた。たまたま、普段よりも遅く起きてしまい、煙草を喫う時間がなかった。ところが、子どもの方はといえば、落ち着いてミルクを飲んでいた。そこで、「急がないと遅れるよ」と急かしたのだが、子どもは「大丈夫よ」言ったのである。子ども曰く、「僕たちは遅れるはずはないよ。だってパパはまだ煙草をすっていないもの」。明らかに空間という出来事によって時間が支配されてしまっているのである。逆に、老年痴呆症になって見当識障害を患った人では、出来事の時間順序が崩れてしまい、自分の主観的な時間だけで生きている。だから、自分の年齢や、今日が何日であるかも分からないことに加えて、自分が生活している施設に本当は既に死んでしまった母が毎日のように来ると言ったり、昨日は来なかったと言ったりする。以上の二つは正しく時間をとらえることができなくなった例であるが、ミンコフスキーはその他の精神病理学的症例をもとにしながら、実際は、我々は時間と空間を統合しながら自らの時間を作り、生きていることを語っている。彼の『生きられる時間』は、ベルクソンの考えを基礎にした第一編「生の時間的様相についての試論」と、第二編の「精神疾患の空間－時間的構造」の二つから成っており、特に後者は、ベルクソンでは明らかにされていない時間と空間とが切り離しては論じられないことを教えてくれる。

ベルクソンが出した時間と空間をめぐる問題は、その後の論争になっており、ドゥルーズの大きな著書『シネマ』へとつながっている。映画という物理的な装置で出された映像を観て感じる時間というのは、砂糖水になっていくことを待っている時間とは本当に違うのだろうか。前者のような映画を観て感じる我々の中で起きている時間はたしかに他者の時間かもしれない。だが、それは個人が感じる主観的な時間、生きている中での持続とは重なることがないのだろうか。こういう問題が残っている。ドゥルーズが『シネマ』(1983, 1985)で問題にしたことである。実は、時間を空間－時間的なものとして論じていたのが、ドゥルーズの時間論であり、彼の「シネマ論」である。

(2) ドゥルーズの『シネマ』における時間論

ベルクソンの時間論は心理的時間にこだわったものである。心理的時間は、人間の生の中にある時間の本質であることは間違いないだろう。だが、我々には具体的な身体運動や出来事を通して時間を感じていくという側面も同時にある。例えば、映画を見ながら、そこで流れている時間をいわば主観を離れて時間の流れを感じているという事実である。もちろん、ベルクソンは、映画は時間をフィルムの一コマ、一コマを空間的に移動させて表現しただけで、それは正しい時間ではないとしている。だが、我々はここから時間を感じないのだろうか。ドゥルーズは時間を運動や空間の移動として論じるとして、ベルクソンの時間論を超えようとした。

ドゥルーズの『シネマ』は『シネマ1・運動イメージ』(1983)と『シネマ2・時間イメージ』(1985)から成る大部なものである。映画は当然のことながら動きを通して時間を表現しており、時間を論じるうえでの格好の対象である。

もう一度確認すると、ベルクソンは、映画で表現されている時間は、動きのない静止画を並べて、それを機械という映写機で写しているだけであるから、そこには彼が言う意味での時間はないとした。フィルムという物的なものを空間で移動しただけのものは、時間を空間に置き換えただけで、持続する時間ではないと批判するわけである。だが、ドゥルーズは、ベルクソンが言うように、映画では本当に時間を表すことができないのか、そこで表現されている時間とはどういうものなのかを問い始める。

『シネマ1』でドゥルーズが問題にするのは、物体(ここでは映像)が運動をしている時には、たとえそれが一コマ、一コマは静止画であったとしても、連続的に動かす場合には、スナップショットとは違って、それを観ている者に運動というイメージを与えていると言う。この運動イメージは、映像が全体として変化し、持続していることを表現している（『シネマ1』邦訳 p.16）。ドゥルーズは、運動イメージという視点を入れることで、ベルクソンがあくまでも主体の内的時間にこだわっていた限界を超えて、時間は運動によっても生じているとする。我々は映画のシーンと動きという客観的なものから運動イメージを持ち、それを時間変化や時間の流れとして感じている。だから映画という映像の知覚には、客観性と主観性の二つが同時に生じている。

『シネマ1』では、時間の表現に直接結びついている運動イメージが中心テーマで、前半の第五章までは、運動と知覚の表現技法としてモンタージュについて多くを割いて論じている。撮影されたショットをつなげながら観る者に全体性や連続性＝持続をもたらす編集法である。特に、セルゲイ・エイゼンシュテイン（Sergei Eisenstein）は断片的なフィルムを効果的につなげていくことでショットとショットの間から全体を意味づけていくことを追究し、これを特に「知的モンタージュ」とした。『シネマ1』でもドゥルーズはエイゼンシュテインの技法をしばしば取り上げて、人は運動の総体として時間を感じ、そこで広がっている時間は内的な意識の流れそのものとして持っていることを言う。だから映画ではしばしば、回想シーンとして時間を逆転させる「フラッシュバック」の技法を使うし、映像が止まったままにしておきながらそこに時間が流れているように感じさせることをする。このように、我々が持っている時間意識というのは、ベルクソンが言うような一方向だけで流れるものではなく、逆に辿っていくようなこともまとめて全体の時間を作っている。

エイゼンシュテインの映画論を体系的に論じている大石雅彦が『エイゼンシュテイン・メソッド』（2015）で、エイゼンシュテインが映像を通してそれを観る者の内部に変革を起こすことこそが映画の本質であるとして、そこに内化の過程を想定していた。このエイゼンシュテインの考えは、ヴィゴツキーの「内言」と「内化」の概念から借りたものだった。そこには確かに、個人の内部で生まれる時間意識を想定する発想はあった。だが、エイゼンシュテインはヴィゴツキーの「内化」の考えをかなり歪曲して使っている。

エイゼンシュテインはヴィゴツキー、そしてルリヤとは早い時期から研究の交流があり、エイゼンシュテインはヴィゴツキーの著作などを熱心に読んでいたことはよく知られている。彼らの研究交流の様子と、エイゼンシュテインがヴィゴツキーの思想に触発されていたことは、佐藤が『ヴィゴツキーの思想世界』(2015) の第四章「ヴィゴツキーとエイゼンシュテイン」でふれているし、大石が『エイゼンシテイン・メソッド』(2015) の第一章「фонд 1923」(著者注:「フォンド1923」はエイゼンシュテインのアーカイブの名称で、「フォンド」は「ストック」という意味である) のエイゼンシュテイン・メソッドでも詳しく紹介している。もう少し前のものでは、大平 (2005) も「エイゼンシュテインとヴィゴツキー」で、エイゼンシュテインはヴィゴツキーから影響を受けていたことを指摘している。

エイゼンシュテインの「内的モノローグ」は、人が映像的思考を形成し、展開していく時に映画の具体的な視覚情報が人間の内部へと移行し、それが視覚イメージ、あるいは運動イメージを直接作っていく過程を想定している。もう一度彼が「内的モノローグ」で言っていることを確認すると、映像という外に表現された動きに呼応して観客が思考の流れを作っていくということである。これはヴィゴツキーの内言の考えと一見すると似てはいるが、その意味するところは違っている。ヴィゴツキーは『思考と言語』の最終章「思想と言葉」で、人が自分の言葉として内言を使っていく中で独自の意味を再構成していくことを強調していた。ヴィゴツキーは、言葉の外言と内言を例にしながら、人間は外部にあったものを単に自己の内部へと「移行させている」(transmit)のではなく、「改変していく」(transform)ことが本質的な活動なのだとした。

だが、エイゼンシュテインは、内言を個人の内的世界での意味の再構成としたヴィゴツキーの視点ではなく、映像による提示で映像的思考を直接導いていくことに力点を置いてしまった。エイゼンシュテインは内言の具体的な映像手法としての「内的モノローグ」を、「どうぞ!」(1932)と「映画形式」(1935)では視覚的イメージを伴ったものとか、感覚的でイメージ的な思考を持ったものとしているが、本来の内言よりも映像的なイメージの意味合いを強くしている。そして、モンタージュという映像の小さな単位であるショット間の衝突や断絶が内的世界における映像的思考、つまり「内的モノローグ」をもたらしていくものとしたのである。ここから分かるように、ヴィゴツキーが内言を言語的活動として考えたのに対して、エイゼンシュテインはそれを映像や感覚的思考に変えてしまった。彼は、映像の構成と表現が直接、観客のイメージや感覚的思考、さらには情動までも導き、形成していくという映画形式の絶対的な力へと進んでしまった。

エイゼンシュテインが映画表現のために考えた一連のモンタージュ形式は、思考の流れを半ば外部から強制するかのように再編するものだった(「どうぞ!」邦訳 p.162)。明らかにヴィゴツキーの内言の世界での再創造の活動は軽視されている。エイゼンシュテインの内言解釈には問題があることを既に大平(2005)は指摘しているし、ドゥルーズも『シネマ2』の第七章「思考と映画」で、エイゼンシュテインの映像ショットが与える衝撃というのは、観客の精神に一つの強制を与えると言う。それは下手をすると、人の思考内容を強制するようなプロパガンダ映画になりかねないものである。

ドゥルーズのシネマ論で重視しなければならないのは、『シネマ2』になると、『シネマ1』で中心的に扱われてきた運動イメージから時間イメージへと移行していったことである。時間イメージは時間そのものを与えてくれるものとして位置づけ、それはベルクソンが強調した時間の世界であるが、ドゥルーズはベルクソンのように時間そのものの生成を言うのではなく、時間イメージは運動イメージから移行してくるとした。ドゥルーズは映画を例にしながら、人は具体的な出来事や他者との関わり、それらの経験から自己の時間を生成して言い、ベルクソンのような自己の主体的な活動だけを特化したものとは一線を画している。ここでベルクソンを越えようとした。

時間イメージは空間化されたものでも、運動から派生してきたものでもない時間を与える。それは、運動イメージと結びついている日常の具体的な経験や出来事を超えたものであり、ドゥルーズの言う結晶イメージと時間の結晶である。そして、この時間イメージをもたらすのは、運動イメージに特化したようなエイゼンシュテインの映画表現ではなく、それとは別の発想で作られた映画である。だからドゥルーズは『シネマ2』の第一章を「運動イメージを超えて」というタイトルにして、そこでは日本の小津安二郎の作品のいくつかを取り上げ、日常何の変哲もない、まるで時間が止まっているかのような静かな映像を通して観客は時間を感じ、自己の時間の本質へと向かっていくと言う。

小津安二郎はカメラアングルを人が座っている時に見えるような角度で水平にとり、そこから見える室内に置かれた何気ない品物、赤い急須や赤いキャップの醤油差の瓶、そして主の居なくなった部屋に置かれたミシンを使う時の小さな椅子をクローズアップして映し出された場面を挿入する（『秋刀魚の味』）。小津の作品ではしばしば時間が止まっているような印象を持ってしまうが、この止まっている時間の中で大きな時間が起きている。

ドゥルーズは、運動イメージを喚起する動きを中心とした映像ではなく、事物を表現した光学的な映像、そして音声は直に人の内部へと向かっていき、人の感情を動かすものを重視するようになる。運動や空間から離れた時間そのものの形成である。

ドゥルーズはあくまでも映画を切り口にして、人の時間生成の基本にあることとして運動イメージを論じ、微視的なものの生成が基礎になっているとした。そして、運動イメージと時間イメージへの接続、そこからさらに別の時間の世界へと進んでいくことを論じた。人の時間の本質というものを描き出そうとしたのである。

（3）運動と出来事から物語を作る

ドゥルーズの『シネマ1』では、映像技法という具体的、かつ小さなショットの組み立てから、観客が運動イメージや時間を感じるとしていた。しかも、そこでは全体としての一貫性を持ったものとして受けとめるようにすることが必要である。時間の完成であり、物語として作り上げていくことである。映画は映画製作者によって作られた映像を通して、観客自身がそこで展開されている小さな出来事の連続から一つの全体としてまとまった物語を作っていく過程でもある。

ドゥルーズは『差異と反復』でも時間を論じ、今という現在の瞬間的な時間が実際の生の現実を作り出しており（現働化の過程）、過去という「思い出」も、未来という「先取り」も、終わったもの、まだ起きていないものという意味では潜在的なものであり、この潜在的なものは現在という大きなものの中に包括されて存在しているだけであるとする。

映画はワンショットの連続的な「運動体」として観客に映画的知覚を与えるが、観客はここから連続的な運動としての運動イメージを生成していく。もちろん、このワンショットは連続的過程として意味と物語を表現しているが、これを作っているのは一つひとつの異なった映像単位（差異化された）の運動であって、これらの諸運動イメージ相互が結びつけられて意味が生成される。これらは言語・記号論的なものではなく、この意味を生成しているのは非言語的な「純粋記号」であり、小さな運動イメージの結合とその間にあることである。映画のショットは一つの個別的なイメージを指示（表意する）し、腕時計を見る仕草はもうそれだけで一つの意味を表している。聴覚的イメージも同じである。玄関のベルは人が訪ねてきたことを示す「イメージ＝意味を知らせるもの」である。このように個別のイメージは記号になっている。ドゥルーズは個別イメージが記号と結びついていることにこだわっているが、記号は言語的記号や主体の意識に張りついているのではなく、物質（マテリアル）としての世界に潜在的に潜んでいるからである。これを主体が感じ、反応して記号的意味を顕在化＝現働化していくことで、記号的意味が立ち上がってくる。物質が視聴覚的記号を持ち、言語や主体の意識の前にあること、記号的意味を直接提示していることが「純粋」記号たる所以なのである。言表と物語はイメージ＝運動が運動間の連関の間に結びつけられ、その結果として生まれてくるのであって、あらかじめ言語的記号として意味がトップ・ダウン式に指示されているわけではない。

映画の場合は、この現働化された運動イメージは当然のことながら現働化から潜在性の領域(過ぎ去ったもの)に転換し続け、一つの映画作品というストーリーを観客は生成していく。これがドゥルーズの時間イメージである。ここでも現働的なものと潜在的なものの二重性、「内在平面」=主体の意識世界が存在している。だから、ドゥルーズの『シネマ』は、映画というジャンルの話だけではなく、非言語的な記号の可能性と、人間の意識世界(「内在平面」)にある「現働的なもの=現在」と「潜在的なもの=過去と未来」が同時的、相即的である事実を指摘したのである。

4 新しい構造主義論――生成・変化する構造へ

人間の精神活動の基本として据えなければならないのは、自分の精神世界を主体的に創っていくことである。もちろん、人は周りにあるさまざまなものと関わり、また出来事として生きている。そこから完全に自由ではないし、そこでの具体的な活動の積み重ねとして人の精神世界はある。だが、人にはそれぞれの独自のモノの考え方、見方、そして自分の人生の営みと歴史がある。ところが、かつて、人の精神世界を説明するある固定的な枠組みが支配していた時があった。「構造主義」である。それは、自然や社会にはじめから「構造」が存在したり、人間の中に認識の原型としてあるかのように考えるものである。このような「構造主義」に反省を迫ってみよう。ドゥルーズは新しい発想で「構造」を考え、その見直しを試みた。

(1)「構造主義」という強固な理論

ソシュールの構造言語学は、同じ立場に立つ言語学者のローマン・ヤーコブソン(Roman Jakobson)を経由してクロード・レヴィ=ストロース(Claude Lévi-Strauss)の「構造主義人類学」へと拡がり、人文科学における大きな思想的枠組みとなった。この他に構造主義の思想家・研究者として文学理論のロラン・バルト(Roland Barthes)、精神分析のジャック・ラカンが通常あげられている。それでは、彼らは構造主義者として同じように扱えるかというと異論もあり、「構造」に対する考え方も異なっている。だが、あえて構造主義者が「構造」をどのように考えていたか、その共通項をあげるならば、ライダー・デュー(Reider Due)が『ドゥルーズ哲学のエッセンス』(2007)で述べているように、複数の構成要素を体系づけていく一つの全体であり、時に対象を形式的な基準や形而上学的な秩序で説明するというものである。「複数の構成要素を体系づけていく一つの全体」という言葉は分かりにくいが、我々が日常の中で使っている「ジャンケン」を例にしてみよう。「グー・チョキ・パー」の三つそれぞれの要素が他を規定し合っている、いわゆる「三すくみ」で、それが一つの「ジャンケン」という全体構造を作っている。

構造主義者のレヴィ=ストロースは『構造・神話・労働』(1979)で、「構造」とは、要素と要素間の関係からなる全体であって、この関係は、一連の変形過程を通じて不変の特性を保持しているもののことだと言う(邦訳 p.37)。それぞれの文化の中で生み出されている多様な神話の構造はいわば「神話素」とでも言うような不変な構造的特性があって、そこからの変形であるという意味で、「不変」と「変形過程」を持っている。彼は交換や親族構造についても、そこに構造原理が働いていると言う。「構造」は「変換」とは裏表の関係になっている。だからレヴィ＝ストロースは、変形過程を構造の説明として入れている。もう少し具体的に考えてみよう。『レヴィ＝ストロースの世界』(1968)で彼が言う「料理の三角形」がある。「生のもの－火にかけるもの－腐ったもの」という三つの要素で作られるのが「料理の三角形」である。ここでは「手を加える」対「手を加えない」の次元と、「文化」対「自然」という次元の対比によって構成されている。これはいわば抽象的な構造であるが、これと同じことは「火にかけて料理をする」という日常の具体的な活動にもみられる。「直火で焼く－燻製にする－煮る」という関係で構成される「火にかけたものの三角形」である。あるいは正方形という構造は視点を変える＝変換すると、台形になるが、共通するのは四本の線によって構成されているという構造があるということである。

(2)「構造主義」に必要なもの

これと同じことが、レヴィ＝ストロースが参考にしていたソシュール言語学の言語構造としてのラング論にみられる。例えば「イヌ(犬)」という言葉は「イス(椅子)」とは異なる示差的特徴があるから意味としての指示作用が成立するのであり、それはあくまでも関係の中で起きている。さらにイヌとイスの間の差異はまったく恣意的なものではあるが、一つの言語体系の中では「不変の特性」を保持している。

ドゥルーズは人間精神と活動を生成変化としてみた時、構造主義の中にある「不変の特性」を受け入れることはできなかった。つまり、構造主義では発生も変化も語ることはできないと考えた。彼が

『シャトレ哲学史第八巻・二十世紀の哲学』に書いた論文「構造主義はなぜそう呼ばれるのか」（1973）では、構造主義には生成という時間が欠けているとして、構造主義では時間や発生的なものを構造的なものに対立させることはできなくなると言う。

ドゥルーズはこの論文で、本来のあるべき構造主義としての条件を示している。それは決して構造主義そのものを批判したものではなく、むしろ、自分にとっての構造主義はこういうものであるべきだという自説を展開する内容になっている。だから、ドゥルーズの中には構造主義の発想がある。例えば『意味の論理学』では潜在的なもの（構造主義では無意識なもの）から人間の行為や意識が現働化されていくということが想定されている。それはレヴィ＝ストロースが想定していた無意識、ないしは個人を超えた形で普遍的な潜在構造が個人や個々人の思考や行動を規定しているのと同じことである。ソシュールの構造言語学の場合でも、シニフィアン（意味するもの、能記）とシニフィエ（意味されるもの、所記）という二つの言語記号は、具体的なものを指示する機能と記号的意味を担っているが、結局は記号という具体物を超えた人間に存在する抽象化された潜在的な世界を想定している。ラカンの言う象徴界の存在も同じである。

（3）「構造主義」を超える

ドゥルーズは、構造主義の中にある、固定化されがちな体系性では、人間の持っている主体的な意味創造を説明することができないと考えた。[3] 構造主義を超えなければならなかった。ドゥルーズは構造の中に一つの「権力作用」を見出して、構造の中にある権力を「ダイアグラム」（図式）と表現していた。彼がこの言葉を使っているのは『千のプラトー』でフーコーの考えを敷衍して記号の権力作用を論じているところである（第三章「道徳の地質学」）。ここでは、記号は言語記号に限定されるようなものでなく、権力構造を表現するもの、つまり単なるシニフィアンとして作動するだけのものではなくなっている。例えば監獄、学校、兵舎、病院という言葉が暗に示しているものは、特別な意味内容を持ったものとして我々に迫ってくる。表現自体が、その内容に干渉を与えてしまっている。

このようにみてくると、構造主義で「構造」を論じている時に陥りがちなのは、一つの枠組みで多くのものを組織化してしまうことである。しかも無意識な層のレベルにおいてもそれが起きている。この危険性はレヴィ＝ストロース同様、ラカンの思想にもある。レヴィ＝ストロースは主体の意味作用という自由度を持っていたものを制限する形にしてしまった。それが典型的に表れているのが、彼の『やきもち焼きの土器つくり』(1985) でのフロイトの自由連想法についての説明である。自由連想法というのは、本来は象徴の意味を個人の内在的な意味の結果と考えるべきものであるが、レヴィ＝ストロースは個々人の意味作用は家族状況や社会状況、文化といった文脈と位置によって規定されてしまっているのであって、個人の連想といったものではなく、歴史や文化にその根拠があるとした。この考えはラカンの象徴の意味作用と連動していることは明らかである。レヴィ＝ストロースとラカンとは研究の交流を持ち、影響を与え合っていた。

構造主義の考えではシニフィアンとシニフィエの関係について、前者が後者を決定してしまう。ドゥルーズはこの発想は違うと言う。彼は「構造主義はなぜそう呼ばれるのか」の後に書いた『意味の論理学』で、シニフィアンとシニフィエの二つはいつも相互交流し合い、彼の言葉を使うと、互いの差異を失うことなく共存した形になっているのが本来、あるべきものだと言う（「第八セリー・構造」の指摘）。彼は「構造」の最小条件として三つをあげている。第一に、「構造」にはシニフィアンとシニフィエという二つの異なったセリー（系列）があること、第二に、これら二つが存在することで相互的な関係になっていること、つまり、構造という意味体系はシニフィアンという社会的な側面を持ちながら、個人の意味の多様な側面が担保されていることである。そして、第三は、シニフィアンとシニフィエの二つの異質なセリーの間で起きていることは「パラドックス的（逆説的）な要素に向かって収束する」（『意味の論理学』邦訳（上）p.101）ことを想定すべきだということ、つまり、両者は互いに影響を与え合いながら新しいもの、つまり「特異性」が生まれてくることである。ドゥルーズは、パラドックス的な要素の機能とは、二つのセリーを相互に連節すること、二つのセリーを相互に反射させること、二つのセリーを交流させ共存させることだと言う（同 p.102）。彼は『千のプラトー』の「言語学の公準」と「いくつかの記号の体制について」でも、シニフィアンとシニフィエの間で「相互嵌入」が起きていることを指摘している。そして、この二つの章では、言語の意味というのはシニフィアンとシニフィエの間、中間世界で生成してくるという言語学者のエミール・バンヴェニスト（Emile Benveniste）の理論を使いながら論を展開している。バンヴェニストはソシュール言語学の系統の中でありながら、ソシュールの理論を新しい形で展開した言語学者であった[4]。

ドゥルーズが「構造」の第三の条件として指摘していることは、ヴィゴツキーが言葉の語義と意味の関連で指摘していることと重なる。ヴィゴツキーは言葉の公共的・社会的な意味としての「語の語義」と個人の意味を帯びた「語の意味」とを区別し、それらは決してどちらかによって説明できるようなものでないし、ましてや個人の言葉の意味は語義を単純に取り込むようなものではないとした。意味は、語義に完全に依存するようなものではない。さらに、語義そのものも、社会やその時代の趨勢の中で変化をしているということである。

ドゥルーズが問題にしているシニフィアン・シニフィエと、ヴィゴツキーが言う語義・意味とは微妙なニュアンスの違いがあって同じものとして論じることには注意が必要かもしれないが、ドゥルーズがシニフィアンとシニフィエの間の関係を指摘していることとヴィゴツキーの語義・意味は共通の認識に立つものである。そこでみえてくるのは、ヴィゴツキーもドゥルーズも社会や文化的なものを背景に持ちながらもなお、個人の主体的な意味生成の活動があることをその理論に位置づけていたということである。

ドゥルーズとガタリは、『千のプラトー』そして『アンチ・オイディプス』では、「構造」に代えて機械という用語を使っている。その意図を彼らは「三つの問題群」というタイトルで書かれたガタリの『精神分析と横断性』（1972）の序文で、次のように書いている（ドゥルーズのこの論文は『無人島1969−1974』に単独の形で収められている）。「機械の原理そのものが構造の仮説から解き放たれ、構造的束縛から身をひきはがすところとなる」（邦訳 p.121）。つまり、こういうことである。機械が何かを作り出していく時にそれ自体の活動として行われるのであって、活動の土台とか起源になっているものからは独立した形で振る舞っているということである。そこで彼は他の要素の間で結びつきを持ちながら生産している機械が本来持っていることと、人間が外部にあるものと関わらせながら新しいものを生成していくこととを重ね合わせるのである。このように機械的な生成変化を論じることで、人は自己以外のものと接続しながら自己を変革していくことを言う。自己というものを最大化していくという可能性があることを見出そうとしたのである。構造というものの抑圧から、人間の意識や生成行為を解放しなければならない。[5]

注

［1］『芸術心理学』は、ヴィゴツキーが芸術を題材にしながら人間心理の本質にあるものを論じたものである。これは彼の最初期の著作でありながら、そこには彼の心理学研究に対して取った基本的姿勢が表れている。ヴィゴツキーは「ハムレット」には人間心理にある表と裏の二重性、語ることのできる部分と沈黙をせざるを得ない闇の部分を持った人間の心の内が描かれていると言う。ヴィゴツキーは、人間心理は一つの原則だけで説明できないものであって、複数の出来事や要因が関連し合っているとする。この複数の出来事が一つの結末を迎えていくのは予想できないことであり、展開の仕方としては瞬間の中で起きていることである。そして、それは後のすべての事態と結果を生み出している決定的な瞬間でもある。ヴィゴツキーの『芸術心理学』と「ハムレット論」については、佐藤公治の『ヴィゴツキーの思想世界』（新曜社 2015）の第二章と第三章でふれている。

［2］ベルクソンはアインシュタインとの論争で、アインシュタインの言う相対的時間を完全に論駁できず、「持続と同時性」の論文も彼の『全集』に収めることをしなかった。ピアジェはこのことを『哲学の知恵と幻想』（1965）で述べたり（第五章「哲学と事実問題」邦訳 p.211）、さらにはベルクソンとアインシュタインの論争の結果、哲学的反省だけにもとづいた「確信」は、結局は衰退したとも言ってしまっている。この本の日本語訳者の岸田と滝沢も「訳者あとがき」でピアジェの主張をそのまま受けとめて、アインシュタインの相対性理論に哲学的反省だけを武器にして論じたベルクソンはみじめにも敗れ去ったと言っている。だが、それは正しくない。もちろん、ベルクソンの「持続と同時性」は今日では読めるし、ベルクソンは時間論の議論を止めてしまったわけではない。ベルクソンの出した問題がその後も議論されているのは、プリコジンらやミンコフスキーの著作をみれば明らかである。

［3］ドゥルーズは「構造主義はなぜそう呼ばれるのか」（何を構造主義として認めるか）で、構造主義のために満たしておく

べきものとして六つの基準をあげている。はじめの二つは、構造主義が基本的に持っているものを追認するもので、ラカンに代表されるような象徴的なものを想定していることと、構造の中にあるこの象徴的な意味は現実の具体的な関係と場の中で意味を持ってくることである。この象徴的なものはいわば権力関係であり、例えば家庭では父親、母親、そしてその子どもの構造内の位置によって実現可能になっているということである。第三以降の基準がドゥルーズがこれまでの構造主義の発想に変更を迫っているところである。レヴィ＝ストロースが言う親族の基本構造も固定的な形であるのではなく、社会あるいは部族でどのように親族間の態度を取っているのかによって変化するのが実情である。あるいは、構造主義の中にある構造は無意識的、潜在的なものであり、このこと自体はドゥルーズも同意はするが、これが現実の形となっていく現働化の過程では一方的に潜在的なもので方向づけられてしまうものではなく、そこには両者の間の相互依存的な働きかけ合いがあると言う。ここが最もドゥルーズにとって構造主義に変更を加えているところである。例えば、彼が『意味の論理学』でも強調したように、意味の生成過程は身体的な情動レベルの深層、そして個人の意味生成のレベルの表層、そして規範的でラカン的な象徴界の高所の三つが相互に連関している。ここでも構造主義が想定するような上位の概念構造でもって下位の個々の具体的な事象の動きを説明するような構図を取ることはできないとドゥルーズは言う。このような構造主義では、主体の活動や意味生成をとらえることができなくなる。

［4］ドゥルーズの研究者でもある國分功一郎は、一連の連載記事「中動態の世界」(2014) と『中動態の世界――意志と責任の考古学』(2017) で、バンヴェニストの『一般言語学の諸問題』を使いながら意味の生成は中動態として起きていることを論じ、さらには人間の意志や行為もまさに中動態という形を取っていると言う。

［5］浅田彰は１９８３年に『構造と力』という異例とも言えるベストセラーになった著書を出している。この本のタイトルと副題の「記号論を超えて」が示すように、当時は広く流布していた「構造主義」の発想を見直し、レヴィ＝ストロース、ラカン、あるいはソシュール言語学に共通にある社会・文化的秩序を重視する構造主義で語られている記号の機能的意味を見直していく内容であった。ここでしばしば浅田が自己の論の展開として参考にしたのは、ドゥルーズの構造主義に対する見直しの議論である。浅田は実際、ドゥルーズの論文「構造主義はなぜそう呼ばれるのか」を取り上げ、さらに、注でもこの論文は参照すべき重要な論文だと述べている。浅田が翌年の１９８４年に書いた『逃走論』もドゥルーズとガタリの二つの著書『千のプラトー』、『アンチ・オイディプス』の思想が入っている。もちろん、浅田の著書は決してドゥルーズあるいはガタリを紹介するだけのものではなく、彼独自の思想が展開されたものであるが、同時に時代的な制約もあってか、そこ

では今日のドゥルーズ研究の成果は十分に反映されていない。浅田の著書をポスト構造主義であるとか浅田自身がポスト構造主義の旗手であるかのように言われたりもしたが、それは浅田自身の著書、あるいはドゥルーズの思想を正確にとらえたものではない。構造主義についてはドゥルーズ自身も深い思索を加え、単に構造主義を完全に捨てるような姿勢を示しているわけではないからである。いずれにしても浅田のこの二つの著書は不幸にも一種のファッションのようになってしまい、十分に理解する前にこの本を持ち歩くことが流行のようになってしまった。

おわりに1　生成としての遊び

長橋　聡

本書を共同で執筆するにあたって、私にとってのキーワードは「出来事」と「意味」であった。私がこの問題について考えるようになったきっかけは、学生時代に読んだ二つの論文であった。

一つは、本文の中でも取り上げている、ヴィゴツキーの「子どもの心理発達における遊びとその役割」である。この論文は、子どものごっこ遊びというものを、きわめて分析的な視点でみながら構造と機能を取り出し、発達の所産としての遊びでなく、発達を生み出すものとしての遊びの役割を説いたものである。そして、そこで語られているのは、決して個々の機能についてではなく、中心的な機能の発達を通してみえてくる幼児の発達全体の姿である。そして、その中心的な機能こそが、「意味」を操ることなのである。これは単なる知識や知能の問題ではなく、現実を超越した自由な思考を得るという、人間にとってきわめて本質的な精神機能の発達の問題である。つまり遊びの中で起こっている発達をみるということは、幼児期という人生のごく一部（と言ってもきわめて重要度の高いごく一部なのだが）に関することにとどまらず、人間の思考という非常に大きな問題を考える時の基礎になるものである。そして、重要なのは、個々の遊びの具体的なモノや行為をみると同時に、そこでいかに意味世界――集団のレベルでは遊びの枠組みやルール、個人のレベルでは内的世界やイメージ――が生成されるかをみることである。当時大学二年生であった私がそこまではっきりとその価値を認識できていたわけではないが、子どもの発達の見方について、非常に重要な示唆を含んでいるということとは感じられた。後に学んでいくと、この遊び論には、「その時点でどういう状態なのか」ではなく、「何が形成されつつあるのか」を発達の指標とするべきであるということ、行為における媒介の存在、言葉と思考の関係性、「精神間活動から精神内活動へ」という筋道など、ヴィゴツキーの発達論が詰まっていることが分かってきた。読むたびに新しいことに気づかされる、私にとっては最も重要な論文の一つである。

もう一つは、藤田省三の「或る喪失の経験――隠れん坊の精神史」(1981)である。これもやはり大学二年生の頃に出会ったものである。論文というよりエッセイなのだが、その中で藤田は遊びやおとぎ話とは、現実の出来事に潜む構造のエッセンスを取り出し、子どもが体験可能な形にしたものであると述べている。おとぎ話を聞き、遊びを実践することを通して子どもたちは「経験に対する胎盤」(同上 p.266) を作るという。そしてその「経験の胎盤」が、後のさまざまな出来事を「経験」として自らの内に統合していく基盤になるというのだ。藤田はさまざまな遊びの中でも隠れん坊を、孤独と放浪という通過儀礼や「生」と「死」の循環性と両義性という人間存在の根本にある構造を遊戯化したものであると位置づけている。藤田は子どもの遊びの中に人間の内的世界の原初をみたのである。ここにあるのは子どもの行為と内的世界に真正面から向き合い、大人と子どもの精神の連続性を遊びという具体的な行為から読み解くという視点である。これを単なるこじつけや恣意的な当てはめと断ずるのは簡単である。しかし、遊びというものは、遊戯者にとって理解可能で関与可能な形に構造化された日常あるいは歴史上のさまざまな出来事であることは想像に難くないだろう。将棋や囲碁やチェスが戦争を構造化したものであることは明らかであるし、最近緩やかなブームになっている新しいボードゲームも大半はテーマを持っており、そのルールや枠組みはテーマに準じたものである。鬼ごっこやままごとなども、狩猟や家庭生活をモチーフにしている。遊びは人間の世界のデフォルメなのである。藤田の場合、遊びの根源として、単なる具体的な活動ではなく抽象化された人間の生のあり様を置いていたわけだが、遊びが具体的な活動をモチーフとし、具体的な活動の繰り返しが人間の生を生んでいるのなら、遊びが人間の生の縮図として位置づくという考え方もそう無理のない話のように思える。大学二年生だった私は、こういった、小さな具体的な活動の中に人間の生の真理を見出す、という考え方に強く惹かれた。

この二つの論文に共通しているのは、子どもの遊びを論理的に分析し、それを人間の生の姿や内的世界の形成の原初形態と位置づけていることである。遊びの中での小さな出来事が次の出来事につながっていき、その中で個人と集団の世界観が形成されていく——それはまさに、我々が世界の中で生きることそのものである。そこには既存のものを保持しながらも新しいものを作り出し、絶えず「今」を作り変えていく生成の過程がある。私にとって遊びをみるということは、人間の生の根源にあるものをみるということにつながっている。

こういった考えから、子どもの遊びを考えるための視点として、ドゥルーズの理論を用いてみようと考えたのである。ドゥルーズもまた、人間の生を追求し続けた人である。彼の思想とその変遷、そしてそれらの評価については諸説あるが、私としては『差異と反復』と『意味の論理学』で展開されている生成の問題こそ、彼の思想の中で最も重要なものだと考える。そして、その生成の過程が最もクリアにみえる活動が子どもの遊びだと考えたのである。

ドゥルーズは『差異と反復』の中で、反復の本質は表象＝再現前化ではないと述べている。我々が、ある出来事がほかの出来事の反復であると感じる時、反復されているのはオリジナルの出来事ではなく、出来事の中に遍在する理念であり、その理念がさまざまな差異の衣をまとって繰り返し立ち現れることが反復であるとしている。この問題は、『意味の論理学』ではシミュラクルの問題として述べられているが、そこでもやはり、一貫して表象＝再現前化を特権的に扱う考えを退けている。重要なのは、無数の差異をはらむ個々の「出来事」と、「出来事」から生まれ、同時に「出来事」どうしをつなぐ「意味」である。

ここに、ヴィゴツキーとドゥルーズの思考が交差する点があると私は考える。つまり、遊びという具体的な「出来事」を通して「意味」を生成し、遊びの世界を作り上げていくという過程を読み解く枠組みとしてドゥルーズの理論を用いることはできないかということである。それによって、双方の理論を事例によって具体化し精緻化できるのではないかと考えた。本書の第3章と第4章は、そのような意図をもって書かれたものだが、その試みがどの程度うまくいったのかは何とも言えない。しかし、その中で改めて感じたのは、「出来事」と「意味」が織りなす人間の内的世界の生成過程の複雑さと深さである。時間と空間、モノ、そして人間（あるいはそれ以外のさまざまな生物）の行為で世界は形作られ、人間の内的世界を通して、それらは「出来事」として位置づけられ、内的世界をさらに新しく作り直していく。そこで展開される「出来事」と「意味」との関係はすなわち物体と心との交わりであり、分け入れば分け入るほど、さらなる深みをみせてくるものだと感じられる。そういった点で今回の試みは、人間の発達をより深く考察し、子どもの世界、人間の内的世界といったものの本質に迫るための知見へとつながっているということだけは確信を持って言える。

最後になりますが、原稿の進みの遅い私を根気強く待ってくださった新曜社の塩浦暲さんに感謝を述べたいと思います。ありがとうございました。

おわりに2　「反復」の復権ということ

佐藤公治

この書を終えるにあたって、私の考えのはじまりにあったものは何であったのかを振り返ってみたい。それはもう十年も前に書いた本の中で取り上げた一人の哲学者からのメッセージに触発を受けたことによる。長谷川宏である。彼が若い人たちのために書いた小さな本がある。『高校生のための哲学入門』(2007) と題されたもので、人間の本質とは何なのか、そこから人はどう生きるべきかを分かりやすく説いたものである。もちろん、この本の題名は「高校生・・・」となっているが、内容は決して「高校生」に限定したものではないことは言うまでもない。

この本の中で「遊び」を論じているところがある（第四章）。大人の社会では遊ぶことは仕事と明確に区別され、まさに労働や作業で疲れた時の息抜きという意味しか与えられていない。たしかに遊びは生産労働のように何かを作り出すこともないし、遊びはその性質からして合理性や効率性を欠いたものである。しかも遊びは一回限りで完結し、その中で楽しさが持続していればよい。しかもこの楽しさは連続することはない。仕事や労働にみられるような連続性と区別される時間、一回限りの非日常の時間が遊びの時間である。一定時間の中でことを楽しみ、その時間の中で完結して終わるという遊びが持っている特質は、子どもの遊びにも大人の遊びにも共通している。

しかし、長谷川は大人の遊びの内容とその意味は子どものそれとは違っていると言う。大人の遊びは仕事の息抜きであり、物の生産や経済活動といったことから離れてまさに余暇としてしか位置づけられない。しかもあたかも仕事が人間の活動の中心であるかのような価値観にとらわれているのが多くの大人である。生産第一、経済至上主義の発想であり、それに対して子どもの遊びでは遊ぶことそれ自体、この活動に没頭すること、その活動に時間を費やすことそのものに意味がある。

そして、長谷川は遊ぶことの本質は反復にあると言う。彼はこんなことを言っている。「そもそも反復は子どもの遊びのきわめて大きな特徴だ。幼児に絵本を読んでやった経験のある人なら、本を読みおわって子どもが『もう一回』と同じ本の読みをなんども催促するのにうんざりした覚えがあるはずだ。また、縄跳びでも、一輪車でも独楽まわしでもメンコでも『だるまさんがころんだ』でも、よく飽きないものだと思うほどくりかえし同じことを楽しむのが子どもの遊びだ。……おとなは、一般的に言って、子どもほど反復を楽しめない。仕事の生産性や効率性に体がなずんでしまっているということだろうか」(pp.102-103)。このように、長谷川が言うように、そもそも子どもの遊びには繰り返しが多い。むしろそれが基本だとも言える。反復を楽しむのはその遊びそのものが楽しいから同じことを繰り返したいのだ。しかも、子どもは大人のように生産性や効率化といった基準で行動していない。逆に我々大人の体に染みこませてしまった生産至上主義、同じことを一見無為に過ごすことや単純に繰り返すという行為には耐えられなくなってしまっているこの感覚こそが問われている。長谷川はこんな問題提起を私たちにしている。

ドゥルーズの思想から私たちが学ばなければならないのは、彼が「反復」に新しい意味を与えたことである。そして、彼の「反復」には、「持続」というもう一つの重要な意味が入っている。彼は人の生の営みの最も根本にあるものは日常の中で個別具体の出来事を立ち上げることであると言う。そして、人が生きているというリアルな現実とそれが持っている意味の重要性を徹底的に追究した。だが、それらは決して個々バラバラの脈絡のないものではない。人は個別具体を通してそこにある連続を紡ぎ出し、その連続の中で生きてもいる。ドゥルーズに多大な思想的な影響を与えたベルクソンも、人の生きている活動の本質にあるものは「持続」していくことだと言った。ベルクソン、そしてドゥルーズは、「持続」から人間の中にある何を見つけようとしたのだろうか。人間についての根本的な思想的な「問い」であるが、そこにはスピノザに対する思想的な応答がある。

ドゥルーズがスピノザの思想から得た最も大きなことは、人も自然も含めてあらゆる事象で起きていることを「表現」という視点からみていくことができることだった。「表現」とは何だろうか。ドゥルーズは「表現」というのは、「結果」は「原因」によってもたらされ「表現」されたものであるが、同時に「結果」は「原因」となって「表現」を作るとしている。要するに、「原因」と「結果」は同一の連鎖だということである。ドゥルーズの「表現」はあらゆる事象の生成として表れていることを言っているのである。だから、「表現」は「原因」と「結果」の円環的活動の「反復」である、「持続」することなのである。

そして、「原因」と「結果」の連鎖から生じているあらゆる事象＝「表現」は、そのものの独自の過程として内在する中で展開している。だからドゥルーズは『スピノザと表現の問題』で、「内在性は表現的なものとして、また表現は内在的なもの」（邦訳p.180）として表れていると述べる。彼の最後となった論文は「内在——ひとつの生…」であった。ドゥルーズはスピノザの『エチカ』の第5部の定理23以降の人間の知性と自由、そして永遠についてのメッセージを、人もそして自然もそれぞれの摂理を持って自らの力で生きていくこととして受けとめたのである。それは、生を肯定することであり、また生の終わりもまた同時に肯定していくことだろう。それが「自然の営み」なのだから。

本書では、ヴィゴツキーとドゥルーズという二人が、発達と学習がいかにして立ち上がってくるかという「生成」をどのように解いているかをみてきたが、彼らが議論していることはとりもなおさず人間の発達、そして学習の本質とは何であるかを問うことでもある。そして、この問題は教育は何を目指したものであるべきかを考えていくことでもある。教育がどこを目指すものとするかは、どのような人間の成長を目指すものとするかを定めていくことではじめて確定していくことができることだからである。

教育という営みを大切にすることは、最終的には国を豊かなものにしていくことである。そしてどのような人間を育てていくかということは、どういう国の文化を創造していくかという具体的な課題に直結することである。次の世代のためにどういう教育を用意しておくべきかという問題は、単に教育政策や教育行政、国の施策といういわばトップ・ダウン的な形での議論だけで解決できるものではなく、学ぶ主体である未来の世代が向かっていくべき学習、そして発達の本質が何であるか、そしてその目指す方向と内容はどういうものであるべきかを定めていくような学習者、当事者目線からの議論が不可欠なのである。

ヴィゴツキー、そしてドゥルーズの思想を問うという本書の目的は、結局は目指すべき教育とは何であるかを問うことでもある。

このような問題意識を筆者の一人の佐藤は以前から持ってきた。本書でドゥルーズとヴィゴツキーを結びつけて議論をしてみようといった考え方を持ち始めたきっかけは、ずいぶん前からであったような気がする。そのきっかけになっていたのは、今思い返すと、かつて私と同じ職場の同僚であり、また互いの問題意識を心置きなく議論できたいわば唯一の研究仲間でもあった西本肇とのつながりであった。彼は教育行政学を専門としており、私とは専門分野は違っていたが、今の教育の営みを本来のあるべきものへと再生していきたいという考えは同じであった。だが、彼は突然、私の前から去ってしまった。この書を彼に捧げる。

最後に、新曜社の塩浦暲さんには心よりお礼を申し上げます。小著では、ドゥルーズという今、最もよく読まれている哲学者であるが、心理学の分野ではほとんど馴染みのない研究者のメッセージをヴィゴツキーの視点から読んでみるといういささか無謀とも思えるものを肯定的に受けとめていただきました。塩浦さんには前著の『音を創る、音を聴く』、そして『ヴィゴツキーの思想世界』に続いてお世話になりました。いつものことながら原稿の不備などに貴重なコメントをいただきました。ありがとうございます。

新曜社の本

著者紹介

佐藤公治（さとう・きみはる）【はじめに、1章、2章、5～8章、おわりに2】
北海道大学名誉教授。専門：発達心理学・教育心理学
北海道大学大学院教育学研究科修了。博士（教育学、北海道大学）。北海道大学大学院教育学院教授を経て2013年、定年退職。
著書として『音を創る，音を聴く――音楽の協同的生成』、『ヴィゴツキーの思想世界――その形成と研究の交流』（以上、新曜社）、『臨床のなかの対話力――リハビリテーションのことばをさがす』（協同医書出版社）など。

長橋聡（ながはし・さとし）【3章、4章、おわりに1】
京都橘大学専任講師。専門：発達心理学
北海道大学大学院教育学研究院博士課程修了。博士（教育学、北海道大学）。
論文として「幼児の遊びにおける意味の生成と遊び世界の構成――出来事、行為、モノ、空間の関係から」（博士学位論文）、「子どものごっこ遊びにおける意味の生成と遊び空間の構成」（『発達心理学研究』第24巻）、「ヴィゴツキー遊び論の新たな展開のための試論」、「心的体験と意味生成、出来事」（以上、『ヴィゴツキー学』別巻第3号、第4号）など。

新曜社

ヴィゴツキーからドゥルーズを読む
人間精神の生成論

初版第1刷発行　2019年3月15日

著　者　佐藤公治
　　　　長橋　聡
発行者　塩浦　暲
発行所　株式会社　新曜社
　　　　101-0051　東京都千代田区神田神保町3－9
　　　　電話 (03)3264-4973（代）・FAX (03)3239-2958
　　　　e-mail : info@shin-yo-sha.co.jp
　　　　URL : https://www.shin-yo-sha.co.jp
組版所　Katzen House
印　刷　星野精版印刷
製　本　積信堂

ISBN978-4-7885-1619-9 C1011

人名索引

ア行

アインシュタイン　Albert Einstein　254, 255, 256, 273
アルチュセール　Louis Althusser　213
アルトー　Antonin Artaud　63, 64, 78, 79
イエルムスレウ　Louis Hjelmslev　210, 211
イエンシュ　Erich Rudolf Jaensch　162
インゴルド　Tim Ingold　225-227, 229, 230
ヴァルシナー　Jaan Valsiner　248
ヴェーア　René van der Veer　248
ウォーコップ　Oswald Stewart Wauchope　149-151
エイゼンシュテイン　Sergei Eisenstein　260-263

カ行

ガタリ　Pierre-Félix Guattari　197, 210, 214, 218, 219, 221-226, 229, 230, 272, 274, 275
カント　Immanuel Kant　18-20, 36
キャロル　Lewis Carroll　142, 143, 172
ギヨーム　Gustave Guillaume　203
グイエ　Henri Gouhier　180, 207
クライン　Melanie Klein　170, 176, 214, 219-222
クレソン　André Cresson　19, 47
クワイン　Willard Quine　154, 155, 157-159
ゲーテ　Johann Wolfgang von Goethe　238
ケーラー　Wolfgang Köhler　7, 8, 70, 71, 79
小嶋秀樹　114, 115
コール　Michael Cole　164
ゴルトシュタイン　Kurt Goldstein　27
コールブルック　Claire Colebrook　61

サ行

サックス　Oliver Sacks　6-9
ザポロジェツ　Alexander Vladimirovich Zaporozhets　7
シェイクスピア　William Shakespeare　244
ジェイムズ　William James　30-35, 69, 190-193
シャトレ　François Châtelet　47, 212, 213
シュテルン　William Stern　215
鈴木泉　23, 223
スピノザ　Baruch De Spinoza　21, 42, 47, 194, 241-244, 283, 254
ズーラビクヴィリ　Francois Zourabichvili　246
ゼイガルニク　Bluma Zeigarnik　27
ソシュール　Ferdinand de Saussure　140, 143-145, 172, 202, 204-206, 210, 211, 267-269, 271, 274
ソープ　William Thorpe　224
ソーンダイク　Edward L. Thorndike　69, 71

タ行

タルド　Jean-Gabriel Tarde　69, 70, 74-76
チェイクリン　Seth Chaiklin　53
デカルト　René Descartes　4, 36, 59, 190-195
トゥルニエ　Michiel Tournier　44, 45

時枝誠記　205, 206
トマセロ　Michael Tomasello　155, 156, 159

ハ行

長谷川宏　281, 282
バビンスキー　Joseph Babinski　6, 7
バフチン　Mikhail Bakhtin　37, 166, 167, 204, 205
パブロフ　Ivan Petrovich Pavlov　15-17, 33, 215
バルト　Roland Barthes　266
パルネ　Claire Parnet　251
バンヴェニスト　Émile Benveniste　271, 274
ピアジェ　Jean Piaget　236, 237, 249, 254, 273
ヒューム　David Hume　4, 15, 18-20, 47
平井啓之　240
ビンスワンガー　Ludwig Binswanger　180
フォション　Henri Focillon　130, 131
藤田省三　278, 279
フッサール　Edmund Gustav Albrecht Husserl　179
プリゴジン　Ilya Prigogine　256
プルースト　Marcel Proust　61, 62, 187, 223
ブルーナー　Jerome Bruner　164, 165
フレッス　Paul Fraisse　254
フロイト　Sigmund Freud　28, 76, 170, 203, 214-217, 222, 270
フンボルト　Wilhelm von Humboldt　205
ベック　Simon Beck　228
ベヒテレフ　Vladimir Mikhailovitch Bekhterev　16, 17
ベルクソン　Henri Bergson　13, 25, 35, 128, 174, 177-190, 192-203, 207, 236, 238-240, 252-260, 263, 273, 283
ホワイトヘッド　Alfred North Whitehead 51, 52, 109-113, 115, 117, 124, 125, 128-130

マ行

前田英樹　174, 201, 204, 206
マルタン　Jean-Clet Martin　32
丸山圭三郎　172, 173
ミッチェル　Silas Weir Mitchell　7
ミンコフスキー　Eugene Minkowski　256, 257, 258, 274
メルロ=ポンティ　Maurice Merleau-Ponty 25, 63, 152, 173, 176, 230, 233

ヤ行

ヤーコブソン　Roman Jakobson　267
安永浩　151
ユクスキュル　Jakob von Uexkull　167, 173, 174, 227

ラ行

ライプニッツ　Gottfried Wilhelm Leibniz 48, 168
ラカン　Jacques Lacan　170, 267, 269, 270, 274
ラッセル　Bertrand Russell　141
ランゲ　Carl Lange　190, 191
リュケ　Henri Luquet　230
ルドン　Odilon Redon　46
ルリヤ　Aleksandr Romanovich Luriya　6, 18, 159, 160, 162-164, 215-217, 233, 247, 261

事項索引

た行

な行

は行

ま行

ら行

文　献

アルトー, A. (1924) ジャック・リヴィエールとの往復書簡. 粟津則雄・訳 (1977) アントナン・アルトー全集1・所収, 現代思潮社, 31-67.

アルチュセール, L. (1988) 不確定な唯物論のために. 山崎カヲル・訳 (1993) 大村書店.

浅田彰 (1983) 構造と力―記号論を超えて. 勁草書房.

浅田彰 (1984) 逃走論―スキゾ・キッズの冒険. 筑摩書房／(1986) 筑摩書房（ちくま文庫).

ブランショ, M. (1959) アルトー. 粟津則雄・訳 (1989) 来るべき書物・所収, 筑摩書房（ちくま学芸文庫）77-90.

ベルクソン, H. (1889) 意識に直接与えられたものについての試論―時間と自由. 合田正人・平井靖史・訳 (2002) 筑摩書房（ちくま学芸文庫).

ベルクソン, H. (1896) 物質と記憶. 田島節夫・訳 (1965) 白水社／合田正人・松本力・訳 (2007) 筑摩書房（ちくま学芸文庫).

ベルクソン, H. (1907) 創造的進化. 松浪信三郎・高橋允昭・訳 (1966) 白水社／合田正人・松井久・訳 (2010) 筑摩書房（ちくま学芸文庫).

ベルクソン, H. (1911) 物質と記憶・第7版への序文. 合田正人・松本力・訳 (2007) 物質と記憶・所収, 筑摩書房（ちくま学芸文庫）358-369.

ベルクソン, H. (1922) 持続と同時性―アインシュタインの理論について. 鈴木力衛他・訳 (2001) ベルクソン全集3・所収, 白水社, 155-399.

ベルクソン, H. (1934) 思想と動くもの. 河野与一・訳 (1998) 岩波書店（岩波文庫).

ベルクソン, H. (1990) ベルクソン講義録Ⅰ. 合田正人・谷口博史・訳 (1999) 法政大学出版局.

ベルクソン, H. (1992) ベルクソン講義録Ⅱ. 合田正人・谷口博史・訳 (2000) 法政大学出版局.

Binswanger, L. (1922) *Einführung in die Probleme der allgemeinen Psychologie*. Berlin: J. Springer.

ブルーナー, J. (1990) 意味の復権―フォークサイコロジーに向けて. 岡本夏木他・訳 (1999) ミネルヴァ書房.

ブルーナー, J. (1996) 教育という文化. 岡本夏木他・訳 (2004) 岩波書店.

ブルーナー, J. (2002) ストーリーの心理学―法・文学・生をむすぶ. 岡本夏木他・訳 (2007) ミネルヴァ書房.

Chaiklin, S. (2003) The zone of proximal development in Vygotsky's analysis of learning and instruction. In A. Kozlin, et al. (Eds.) *Vygotsky's educational theory in cultural context*. Cambridge: Cambridge University Press, 39-64.

コール, M. (1996) 文化心理学―発達・認知・活動への文化-歴史的アプローチ. 天野清・訳 (2002) 新曜社.
コールブルック, C. (2002) ジル・ドゥルーズ. 國分功一郎・訳 (2006) 青土社.
ドゥルーズ, G. (1953) 経験論と主体性―ヒュームにおける人間的自然についての試論. 木田元・財津理・訳 (2000) 河出書房新社.
ドゥルーズ, G. (1956) ベルクソンにおける差異の概念（邦訳名：差異について）. 平井啓之・訳・所収, 青土社, 7-125.
ドゥルーズ, G. (1956) ベルクソン1859-1941. 平井啓之・訳・解題 (2000) 差異について・所収, 青土社, 170-196.
ドゥルーズ, G. (1957) 記憶と生. 前田英樹・訳 (1999) 未知谷.
ドゥルーズ, G. (1963) カントの批判哲学. 國分功一郎・訳 (2008) 筑摩書房（ちくま学芸文庫）.
ドゥルーズ, G. (1964) プルーストとシーニュ . 宇波彰・訳 (1974) 法政大学出版局.
ドゥルーズ, G. (1966) ベルクソンの哲学. 宇波彰・訳 (1974) 法政大学出版局.
ドゥルーズ, G. (1968) 差異と反復. 財津理・訳 (1992) 河出書房新社.
ドゥルーズ, G. (1968) スピノザと表現の問題. 工藤喜作他・訳 (1991) 法政大学出版局.
ドゥルーズ, G. (1969) 意味の論理学. 岡田弘・宇波彰・訳 (1987) 法政大学出版局／小泉義之・訳 (2007) 河出書房新社（河出文庫）.
ドゥルーズ, G. (1969) ミシェル・トゥルニエと他者なき世界. 小泉義之・訳 (2007) 意味の論理学（下）・所収, 河出書房新社（河出文庫）, 225-259.
ドゥルーズ, G. (1972) ヒューム. 中村雄二郎・訳 (1976) シャトレ哲学史Ⅳ・啓蒙時代の哲学・所収, 白水社／小泉義之・訳 (2003) 無人島1969-1974（ドゥルーズ思考集成）・所収, 河出書房新社, 43-57.
ドゥルーズ, G. (1972) 三つの問題群. 杉村昌昭・訳 (2003) 無人島1969-1974・所収, 河出書房新社, 103-123.
ドゥルーズ, G. (1973) 構造主義はなぜそう呼ばれるのか. 中村雄二郎・訳 (1975) フランソワ・シャトレ編, シャトレ哲学史第8巻・二十世紀の哲学・所収, 中村雄二郎・監訳, 白水社, 332-371 ／小泉義之・訳 (1953-1968) 何を構造主義として認めるか. 無人島1969-1974・所収, 河出書房新社, 59-102.
ドゥルーズ, G. (1981) スピノザ 実践の哲学. 鈴木雅大・訳 (2002) 平凡社（平凡社ライブラリー）.
ドゥルーズ, G. (1983) シネマ1＊運動イメージ. 財津理・齋藤範・訳 (2008) 法政大学出版局.
ドゥルーズ, G. (1985) シネマ2＊時間イメージ. 宇野邦一他・訳 (2006) 法政大学出版局.
ドゥルーズ, G. (1988) 襞―ライプニッツとバロック. 宇野邦一・訳 (1998) 河出書房新社.
ドゥルーズ, G. (1988) ペリクレスとヴェルディ―フランソワ・シャトレの哲学. 丹生谷貴

志・訳・解題, 宇野邦一・編 (1994) ドゥルーズ横断・所収, 河出書房新社, 7-27.
ドゥルーズ, G. (1991) ベルクソンへの回帰（『ベルクソンの哲学』アメリカ版のための後書き）. 鈴木創士・訳 (2004), 宇野邦一他・訳, 狂人の二つの体制1983-1995・所収, 河出書房新社, 213-217.
ドゥルーズ, G. (1993) 批評と臨床. 守中高明他・訳 (2002) 河出書房新社, 271-274.
ドゥルーズ, G. (1995) 内在―ひとつの生 …. 小沢秋広・訳 (2004), 宇野邦一他・訳, 狂人の二つの体制1983 - 1995・所収, 河出書房新社, 295-302.
ドゥルーズ, G. & クレソン, A. (1952) ヒューム. 合田正人・訳 (2000) 筑摩書房（ちくま学芸文庫）.
ドゥルーズ, G. (出版年不明) 無人島の原因と理由. 前田英樹・訳 (2003), 宇野邦一他・訳, 前田英樹・監修, 無人島1953-1968（ドゥルーズ思考集成）・所収, 河出書房新社, 13-22.
ドゥルーズ, G. & ガタリ, F. (1972) アンチ・オイディプス. 市倉宏祐・訳 (1986) 河出書房新社.
ドゥルーズ, G. & ガタリ, F. (1976) リゾーム. 豊崎光一・訳 (1977) エピステーメー臨時増刊号, 朝日出版社.
ドゥルーズ, G. & パルネ, C. (1977) 対話. 江川隆男・増田靖彦・訳 (2008) 河出書房新社, 229-235.
ドゥルーズ, G. & ガタリ, F. (1980) 千のプラトー . 宇野邦一他・訳 (1994) 河出書房新社.
ドゥルーズ, G. & ガタリ, F. (1980) 序―リゾーム. 宇野邦一他・訳 (1994) 千のプラトー・所収, 河出書房新社, 15-39.
デカルト, R. (1649) 情念論. 谷川多佳子・訳 (2008) 岩波書店（岩波文庫）.
デュー , R. (2007) ドゥルーズ哲学のエッセンス. 中山元・訳 (2009) 新曜社.
エイゼンシュテイン, S. M. (1930) どうぞ！ 浦雅春・訳 (1986), 岩本憲児・編, エイゼンシュテイン解読・所収, フィルムアート社, 136-163.
エイゼンシュテイン, S. M. (1935) 映画形式―イメージの冒険. 桑野隆・訳 (1986), 岩本憲児・編, エイゼンシュテイン解読・所収, フィルムアート社, 164-215.
エリコニン, D. B. (1978) 遊びの心理学. 天野幸子・伊集院俊隆・訳 (2002) 新読書社.
Fleer, M., Rey, F. G. & Veresov, N. (Eds.) (2017) *Perezhivanie, emotions and subjectivity*. Singapore: Springer.
フォション, H. (1955)［改訳］形の生命. 杉本秀太郎・訳 (2009) 平凡社（平凡社ライブラリー）.
フレッス, R. (1957) 時間の心理学―その生物学・生理学. 原吉雄・佐藤幸治・訳 (1960) 創元社.
藤田省三 (1981) 或る喪失の経験―隠れん坊の精神史. 市村弘正・編 (2010) 藤田省三セレクション・所収, 平凡社（平凡社ライブラリー）260-293 ／藤田省三著作集5：精神史的

考察・所収, みすず書房, 10-45.
合田正人 (2015) 縁から縁―デリダ／ドゥルーズの岬から. 現代思想, 2015年2月・臨時増刊号, 青土社, 202-219.
グイエ, H. (1990) 前置き. 合田正人・谷口博史・訳 (1999) ベルクソン講義録Ⅰ・所収, 法政大学出版局, ix-xviii.
ガタリ, F. (1972) 精神分析と横断性―制度分析の試み. 杉村昌昭・毬藻充・訳 (1994) 法政大学出版局.
ハリス, R. & テイラー , T. J. (1989) 言語論のランドマーク. 斎藤伸治・滝沢直宏・訳 (1997) 大修館書店.
長谷川宏 (2007) 高校生のための哲学入門. 筑摩書房（ちくま新書).
服部裕幸 (2003) 言語哲学入門. 勁草書房.
イエルムスレウ, L. (1943) 言語理論の確立をめぐって. 竹内孝次・訳 (1985) 岩波書店.
イエルムスレウ, L. (1953) 言語理論序説. 林栄一・訳述 (1959) 研究社出版／復刻版：ゆまに書房 (1998).
平井啓之 (2000) 解題〈差異〉と新しいものの生産. ジル・ドゥルーズ 差異について・所収, 128-164.
ユード, H. (1990) 序文. 合田正人・谷口博史・訳 (1999) ベルクソン講義録Ⅰ・所収, 法政大学出版局, xiv-xxxii.
五十嵐沙千子 (2015) O. S. ウォーコップにおける「主観」の復権. 筑波大学人文社会系紀要・倫理学, 第31号, 1-17.
伊藤邦武 (1986) 記号と意味. 大森荘蔵他・編, 新・岩波講座・哲学3・記号・論理・メタファー , 岩波書店, 42-68.
インゴルド, T. (2007) ラインズ―線の文化史. 工藤晋・訳 (2014) 左右社.
Ingold, T. (2011) *Being alive: Essays on movement, knowledge and description*. London: Routledge.
岩本和久 (2010) フロイトとドストエフスキー―精神分析とロシア文化. 東洋書店.
岩尾龍太郎 (1994) ロビンソンの砦. 青土社.
James, W. (1890) *The principles of psychology*. NY: Dover Publications.
ジェイムズ, W. (1892) 心理学（上・下). 今田恵・訳 (1939) 岩波書店（岩波文庫).
ジェイムズ, W. (1899) 心理学について―教師と学生に語る（ウイリアム・ジェイムズ著作集1). 大坪重明・訳, 日本教文社.
ジェイムズ, W. (1905) 純粋経験の世界における感情的事実の占める位置. 桝田啓三郎・加藤茂・訳 (1998) 根本経験論・所収, 白水社, 120-132.
ジェイムズ, W. (1912) 根本的経験論. 桝田敬三郎・加藤茂・訳 (1978) 白水社（白水叢書).
カント, I. (1787) 純粋理性批判. 熊野純彦・訳 (2012) 作品社.

クライン, M. (1932) 児童の精神分析（メラニー・クライン著作集第2巻）. 小此木啓吾・岩崎徹也・編訳 (1997) 誠信書房.
クライン, M. (1945) 早期不安に照らしてみたエディプス・コンプレックス. 牛島定信・訳 (1983), 西園昌久・牛島定信・編訳 (1975) 愛、罪、そして償い（メラニー・クライン著作集第3巻）・所収, 誠信書房.
クライン, M. (1961) 児童分析の記録Ⅰ・Ⅱ（メラニー・クライン著作集第6巻・第7巻）.山上千鶴子・訳 (1987, 1988) 誠信書房.
國分功一郎 (2008) 訳者解説. ドゥルーズ カントの批判哲学・所収, 筑摩書房（ちくま学芸文庫）187-237.
國分功一郎 (2014) 連載・中動態の世界（全6回）. 精神看護, 第17巻1号-6号.
國分功一郎 (2017) 中動態の世界―意志と責任の考古学. 医学書院.
國分充 (2005) 20世紀初めのロシアにおける精神分析の運命―覚え書き. 東京学芸大学紀要1部門, 第56号, 309-320.
國分充・牛山道雄 (2006) ロシア精神分析運動とヴィゴツキー学派―ルリヤの Zeitschrift 誌の活動報告. 東京学芸大学紀要, 総合教育系, 第57号, 199-215.
國分充・牛山道雄 (2007) 初期ソビエト精神分析運動史―Internationale Zeitschrift für Psychoanalyse 誌の記事から. 東京学芸大学紀要, 総合教育系, 第58号, 271-288.
小嶋秀樹 (2014) ロボットのやりとりに意味が生まれるとき. 岡田美智男・松本光太郎・編著, ロボットの悲しみ―コミュニケーションをめぐる人とロボットの生態学. 新曜社, 101-121.
近藤和敬 (2008)『差異と反復』における微分法の位置と役割. 小泉義之他・編, ドゥルーズ／ガタリの現在・所収, 平凡社, 80-102.
Leont'ev, A. N. & Zaporozhets, A. V. (1960) *Rehabilitation of hand function*. Translated by Haigh, B., Russell, W. R. (Ed.), Oxford: Pergamon Press.
ライプニッツ, G. W. (1685-86) 形而上学序説. 橋本由美子・監訳, 秋保亘・大矢宗太朗・訳 (2013) 平凡社（平凡社ライブラリー）.
ライプニッツ, G. W. (1765) 人間知性新論. 米山優・訳 (1987) みすず書房.
ルロワ＝グーラン, A. (1964-1965) 身ぶりと言葉. 荒木亨・訳 (2012) 筑摩書房（ちくま学芸文庫）.
ルイス・キャロル (1871) 鏡の国のアリス. 矢川澄子・訳 (1994) 新潮社（新潮文庫）.
ルイス・キャロル (1876) スナーク狩り. 穂村弘・訳 (2014) 集英社.
レヴィ＝ストロース, C. (1967) 料理の三角形. 西江雅之・訳, パンゴー , B. (1967) レヴィ＝ストロースの世界：アルク誌・所収, 伊東晃他・訳 (1968) みすず書房, 42-63.
レヴィ＝ストロース, C. (1979) 大橋保夫・編, 構造・神話・労働―クロード・レヴィ＝ストロース日本講演集, みすず書房.

レヴィ＝ストロース, C. (1985) やきもち焼きの土器つくり. 渡辺公三・訳 (1990) みすず書房.
Luria, A. R. (1925) Psychoanalysis as a system of monistic psychology. In Cole, M. (1978) *The selected writings of A. R. Luria.*, Whiteplains, N.Y.: M. E. Sharpe, 3-41.
ルリヤ, A. R. (1956) 言語と精神発達. 松野豊・関口昇・訳 (1969) 明治図書.
ルリヤ, A. R. (1974) 認識の史的発達. 森岡修一・訳 (1976) 明治図書.
Luria, A. R. & Yudovich, F. Ia. (1956) *Speech and the development of mental processes in the child.* Simon, J. (Ed.), with an introduction by Zangwill, O. (1959), London: Staples Press.
リュケ, G. H. (1913) 子どもの絵. 須賀哲夫（監訳）(1979) 金子書房.
前田英樹 (1994)「言語の存在論的基礎」について. 宇野邦一・編, ドゥルーズ横断, 河出書房新社, 51-70.／ (1994) 言語の闇をぬけて・所収, 書肆山田, 241-254.／ (2000) 在るものの魅惑・所収, 現代思潮社, 83-109.
前田英樹 (2000) 在るものの魅惑. 現代思潮社.
前田英樹 (2007) 時枝誠記の言語学. 前田英樹 (2010) 深さ、記号・所収, 書肆山田, 334-366.
前田英樹 (2007) 時枝誠記のプラグマティズム. 前田英樹 (2010) 深さ、記号・所収, 書肆山田, 367-380.
マルタン, J-C. (2012) ドゥルーズ. 合田正人・訳 (2013) 河出書房新社（河出文庫）.
丸山圭三郎 (1984) 文化のフェティシズム. 勁草書房.
丸山圭三郎 (1985) 言葉と世界の分節化. 大森荘蔵他・編, 新・岩波講座・哲学2, 経験・言語・認識, 岩波書店, 36-64.
メルロ＝ポンティ , M. (1942) 行動の構造. 滝浦静雄・木田元・訳 (1964) みすず書房.
メルロ＝ポンティ , M. (1945) 知覚の現象学1. 竹内芳郎・小木貞孝・訳 (1967) みすず書房.
メルロ＝ポンティ, M. (1945) 知覚の現象学2. 竹内芳郎他・訳 (1974) みすず書房.
メルロ＝ポンティ, M. (1969) 表現と幼児のデッサン. 木田元・滝浦静雄・訳 (2001) 幼児の対人関係・所収, みすず書房.
ミンコフスキー , E. (1933) 生きられる時間Ⅰ—現象学的・精神病理学的研究. 中江育生・清水誠・訳 (1972) みすず書房.
ミンコフスキー , E. (1933) 生きられる時間Ⅱ—現象学的・精神病理学的研究. 中江育生・清水誠・大橋博司・訳 (1972) みすず書房.
ミンコフスキー , E. (1953) 精神分裂病—分裂性性格及び精神分裂病者の精神病理学（新版）. 村上仁・訳 (1954) みすず書房.
水地宗明 (1974)『クラテュロス』解説. 水地宗明・田中美知太郎・訳 (1974) プラトン全集2（クラテュロス・テアイテトス）・所収, 岩波書店, 411-432.
森（山下）徳治 (1962) ヴィゴツキーの想い出（随想）. ソビエト教育科学, 第5号, 131-134.
村澤真保呂 (2005) 模倣、あるいは社会の昇華. *Becoming*, No.15, 73-94.

中川 大 (2002) 言語と実在. 野本和幸・山田友幸・編, 言語哲学を学ぶ人のために, 世界思想社, 17-34.
野上素一・編 (1964) 新伊和辞典. 白水社.
澤潟久敬 (1979) ベルクソンの科学論. 中央公論社（中公文庫).
オルティグ, E. (1962) 言語表現と象徴. 宇波彰・訳 (1970) せりか書房.
大平陽一 (2005) エイゼンシュテインとヴィゴツキー . アゴラ：天理大学地域文化研究センター紀要, 第3号, 55-77.
大石雅彦 (2015) エイゼンシテイン・メソッド―イメージの工学. 平凡社.
プラトン (411) クラテュロス（プラトン全集2). 水地宗明・訳 (1974) 岩波書店.
プリゴジン, I. & スタンジェール, I. (1984) 混沌からの秩序. 伏見康治他・訳 (1987) みすず書房.
ピアジェ , J. (1923) 児童の言語と思考. 邦訳名・児童の自己中心性. 大伴茂・訳 (1954) 同文書院.
ピアジェ , J. (1965) 哲学の知恵と幻想. 岸田秀・滝沢武久・訳 (1971) みすず書房.
クワイン, W. V. O. (1960) ことばと対象. 大出晁・宮館恵・訳 (1984) 勁草書房.
サックス, O. (1995) 暗点―科学史における忘却と無視. シルヴァーズ, R. B.・編, 渡辺政隆・大木奈保子・訳 (1997) 消された科学史・所収, みすず書房, 147-190.
坂本賢三 (1975) 機械の現象学. 岩波書店.
佐藤公治 (1996) 認知心理学の読みの世界―対話と協同的学習をめざして. 北大路書房.
佐藤公治 (2012) 音を創る、音を聴く―音楽の協同的生成. 新曜社.
佐藤公治 (2015) ヴィゴツキーの思想世界―その形成と研究の交流. 新曜社.
佐藤公治・長橋聡 (2009) 幼児の描画にみる内在的表現行為. 北海道大学大学院教育学研究院紀要, 第107号, 1-23.
ソシュール, F. de (1910) ソシュール一般言語学講義―コンスタンタンのノート. 景浦峡・田中久美子・訳 (2007) 東京大学出版会.
鈴木泉 (2008) ドゥルーズ. 鷲田清一・編集, 哲学の歴史第12巻・所収, 中央公論新社, 614-662.
鈴木泉 (2008) スティルとリトルネロ―メルロ＝ポンティとドゥルーズ. 思想（岩波書店）2008年11月号（第1015号), 256-274.
トゥルニエ, M. (1967) フライデーあるいは太平洋の冥界. 榊原晃三・訳 (2009) 世界文学全集Ⅱ-09, 河出書房新社, 3-204.
タルド, G. (1890) 模倣の法則. 池田祥英・村澤真保呂・訳 (2007) 河出書房新社.
タルド, G. (1895) モナド論と社会学. 村澤真保呂・信友建志・訳 (2008) 社会法則／モナド論と社会学・所収, 洛北出版, 125-234.
タルド, G. (1897) 社会法則. 村澤真保呂・信友建志・訳 (2008) 社会法則／モナド論と社会

学・所収, 洛北出版, 5-122.
Thorpe, W. H. (1956/1963) *Learning and instinct in animals*. London: Methuen.
時枝誠記 (1941/2007) 国語学原論（上・下）. 岩波文庫.
時枝誠記 (1955/2008) 国語学原論・続篇. 岩波文庫.
トマセロ, M. (2008) コミュニケーションの起源を探る. 松井智子・岩田彩志・訳 (2013) 勁草書房.
ユクスキュル, J. von (1921) 動物の環境と内的世界. 前野佳彦・訳 (2012) みすず書房.
Uexküll, J. von (1928) *Theoretische Biologie*. Berlin: Julius Springer.
Valsiner, J. & Veer, R. (2014) Encountering the border: Vygotsky's zona blizhaishego razvitia and its implications for theories of development. In A. Yasnitsky et al. (Eds.) *The Cambridge handbook of cultural-historical psychology*. Cambridge, UK: Cambridge University Press, 148-173.
ヴィゴツキー, L. S. (1916) デンマークの王子ハムレットについての悲劇. 峯俊夫・訳 (1970) ハムレット―その言葉と沈黙, 国文社.
ヴィゴツキー, L. S. (1925/1968) 芸術心理学（新訳版）. 柴田義松・訳 (2006) 学文社.
ヴィゴツキー, L. S. (1925) 行動の心理学の問題としての意識. 柴田義松・藤本卓・森岡修一・訳 (1987) 心理学の危機―歴史的意味と方法論の研究・所収, 明治図書, 61-92.
Vygotsky, L. S. (1926) The methods of reflexological and psychological investigation. In R. van der Veer & J. Valsiner (1994) *The Vygotsky reader*. Oxford: Blackwell, 27-45.
ヴィゴツキー, L. S. (1926) 反射学的研究と心理学的研究の方法論. 中村和夫・訳 (1985) 心理科学, 第8巻第2号, 30-44.
ヴィゴツキー, L. S. (1926) 教育心理学講義. 柴田義松・宮坂琇子・訳 (2005) 新読書社.
ヴィゴツキー, L. S. (1926) 練習と疲労. 柴田義松・宮坂琇子・訳 (2008) ヴィゴツキー心理学論集・所収, 学文社, 181-193.
ヴィゴツキー, L. S. (1926-34) ヴィゴツキー心理学論集. 柴田義松・宮坂琇子・訳 (2008) 学文社.
ヴィゴツキー, L. S. (1927) 心理学の危機の歴史的意味. 柴田義松・藤本卓・森岡修一・訳 (1987) 心理学の危機―歴史的意味と方法論の研究・所収, 明治図書, 93-288.
Vygotsky, L. S. (1927) The historical meaning of the crisis in psychology: A methodological investigation. In R. W. Rieber & J. Wollock (Eds.) (1997) *The collected works of L. S. Vygotsky*, vol.3, New York: Plenum Press, 233-343.
ヴィゴツキー, L. S. (1928) 子どもの文化的発達の問題. 柴田義松・宮坂琇子・訳 (2008) ヴィゴツキー心理学論集・所収, 学文社, 143-161.
ヴィゴツキー, L. S. (1928) 子どもの性格の動態に関する問題. 柴田義松・宮坂琇子・訳 (2008) ヴィゴツキー心理学論集・所収, 学文社, 162-175.

Vygotsky, L. S. (1928) The dynamics of child character. Translated and with an introduction by R. J. E. Knox & C. B. Stevens (1993) In R. W. Rieber & A. S. Carton (Eds.) T*he collected works of L. S. Vygotsky*, vol.2, New York: Plenum Press, 153-163.

ヴィゴツキー , L. S. (1929) 人間の具体心理学. 土井捷三他・訳 (2012) 土井捷三・神谷栄司・監訳 (2012)「人格発達」の理論—子どもの具体心理学・所収, 三学出版, 262-284.

ヴィゴツキー , L. S. (1930) 心理と意識と無意識. 柴田義松・宮坂琇子・訳 (2008) ヴィゴツキー心理学論集・所収, 学文社, 55-76.

Vygotsky, L. S. (1930) Preface to Köhler. Translated and with an introduction by R. van der Veer (1997) In R. W. Rieber & J. Wollock (Eds.) *The collected works of L. S. Vygotsky*, vol.3, New York: Plenum Press, 175-194.

ヴィゴツキー , L. S. (1930) 心理システムについて. 柴田義松・宮坂琇子・訳 (2008) ヴィゴツキー心理学論集・所収, 学文社, 9-37.

ヴィゴツキー , L. S. (1930) 動物心理学と児童心理学における実際的知能の問題. 土井捷三・神谷栄司・訳 (2002) 新児童心理学講義・所収, 新読書社, 168-205.

ヴィゴツキー, L. S. (1930) 子どもによる道具と記号（言語）操作の発達. 柴田義松・宮坂琇子・土井捷三・神谷栄司・訳 (2002) 新児童心理学講義・所収, 新読書社, 167-246.

ヴィゴツキー , L. S. (1930-31) 文化的・歴史的精神発達の理論. 柴田義松・監訳 (2005) 学文社.

ヴィゴツキー , L. S. (1930-31) 書きことばの前史. 柴田義松・監訳 (2005) 文化的・歴史的精神発達の理論・所収, 学文社, 226-256.

ヴィゴツキー , L. S. (1931-33) 情動の理論. 神谷栄司他・訳 (2006) 三学出版.

Vygotsky, L. S. (1932) On the problem of the psychology of the actor's creative work. Translated by Hall, M. J. (1999) In R. W. Rieber & J. Wollock (Eds.) *The collected works of L. S. Vygotsky*, vol.6, New York: Kluwer Academic/Plenum Publishers. 237-244.

ヴィゴツキー, L. S. (1933) 子どもの心理発達における遊びとその役割. 神谷栄司・訳 (1989) ごっこ遊びの世界—虚構場面の創造と乳幼児の発達・所収, 法政出版, 2-34.

ヴィゴツキー, L. S. (1933) 遊びに関する摘要. 神谷栄司・土井捷三・訳 (2012) ヴィゴツキー学別巻, 第2号, 39-43.

ヴィゴツキー, L. S. (1933) 就学前期—子どもの心理発達における遊びとその役割. 神谷栄司・訳 (2012) 土井捷三・神谷栄司・監訳,「人格発達」の理論・所収, 三学出版, 138-170.

ヴィゴツキー , L. S. (1933) 意識の問題. 柴田義松・宮坂琇子・訳 (2008) ヴィゴツキー心理学論集・所収, 学文社, 38-54.

Vygotsky, L. S. (1933) The problem of consciousness. In R. W. Rieber & J. Wollock (Eds.) (1997) *The collected works of L. S. Vygotsky*, vol.3, New York: Plenum Press, 129-138.

ヴィゴツキー, L. S. (1933) 子どもの発達の年齢的時期区分の問題. 神谷栄司・伊藤美和子・訳, 土井捷三・神谷栄司・監訳 (2012)「人格発達」の理論—子どもの具体心理学・所収, 三学出版, 10-42.
ヴィゴツキー, L. S. (1933) 年齢期の構造とダイナミクス. 神谷栄司・伊藤美和子・訳 土井捷三・神谷栄司・監訳 (2012)「人格発達」の理論—子どもの具体心理学・所収, 三学出版, 43-50.
ヴィゴツキー, L. S. (1933) 年齢期の問題と発達診断学［発達の最近接領域］. 神谷栄司・伊藤美和子・訳, 土井捷三・神谷栄司・監訳 (2012)「人格発達」の理論—子どもの具体心理学・所収, 三学出版, 51-69.
ヴィゴツキー, L. S. (1933) 教育過程の児童学的分析について. 土井捷三・神谷栄司・訳 (2003)「発達の最近接領域」の理論・所収, 三学出版, 187-218.
ヴィゴツキー, L. S. (1933) 生活的概念と科学的概念の発達. 土井捷三・神谷栄司・訳 (2003)「発達の最近接領域」の理論・所収, 三学出版, 154-186.
ヴィゴツキー, L. S. (1933) 三歳と七歳の危機. 神谷栄司・堀村志をり・訳, 土井捷三・神谷栄司・監訳 (2012)「人格発達」の理論—子どもの具体心理学・所収, 三学出版, 70-108.
ヴィゴツキー, L. S. (1933) 教授・学習との関連における学齢児の知的発達のダイナミズム. 土井捷三・神谷栄司・訳 (2003)「発達の最近接領域」の理論—教授・学習過程における子どもの発達・所収, 三学出版, 49-81.
ヴィゴツキー, L. S. (1934) 思考と言語. 柴田義松・訳 (2001) 新読書社.
Vygotsky, L. S. (1934) Thinking and speech. Translated & introduction by N. Minick (1987) In R. W. Rieber & A. S. Carton（Eds.）*The collected works of L. S. Vygotsky*, Vol.1, New York: Plenum Press.
ヴィゴツキー, L. S. (1934) 児童学講義. 土井捷三・神谷栄司・監訳 (2012)「人格発達」の理論—子どもの具体心理学・所収, 三学出版, 1-137.
ヴィゴツキー, L. S. (1934) 学齢期における教授・学習と知的発達の問題. 土井捷三・神谷栄司・訳 (2003)「発達の最近接領域」の理論・所収, 三学出版, 1-27.
ヴィゴツキー, L. S. (1934) 児童学における環境の問題. 土井捷三他・訳 (2012), 土井捷三・神谷栄司・監訳 (2012)「人格発達」の理論—子どもの具体心理学・所収, 三学出版, 262-284.
ヴィゴツキー, L. S. (1934) ゲシュタルト心理学における発達の問題—批判的検討. 柴田義松・宮坂琇子・訳 (2008), ヴィゴツキー心理学論集・所収, 学文社, 77-142.
ヴィゴツキー, L. S. (執筆年不明) 児童学的な年齢の概念. 土井捷三・伊藤美和子・訳 (2012), 土井捷三・神谷栄司・監訳「人格発達」の理論—子どもの具体心理学・所収, 三学出版, 1-9.
ヴィゴツキー, L. S. & ルリヤ, A. R. (1930) 人間行動の発達過程—猿・原始人・子ども. 大

井清吉・渡辺健治・監訳 (1987) 明治図書.
ウォーコップ, O. S. (1948) ものの考え方. 深瀬基寛・訳 (1984) 講談社（講談社学術文庫）.
ワーチ, J. V. (1991) 心の声. 田島信元他・訳 (1995) 福村出版.
ホワイトヘッド, A. N. (1919) 自然という概念（ホワイトヘッド著作集第4巻）. 藤川吉美・訳 (1982) 松籟社.
ホワイトヘッド, A. N. (1929) 過程と実在（ホワイトヘッド著作集第10巻）. 山本誠作・訳 (1984) 松籟社.
芳川泰久・堀千晶 (2008) ドゥルーズ キーワード89. および 増補新版 (2015) せりか書房.
安永浩 (1987) 精神の幾何学. 岩波書店.
Zavershneva, E. & Veer, R. (Eds.) (2018) *Vygotsky's notebooks*. Singapore: Springer.
ズーラビクヴィリ, F. (1994) ドゥルーズ・ひとつの出来事の哲学. 小沢秋広・訳 (1997) 河出書房新社.